D1687503

REDLINE WIRTSCHAFT
bei verlag moderne industrie

Matt Haig

Die 100 größten Marken-Flops

REDLINE WIRTSCHAFT
bei verlag moderne industrie

Matt Haig
Die 100 größten Marken-Flops
Frankfurt/Wien: Redline Wirtschaft bei verlag moderne industrie, 2004
ISBN 3-478-25560-0

http://www.redline-wirtschaft.de
Alle Rechte, insbesondere das Recht der Vervielfältigung und Verbreitung sowie der Übersetzung, vorbehalten. Kein Teil des Werkes darf in irgendeiner Form (durch Fotokopie, Mikrofilm oder ein anderes Verfahren) ohne schriftliche Genehmigung des Verlages reproduziert oder unter Verwendung elektronischer Systeme gespeichert, verarbeitet, vervielfältigt oder verbreitet werden.

Alle Rechte vorbehalten
Aus dem Englischen von Sabine Schilasky
Originaltitel: „Brand Failures"; published by Kogan Page Ltd., London, UK
www.kogan-page.co.uk
Copyright © 2003 Matt Haig
Copyright © der deutschsprachigen Ausgabe 2004
by verlag moderne industrie, Frankfurt
Umschlag: INIT, Büro für Gestaltung, Bielefeld
Coverillustration: Getty Images, München
Satz: Redline Wirtschaft bei ueberreuter
Druck: Himmer, Augsburg
Printed in Germany

Inhalt

1. Einleitung 11

Warum Marken scheitern 13
Markenmythen 15
Warum sich aufs Scheitern konzentrieren? 17

2. Klassisches Scheitern 19

1. New Coke 20
2. Der Ford Edsel 25
3. Sony Betamax 32
4. McDonald's Arch Deluxe 36

3. Gescheiterte Ideen 39

5. Kellogg's Cereal Mates: Warme Milch – frostige Begrüßung 40
6. Sonys *Godzilla*: Der Monsterflop 43
7. Persil Power: Ein hartnäckiger Fleck auf Unilevers Weste 47
8. Pepsi: Auf der Suche nach der Reinheit 50
9. Ken mit dem magischen Ohrring:
   Als Barbies Freund sein Coming-out hatte 52
10. Der Hot-Wheels-PC: Stereotypisierung des Marktes 54
11. Corfam: Der Lederersatz 56
12. R. J. Reynolds' rauchfreie Zigarette: Die schlechteste aller Ideen 58
13. Oranjolt: Der Drink, der kein bisschen cool war 63

Die 100 größten Marken-Flops

14.	La Femme: Wo stecken die pinkfarbenen Ladies?	64
15.	Radion: Grellorange Verpackungen allein genügen nicht	66
16.	Clairols „Shampoo mit dem Klacks Jogurt"	67
17.	Pepsi AM	68
18.	Maxwell House trinkfertiger Kaffee	68
19.	Campbell's Souper Combo	69
20.	Durstige Katze! und Durstiger Hund!: Abgefülltes Wasser für Haustiere	69

4. Gescheiterte Angebotserweiterungen ... 71

21.	Parfum von Harley Davidson: Der süße Duft des Scheiterns	73
22.	Gerber Singles: Markengestaltung, die dem Wahnsinn verfällt	78
23.	Crest: Eine Marke bis an ihre Grenzen treiben	79
24.	Heinz' Natürlicher Essigreiniger: Den Verbraucher verwirren	83
25.	Miller: Die Marke, die immerfort expandiert	85
26.	Virgin Cola: Eine Marke zu weit	89
27.	Bic-Unterwäsche: Seltsam, aber wahr	92
28.	Xerox Data Systems: Mehr als Kopierer?	93
29.	Chiquita: Gibt es ein Leben nach den Bananen?	98
30.	Country Time Cider	101
31.	Ben-Gay-Aspirin	101
32.	Capital-Radio-Restaurants	101
33.	Mountainbikes von Smith and Wesson	102
34.	Cosmopolitan-Jogurt	102
35.	Lynx-Friseursalons	103
36.	Colgate-Fertiggerichte	103
37.	LifeSavers-Soda	104
38.	Ponds-Zahnpasta	104
39.	Frito-Lay-Limonade	104

5. Gescheiterte PR 107

40.	Exxon 109
41.	McDonald's: Der McLibel-Prozess 111
42.	Perriers Benzolvergiftung 116
43.	Pan Am: Ein tragisches Ende 118
44.	Snow Brands Milchprodukte: Eine Marke wird vergiftet 119
45.	Rely-Tampons: Procter & Gambles toxischer Schock 122
46.	Gerbers PR-Patzer 124
47.	R. J. Reynolds Joe-Camel-Kampagne 126
48.	Firestone-Reifen 127
49.	Farley's Säuglingsmilch und der Salmonellenvorfall 132

6. Kulturell bedingtes Scheitern 133

50.	Kellogg's in Indien 134
51.	Hallmark in Frankreich 140
52.	Pepsi in Taiwan 141
53.	Schweppes in Italien 142
54.	Chevy Nova und andere 142
55.	Electrolux in den USA 142
56.	Gerber in Afrika 143
57.	Coors in Spanien 143
58.	Frank Perdues Hühnchen in Spanien 143
59.	Clairols „Mist Stick" in Deutschland 144
60.	Parker Pens in Mexiko 144
61.	American Airlines in Mexiko 144
62.	Vicks in Deutschland 145
63.	Kentucky Fried Chicken in Hongkong 145
64.	CBS-Fender: Die Geschichte zweier Kulturen 145
65.	Quaker Oats' Snapple: Wenn man den Kern der Marke verfehlt 148

7. Menschliches Scheitern 151

- **66.** Enron: Die Wahrheit unterschlagen 152
- **67.** Arthur Andersen: Wie man einen Ruf durch den Shredder jagt 154
- **68.** Ratner's: Wann Ehrlichkeit nicht die beste Politik ist 155
- **69.** Planet Hollywood: Große Egos, schwache Marke 158
- **70.** Fashion Café: Vom Catwalk zum Katzenjammer 160
- **71.** Hear'Say: Vom Pop zum Flop 161
- **72.** Guiltless Gourmet: Wenn man der Konkurrenz hilft … 163

8. Gescheiterte Markenneugestaltungen 165

- **73.** Consignia: Ein Postamt unter anderem Namen 167
- **74.** Tommy Hilfiger: Die Macht des Logos 170
- **75.** BT Cellnet wird O₂: Eine Marke wird vernichtet 173
- **76.** ONdigital wird ITV Digital: Wie ein „süßer Traum" sauer wird 175
- **77.** Windscale wird Sellafield: Dieselbe Identität, ein anderer Name 179
- **78.** Payless Drug Store wird Rite Aid 180
- **79.** British Airways 181
- **80.** MicroPro 181

9. Scheitern am Internet und an den neuen Technologien 183

- **81.** Pets.com 186
- **82.** VoicePod: Ungehört bleiben 191
- **83.** Excite@Home: Schlechte Markengestaltung in Bestform 192
- **84.** WAP: Wozu noch ein Protokoll? 194
- **85.** Dells Web-PC: Nicht unbedingt ein Netzgewinn 198
- **86.** Intels Pentium-Chip: Problem? Was für ein Problem? 200
- **87.** IBMs Linux-Software und die Graffiti-Guerilla 202
- **88.** boo.com: Die Party ist zu Ende 203

10. Ermüdete Marken ... 211

- 89. Oldsmobile: Wie der „King-des-Chrom" auf dem Schrotthaufen landete ... 211
- 90. Pears Seife: Den Zeitgeschmack verfehlen ... 215
- 91. Ovaltine: Wenn eine Marke im Dornröschenschlaf versinkt ... 217
- 92. Kodak: Den Vorsprung verlieren ... 219
- 93. Polaroid: Mit der Kategorie gefangen ist mit ihr gehangen ... 223
- 94. Rover: Ein Hund bleibt ein Hund bleibt ein Hund ... 229
- 95. Moulinex: Eine Marke löst sich in Rauch auf ... 230
- 96. Das *Nova*-Magazin: Schlafende Marken sollte man nicht wecken ... 232
- 97. Levi's: Jenseits der Wohlfühlzone ... 235
- 98. Kmart: Eine Marke auf der Kippe ... 239
- 99. Der Nachtclub „Cream": Das letzte Tanzcafé? ... 241
- 100. Yardley-Kosmetik: Von Großmüttern zu Handschellen ... 245

Quellennachweis ... 247

Register ... 249

Kapitel 1

Einleitung

Marken gestaltet man, um Produkte vor dem Scheitern zu bewahren. Die Ursprünge der gezielten Markengestaltung reichen bis ins 19. Jahrhundert zurück. Während der Achtzigerjahre des Jahrhunderts begannen Unternehmen wie Campbell's, Heinz und Quaker Oats, sich zunehmend Gedanken darüber zu machen, wie der Verbraucher auf Produkte aus Massenherstellung reagiert. Markenidentitäten wurden entworfen – nicht nur, um diesen Produkten größere Aufmerksamkeit zu sichern, sondern auch, um Bedenken der Verbraucher gegenüber fabrikgefertigten Gütern im Keim zu ersticken.

Mit der Marke verlieh man den Produkten etwas „Menschliches" und beruhigte so die Gemüter der damaligen Konsumenten. Hatten sie bis dahin dem freundlichen Kaufmann vertraut, so konnten sie ebendieses Vertrauen nun auf die Marke selbst übertragen – etwa auf die lächelnden Gesichter von Uncle Ben und Aunt Jemima, die ihnen aus den Regalen entgegenstrahlten.

Das befürchtete Scheitern der massenproduzierten Waren blieb aus, dank ihrer Markengestaltung.

Spulen wir nun im Schnellvorlauf ins 21. Jahrhundert, bietet sich uns ein vollkommen anderes Bild. Heute sind es die Marken selbst, die in Schwierigkeiten stecken. Sie wurden Opfer ihres eigenen Erfolgs. Scheitert ein Produkt, hat die Marke versagt.

Marken haben Unternehmen wie McDonald's, Nike, Coca-Cola und Microsoft zwar zu globalen Imperien verholfen, doch zugleich haben sie den Marketingprozess in die Gestaltung von Wahrnehmung verwandelt, sprich: Image ist heute alles. So treffen Verbraucher ihre Kaufentscheidungen danach, wie sie bestimmte Marken wahrnehmen, nicht danach, welche Qualitäten das einzelne Produkt zu bieten hat. Das hat zwar den Vorteil, dass Marken ein höherer

Wert beigemessen wird als ihre Produkte tatsächlich aufweisen. Es kann aber auch dazu führen, dass eine Marke über Nacht ihren Gesamtwert einbüßt. Schließlich ist Wahrnehmung wandelbar.

Wird ein Markenimage durch einen Medienskandal oder fragwürdige Vorkommnisse angekratzt oder kursieren plötzlich merkwürdige Gerüchte im Internet, dann gerät das Unternehmen als Ganzes in Gefahr. Davor kann sich niemand schützen. Aber wir können die Uhr auch nicht zurückdrehen und plötzlich so tun, als befänden wir uns wieder in einem Zeitalter ohne Markengestaltung. Denn man darf nicht vergessen, dass Unternehmen heute mittels starker Markenidentität zu einer Wachstumsgeschwindigkeit fähig sind, die früher undenkbar gewesen wäre.

Eine Marke zu gestalten heißt also nicht mehr nur dem Scheitern von Produkten entgegenzuwirken. Markengestaltung ist einfach alles. Das Wohl und Wehe eines jeden Unternehmens hängt einzig davon ab, wie stark seine Marke ist.

Doch obwohl Markengestaltung heute wichtiger ist denn je, verkennen viele Unternehmen nach wie vor ihre Bedeutung. Man könnte sogar meinen, sie verkennen sie mehr als jemals zuvor. Tagtäglich scheitern Marken und die Manager stehen verdattert neben dem Trümmerhaufen und kratzen sich am Kopf.

Dieses Buch beschäftigt sich mit den unterschiedlichen Formen des Markenscheiterns. Indem wir jene Marken näher betrachten, die dem Tod knapp entrinnen konnten, ergründen wir, was Unternehmen alles falsch machen können.

Wie die Beispiele zeigen werden, ist das Markenscheitern keineswegs bestimmten Unternehmenstypen vorbehalten. Globale Giganten wie Coca-Cola und McDonald's haben sich als ebenso gefährdet erwiesen wie kleine und junge Unternehmen, die nur über wenig Marketingerfahrung verfügten.

Wir werden außerdem sehen, dass Unternehmen nichts aus den Fehlern der anderen lernen. Vielmehr scheint das Gegenteil der Fall. Scheitern ist ansteckend, ja, sogar hochgradig ansteckend. Marken beobachten sich gegenseitig und kopieren ihre Fehler. So kämpfte beispielsweise die Restaurantkette Planet Hollywood noch darum, endlich in die Gewinnzone zu kommen, als eine Gruppe von Supermodels mit ihren Fashion Cafés das Konzept kritiklos übernahm.

Unternehmen scheinen an einer Art „Lemming-Syndrom" zu leiden. Sie sind so sehr damit beschäftigt, der Konkurrenz nachzueifern, dass sie gar nicht merken, wie sie sich auf den Rand der Klippen zu bewegen. Sie sehen, wie ihre

Konkurrenten ihren Markennamen für neue Produkte einsetzen, und beschließen blindlings, dasselbe zu tun. Sie beobachten, wie andere sich kopfüber in Märkte stürzen, die niemand einschätzen kann, und machen es ihnen nach.

Während Coca-Cola und McDonald's sich eine begrenzte Anzahl von kostspieligen Patzern leisten können, sieht das bei kleineren Unternehmen anders aus. Für sie kann jedes Scheitern tödlich sein. Die Markengestaltung, die einstmals Produkte schützen sollte, birgt heute ein ziemliches Potenzial an Gefahren. Diese Gefahren lassen sich nicht sämtlich umschiffen, doch indem wir aus den schlechten Beispielen der anderen lernen, können wir zumindest erkennen, wo die eigentliche Bedrohung liegt.

Warum Marken scheitern

Vor langer, langer Zeit, in einer entfernten Galaxie entschieden Produkte über das Schicksal eines Unternehmens. Aus rückläufigen Umsätzen schloss man automatisch, das Produkt sei durchgefallen. Das ist hier und heute anders. Unternehmen geben nicht mehr dem Produkt die Schuld, sondern der Marke.

Was in den Regalen steht, ist letztlich unerheblich – es zählt einzig und allein, wofür etwas steht und welche Assoziationen der Käufer damit verbindet. Somit ist die Verschiebung der Wahrnehmung vom Produkt zur Marke zunächst einmal an das veränderte Verbraucherverhalten gekoppelt.

„Heute werden die meisten Produkte gekauft, nicht verkauft", umschreiben Al und Laura Ries in *The 22 Immutable Laws of Branding** das Verbraucherverhalten. „Die Markengestaltung ist quasi der ,Vorverkauf' des Produkts oder der Dienstleistung. Markengestaltung ist schlicht eine effizientere Verkaufsmethode." Das ist wahr, bedeutet allerdings auch, dass vollkommen gute Produkte scheitern können, wenn die Markengestaltung versagt. Im gleichen Maße also, in dem sie Zugewinn bescheren kann, erhöht sie auch die Risiken.

Scott Bedbury, ehemaliger Marketingchef von Starbuck's, hat einmal den umstrittenen Satz geäußert: „Verbraucher glauben eigentlich nicht daran, dass es zwischen Produkten besonders große Unterschiede gibt", was heißt, Marken müssen eine „emotionelle Bindung" zu ihren Verbrauchern herstellen.

Doch mit Gefühlen spielt man nicht. Sobald eine Marke zu einem gewissen

---

* In Deutschland bei Econ erschienen unter dem Titel „Die zweiundzwanzig (22) unumstößlichen Gebote des Branding"; Zitate frei aus dem Amerikanischen

Die 100 größten Marken-Flops

Grad Käufer an sich gebunden hat, sollte sie pfleglich mit diesem Verhältnis umgehen. Übertritt sie nämlich bestimmte magische Grenzen, werden die Kunden es ihr nicht ohne weiteres verzeihen.

Und genau hier liegt der Grund, weshalb Marken scheitern. Es geschieht etwas, das die Bindung zwischen Verbraucher und Marke stört. Das muss nicht notwendig ein Fehler des Unternehmens sein, denn manche Dinge entziehen sich nun mal seiner Kontrolle (globale Rezession, technische Fortschritte, internationale Katastrophen etc.). In der Mehrzahl der Fälle jedoch lassen sich Rückschläge oder Scheitern auf eine verzerrte Wahrnehmung entweder der eigenen Marke, der Konkurrenz oder des Marktes zurückführen. Und zur verzerrten Wahrnehmung kommt es aufgrund eines oder mehrerer der folgenden sieben schwerwiegenden Verfehlungen in der Markengestaltung:

- *Markenamnesie.* Bei alten Marken lässt, wie bei alten Menschen, das Gedächtnis nach. Doch sobald eine Marke vergisst, wofür sie eigentlich steht, gerät sie in Schwierigkeiten. Typische Fälle von Markenamnesie sind jene, in denen altehrwürdige Marken ihr Image einer Radikalerneuerung unterziehen, wie beispielsweise Coca-Cola, die ihr Originalrezept veränderten und New Coke einführten. Die Folgen waren katastrophal.

- *Markenego.* Zuweilen neigen Marken dazu, sich und ihre Fähigkeiten maßlos zu überschätzen. Im Extremfall sitzen sie der irrigen Annahme auf, sie könnten ein Marktsegment ganz allein beherrschen, etwa wie Polaroid es tat, als sie den Sofortbildmarkt nur für sich beanspruchten. Ein anderes klassisches Symptom sind Marken, die sich in Märkte vorwagen, in die sie nicht hineinpassen, wie Harley Davidson, die versuchten, Parfüms zu verkaufen.

- *Markenmegalomanie.* Egozentrik gipfelt gern in Megalomanie. Das sieht dann so aus, dass Marken die ganze Welt erobern wollen, indem sie in jede nur vorstellbare Produktkategorie expandieren. Einige, wie Virgin, kommen damit durch. Die meisten allerdings nicht.

- *Markenbetrug.* „Die Menschheit erträgt nicht allzu viel Realität", schrieb T. S. Eliot. Marken auch nicht. Ja, einige Marken sehen den gesamten Marketingprozess sogar als einen Akt der Wirklichkeitsverschleierung, mit dem die Unzulänglichkeiten von Produkten übertüncht werden sollen. In Extremfällen wird die Wirklichkeit gegen so viel Fiktion eingetauscht, dass am Ende nur noch Lügen übrig bleiben. Ein Paradebeispiel dafür ist der Versuch eines

Sony-Marketingleiters, der den Film *A Knight's Tale* mit einer erfundenen Kritik bewarb, aus der Zitate auf den Kinopostern auftauchten. In einer Zeit, in der via Internet und anderen Technologien praktisch jeder mit jedem in Verbindung steht, fallen Verbraucher auf solche Tricks nicht mehr herein.

- *Markenermüdung.* Manche Unternehmen sind von ihrer eigenen Marke gelangweilt. Äußern tut sich dieses Phänomen in Produkten, die über Jahre hinweg in den Regalen stehen und Staub ansetzen. Wenn Markenermüdung einsetzt, leidet zwangsläufig die Kreativität und mit ihr die Umsätze.

- *Markenparanoia.* Sie ist das Gegenteil von überhöhtem Markenego und sucht vornehmlich Marken heim, die starkem Wettbewerb ausgesetzt sind. Typische Symptome wären: die Neigung, die Konkurrenz mit Klagen zu überziehen, ein wachsendes Bedürfnis, die Marke alle sechs Monate neu zu erfinden, und ein ausgeprägter Drang, die Konkurrenz zu imitieren.

- *Bedeutungsverlust.* Wenn sich ein Markt radikal verändert, verlieren die mit ihm assoziierten Marken rasant an Bedeutung. Das kann durchaus so weit gehen, dass sie vollkommen obsolet werden. Markenmanager müssen daher stets bestrebt sein, innerhalb ihrer jeweiligen Produktkategorie einen gewissen Vorsprung zu halten – so wie Kodak es beispielsweise auf dem Sektor der digitalen Fotografie versucht.

Markenmythen

Unternehmen reagieren grundsätzlich überrascht, wenn ihre Marken scheitern. Schließlich haben sie auf ihre Marke vertraut, denn sonst hätten sie diese ja gar nicht erst eingeführt. Leider gründet ihr Vertrauen aber häufig in einer seltsamen Einstellung zur Markengestaltung, die sich um einen oder mehrere der folgenden Mythen rankt:

- *Wenn ein Produkt gut ist, hat es auch Erfolg.* Diese Annahme entbehrt jeder realistischen Grundlage. Gute Produkte scheitern genauso schnell und genauso kläglich wie schlechte. Betamax bot beispielsweise bessere Bild- und auch bessere Tonqualität als die VHS-Videorecorder. Trotzdem scheiterte das Verfahren jämmerlich.

- *Marken können eher gewinnen als verlieren.* Falsch. Marken scheitern tagtäglich. Einige Schätzungen gehen davon aus, dass 80 Prozent aller neuen Produkte bereits bei der Einführung durchfallen; weitere 10 Prozent sterben innerhalb der ersten fünf Jahre. Wer also ein Produkt einführt, hat eine 10-prozentige Chance auf langfristigen Erfolg. Wie Robert McMath vom Procter-&-Gamble-Marketing sagte: „Neue Produkte fallen weit leichter durch als dass sie Erfolg haben."

- *Große Unternehmen werden immer Markenerfolge aufweisen.* Diesen Mythos zu widerlegen, braucht es bloß zwei Worte: New Coke. Wie dieses Buch zeigen wird, haben große Unternehmen mindestens so viele Misserfolge vorzuweisen wie Erfolge. Kein Unternehmen ist jemals so groß, dass es gegen Markenmisserfolge immun wird. Vielmehr illustrieren eine Menge der Beispiele in diesem Buch ein klassisches Paradoxon der Markengestaltung – nämlich: Je größer und erfolgreicher eine Marke wird, umso anfälliger und angreifbarer ist sie.

- *Starke Marken entstehen durch Werbung.* Werbung kann Marken fördern, aber sie kann sie nicht aus dem Nichts aufbauen. Einige der größten Markenmisserfolge der Welt traten trotz extrem teurer Werbekampagnen ein.

- *Was neu ist, verkauft sich.* Die bloße Existenz einer Marktlücke bedeutet noch lange nicht, dass sie geschlossen werden muss. Zu dieser Erkenntnis kam RJR Nabisco Holding, als sie beschlossen, die „rauchfreie" Zigarette einzuführen. „Sie brauchten eine Weile, bis sie begriffen hatten, dass Raucher den Rauch beim Rauchen mochten", mokierte sich einer der Kommentatoren seinerzeit.

- *Starke Marken schützen Produkte.* So mag es einmal gewesen sein, doch heute verhält es sich umgekehrt. Starke Produkte helfen, Marken zu schützen. Wie die hier beschriebenen Fälle zeigen werden, ist das Produkt zum Botschafter der Marke geworden, und kleinste Qualitätseinbußen oder die Andeutung von Qualitätsproblemen wirken sich sofort auf die Markenidentität als Ganzes aus. Der Verbraucher kann selbst die ausgefeilteste Markenstrategie scheitern lassen.

Warum sich aufs Scheitern konzentrieren?

Dieses Buch hat den Anspruch, nützliche Tipps zu geben, „wie man es nicht macht", indem es sich mit einigen der größten Marken-Flops aller Zeiten auseinander setzt. Die ausgewählten Kandidaten sind Marken, die mit Millionen-Dollar-Kampagnen in See stachen und kurz darauf spurlos versanken. Behandelt werden aber auch bekannte Markenfehler, die von normalerweise erfolgreichen Unternehmen wie Virgin, McDonald's, IBM, Coca-Cola, General Motors und anderen begangen wurden.

Willkommen auf dem Friedhof der Marken, auf dem Unternehmen entweder ihre Flaggenträger zur letzten Ruhe betteten oder sie einer Art Vorhölle übergaben, in der sie orientierungslos vor sich hindämmern. Doch wenngleich diese „Horrorgeschichten" suggerieren mögen, dass Scheitern faktisch unvermeidlich ist, helfen sie uns mit ihrem Beispiel, die Gefahrenzonen zu erkennen. Insofern ist zu hoffen, dass die Lektüre des Buches eher erhellend als beängstigend wirkt.

Albträume muss niemand bekommen!

Kapitel 2

Klassisches Scheitern

Einige Markenmisserfolge erwiesen sich als überaus lehrreich, weshalb sie mit Begeisterung von Marketingexperten diskutiert und seziert werden. Diese „Klassiker" unter den gescheiterten Marken illustrieren vor allem die Tatsache, dass ein Produkt nicht besonders schlecht sein muss, um am Markt durchzufallen.

Im Fall von New Coke, dem ersten Beispiel, mit dem wir uns befassen werden, kann man sogar behaupten, dass das Produkt eine echte Verbesserung gegenüber der vorherigen Rezeptur darstellte. Der Grund, weshalb es jämmerlich unterging, lag allein in der Markengestaltung. Coca-Cola hatte vergessen, wofür die eigentliche Marke stand. Stattdessen ging man davon aus, dem Verbraucher wäre der Geschmack am wichtigsten. Das war ein Irrtum.

Überhaupt werden wir in diesem Kapitel die fundamentalen Marketingirrtümer beleuchten, denen zwischenzeitlich viele andere Unternehmen ebenfalls aufgesessen sind. Dazu zählen auch grundlegende Fehler wie ein falscher Preisansatz, ein unglücklicher Name und eine übertriebene Paranoia bezogen auf den Wettbewerb.

Zugleich jedoch verdeutlichen die Geschichten die allgemeine Unvorhersehbarkeit der Wirkung von Marketingpraktiken. Wie groß eine Marke auch immer werden mag, der Markt selbst bleibt undefinierbar. Das Beste, worauf ein Markenmanager hoffen kann, ist, beizeiten die Stolpersteine zu erkennen, an denen er sich stoßen könnte. So dient die ausführliche Fallbehandlung denn auch der besseren Identifikation dieser Stolpersteine, und nicht etwa der Bedienung eines fragwürdigen Bedürfnisses nach Schadenfreude.

I. New Coke

Denkt man an die großen Markenerfolgsgeschichten, steht Coca-Cola ganz obenan. Immerhin ist sie mit einer Milliarde verkaufter Getränke pro Tag eine der weltweit anerkanntesten Marken.

Trotzdem beschloss Coca-Cola 1985, seinen beliebtesten Softdrink vom Markt zu nehmen und durch eine neue Rezeptur zu ersetzen, die als „New Coke" eingeführt wurde. Um zu verstehen, wie eine Entscheidung von derart ruinösem Potenzial zustande kam, muss man sich ansehen, was damals auf dem Softdrinkmarkt passierte. Vor allem werden wir uns mit dem wachsenden Wettbewerb zwischen Coca-Cola und Pepsi-Cola in den Jahren und sogar Jahrzehnten vor der Markteinführung von New Coke beschäftigen.

Die Beziehung zwischen den beiden Erzrivalen war mehr als gestört. Obwohl Marketingexperten lange Zeit davon ausgingen, dass der Konkurrenzkampf der Unternehmen die Verbraucher eher cola-bewusster gemacht hatte, sahen die beiden Konzerne die Sache anders. Coca-Cola fürchtete Pepsi so sehr, dass sie die Konkurrenz in einen Rechtsstreit verwickelte, um ihr die Benutzung des Wortes „Cola" in ihrem Namen verbieten zu lassen. Dieser Streit ging verloren.

Außerhalb des Gerichtssaals jedoch galt Coca-Cola stets als der unangefochtene Sieger. Kurz nach dem Zweiten Weltkrieg feierte das *Time*-Magazin schon die „friedliche Eroberung der Welt" durch Coca-Cola. In den späten Fünfzigern lagen die Verkaufszahlen von Coca-Cola um mehr als das Fünffache über denen von Pepsi. Dann aber begann Pepsi, sich als Jugendmarke neu zu positionieren.

Das war eine riskante Strategie, denn damit trieb man die älteren Verbraucher quasi der Konkurrenz in die Arme – doch die Strategie ging auf. Indem man die Zielgruppe eingrenzte, konnte man sich als Marke vom Klassikerimage des Konkurrenten abheben. Pepsi stilisierte sich erfolgreich zum „Jugenddrink" und holte deutlich auf.

In den Siebzigern wollte es der Erzrivale von Coca-Cola noch genauer wissen und rief die „Pepsi Challenge" aus. Im Blindtest sollten sich die Verbraucher zwischen der eigenen Marke und „dem Original" entscheiden. Sehr zum Schrecken des langjährigen Coca-Cola-Unternehmenspräsidenten Robert Woodruff bevorzugten die meisten Teilnehmer die süßere Rezeptur von Pepsi.

Doch damit nicht genug. Pepsis Offensive erreichte einen weiteren Höhepunkt in den Achtzigern, als die „Pepsi Challenge" auf den globalen Markt expandierte und man die Ankunft einer neuen „Pepsi-Generation" verkündete. Für die Aktion wurden die damaligen Stars Don Johnson und Michael Jackson engagiert (eine Taktik, die bis ins nächste Jahrtausend beibehalten wurde, nun allerdings mit Britney Spears und Robbie Williams).

Als Roberto Goizueta 1981 den Vorstandsvorsitz von Coca-Cola übernahm, war die Spitzenposition des Unternehmens bereits gefährlich ins Wanken geraten. Coca-Cola verlor nicht nur zusehends Marktanteile an Pepsi, sondern auch an eigene Softdrinkprodukte wie Fanta und Sprite. Insbesondere erwies sich der Riesenerfolg der Diet Coke als zweischneidiges Schwert, da er direkt zulasten des gezuckerten Originalgetränks ging. Als Diet Coke 1983 zur Nummer drei unter den Softdrinks – gleich nach Coke und Pepsi – aufstieg, hatte der Gesamtmarktanteil von Coca-Cola mit knapp 24 Prozent einen absoluten Tiefpunkt erreicht.

Natürlich musste etwas geschehen, um den weiteren Verfall aufzuhalten. Goizuetas erste Reaktion bestand darin, 1984 eine Werbekampagne zu starten, die Coca-Cola vor allem dafür rühmte, dass sie weniger süß war als Pepsi. Als Frontmann für die Werbespots holte man sich Bill Cosby, seinerzeit einer der bekanntesten Gesichter weltweit und wegen seines Alters definitiv kein Angehöriger der neuen Pepsi-Generation.

Die Bemühungen fruchteten jedoch nur begrenzt. Coca-Colas Marktanteil blieb unverändert, während Pepsi weiter zulegte. Mit Sorge beobachtete man, dass der Verbraucher – im Supermarkt vor die Wahl gestellt – sich eher für Pepsi entschied. Einzig das effektivere Vertriebssystem von Coca-Cola hinderte die Konkurrenz daran, sie zu überrunden. So boten nach wie vor deutlich mehr Getränkeautomaten Coca-Cola als Pepsi an.

Dennoch ließ sich nicht länger leugnen, dass Pepsi stets neue Kunden hinzugewann. Und nachdem Coca-Cola schon im Geschmackstest unterlegen war, konnte sie es sich auf keinen Fall leisten, auch noch ihren Nummer-eins-Status einzubüßen.

Das Unternehmen schob die Schuld an dem Problem dem Produkt selbst zu. Schließlich hatte die „Pepsi Challenge" millionenfach bewiesen, dass Coca-Cola in punkto Geschmack deutlich unterlegen war. Hinzu kam der Erfolg der Diet Coke, die geschmacklich näher an Pepsi war.

Mithin erschien es nur logisch, eine neue Rezeptur auf den Markt zu bringen. Ein Jahr später führte man New Coke ein. Der neue Drink wurde zunächst in 200.000 Geschmackstests erprobt, deren Ergebnisse überwältigend waren.

New Coke schmeckte nicht nur besser als das Original, sondern wurde von den Testpersonen auch Pepsi vorgezogen.

Nun konnte Coca-Cola schlecht den Vorsprung gegenüber Pepsi-Cola halten, wenn sie zwei konkurrierende Produkte zugleich in die Regale brachten. Daher beschloss das Unternehmen, die Original-Coke zu verbannen und stattdessen nur noch New Coke anzubieten.

Dabei hatte Coca-Cola allerdings die Macht der ersten Marke gefährlich unterschätzt. Sobald die Abschaffung des Originalsoftdrinks publik wurde, entschied sich ein erheblicher Prozentsatz der US-Konsumenten zum Boykott des neuen Produkts. Am 23. April 1985 wurde New Coke eingeführt und wenige Tage danach die Produktion des Originalprodukts eingestellt. Später sollte dieser Schritt als „der größte Marketingflop aller Zeiten" in die Geschichte eingehen. Die Verkaufszahlen für New Coke dümpelten vor sich hin und die Verbraucher tobten, weil das Original nicht mehr zu haben war.

Ziemlich schnell wurde klar, dass Coca-Cola nichts anderes übrig blieb, als dieses Original wieder in die Regale zu bringen. „Wir haben euch verstanden", bekannte Goizueta in einer Pressekonferenz am 11. Juli 1985. Dann überließ er es dem COO Donald Keough, die Wiederkehr des Originaldrinks anzukündigen.

Keough gestand:

> Tatsache ist, dass all die Zeit, das Geld und die Anstrengungen, die in die Verbraucherforschung für New Coke gesteckt wurden, keinerlei Aufschluss darüber gaben, wie sehr sich viele Verbraucher der Original-Coca-Cola verbunden fühlen. Die Leidenschaft, mit der sich so viele Konsumenten der Original-Coca-Cola verschrieben haben – und Leidenschaft ist das einzig passende Wort, das sich hierfür finden lässt –, hat uns vollkommen überrascht. Coca-Cola zählt zu den wunderbaren amerikanischen Geheimnissen, den liebenswerten amerikanischen Rätseln, die sich ebenso wenig in Zahlen bemessen lassen wie Liebe, Stolz oder Patriotismus.

Kurz: Coca-Cola hatte begriffen, um wie viel mehr als das reine Produkt es im Marketing geht. Die Tests waren meistenteils Blindtests gewesen, bei denen der einzig entscheidende Faktor der Geschmack gewesen war. Coca-Cola hatte die Pepsi-Herausforderung angenommen und damit die zentrale Stärke des Produkts schmählichst übergangen: Originalität.

Als Coca-Cola in den Achtzigerjahren des 19. Jahrhunderts eingeführt wurde, war es das einzige Produkt auf diesem Markt. Der Softdrink schuf eine neue Produktkategorie und der Markenname wurde zum Namen des Produkts selbst. Dieser Originalstatus prägte die meiste Werbung des letzten Jahrhunderts. So erschien 1942 eine Werbeanzeige in amerikanischen Zeitungen, die verkündete: „Das einzige Getränk, das wie Coca-Cola ist, ist Coca-Cola. Sie ist die ‚echte' Coke."

Mit der Einführung von New Coke widersprach Coca-Cola also den bisherigen Werbebotschaften. Sie hatten ihr eigenes Getränk nicht mehr „neu" genannt, seit 1886 die erste Werbung im *Atlanta Journal* erschienen war, in der Coca-Cola als „Das neue kohlensäurehaltige Getränk mit dem Besten aus der wunderbaren Coca-Pflanze und der berühmten Cola-Nuss" beworben wurde.

Entsprechend war „neu" der letzte Begriff, mit dem die Verbraucher ein Jahrhundert später, 1985, ihren Softdrink assoziierten. Coca-Cola stand für das amerikanische Erbe wie kein anderes Produkt. Fünfzig Jahre zuvor hatte William Allen White, Herausgeber einer Zeitung aus Kansas und Pulitzer-Preisträger, den Softdrink als „die Quintessenz all dessen, wofür Amerika steht – kräftig, anständig hergestellt, weltweit vertrieben und über Jahre gewissenhaft verbessert" bezeichnet. Coca-Cola war sogar Teil der amerikanischen Raumfahrtgeschichte, seit sie die Apollo-Astronauten mit einem riesigen Werbebanner willkommen geheißen hatten, auf dem stand: „Willkommen auf der Erde, der Heimat von Coca-Cola."

Die Bedeutung der Marke auf den Geschmack zu reduzieren, war daher ein echter Fehlgriff gewesen. Wie bei so vielen großen Marken galt hier, und vor allem hier, dass das Bild wichtiger war als das Ding, für welches das Bild stand. Und wenn ein Softdrink das Adjektiv „neu" verdient hatte, dann war es Pepsi und nicht Coca-Cola (wenngleich Pepsi gerade mal zehn Jahre jünger war).

Wer der Welt erzählt, er hätte das „Echte", kann nicht plötzlich mit etwas „neuem Echten" aufwarten. Um einen Vergleich des Marketinggurus Al Ries zu zitieren: Das ist „als wollte man einen neuen Gott einführen". Die Widersprüchlichkeit der Marketingbotschaft wurde noch durch den Umstand verstärkt, dass Coke seit 1982 mit dem Slogan „Coke is it" warb. Und nun machten sie den Verbrauchern mit einem Mal weis, sie hätten da etwas falsch verstanden, nicht Coke wäre „es", sondern stattdessen New Coke.

So war das gewaltige Tamtam, das die Einführung von New Coke begleitete, von Anfang an zum Scheitern verurteilt – und das obwohl allein die Gratispublicity sich einer Schätzung zufolge auf über 10 Millionen Dollar belief. Coca-Colas Marktforscher verstanden zwar genug von Markengestaltung, um von sich aus zu wissen, dass Verbraucher sich immer für ihre Marke entscheiden

Die 100 größten Marken-Flops

würden, wären die Tests nicht blind, doch sie erkannten nicht, wie hartnäckig sich solche Markenpräferenzen stets gegen neu eingeführte Produkte durchsetzen.

Vor diesem Hintergrund überrascht es wenig, dass Pepsi als Erste den Coca-Cola-Fehler für die eigenen Zwecke ausnutzte. Innerhalb weniger Wochen nach Markteinführung von New Coke lancierten sie einen Fernsehspot, in dem ein alter Mann auf einer Parkbank saß, eine Getränkedose in der Hand haltend, und verzweifelt sagte: „Sie haben meine Coke verändert. Ich fasse es nicht."

Mit Wiedereinführung des Originals auf dem US-Markt, diesmal unter dem Namen „Classic Coke", war die Medienbegeisterung allerdings wieder ganz aufseiten Coca-Colas. Die Rückkehr der „echten" Coke war sogar Nachrichtensendern wie ABC eine Meldung wert, und binnen Monaten kletterte Coke wieder an die Spitze, während New Coke so gut wie abgemeldet war.

Ironischerweise stellte sich heraus, dass das Scheitern der New Coke die Loyalität gegenüber dem „echten" Drink noch bestärkte. Einige Verschwörungstheoretiker gingen sogar so weit zu behaupten, die ganze Geschichte wäre ein abgekarteter Marketingtrick gewesen, um das öffentliche Interesse an Coca-Cola zu beflügeln. Was kann schließlich eine bessere Methode sein, den Wert einer globalen Marke zu heben, als sie für eine Weile ganz und gar vom Markt zu nehmen?

Natürlich leugnet Coca-Cola, dieses Fiasko absichtlich inszeniert zu haben. „Einige Kritiker werden sagen, Coca-Cola hätte einen Marketingfehler gemacht, während Zyniker sagen werden, wir hätten das alles geplant", erklärte Donald Keough seinerzeit. „Die Wahrheit ist, dass wir weder so dumm noch so clever sind." Vor dem Hintergrund des erbitterten Konkurrenzkampfes mit Pepsi war die Entscheidung, New Coke einzuführen, eigentlich gut nachvollziehbar. Schließlich hatte sich Pepsi im Wettbewerb jahrelang auf den Geschmack konzentriert. Entsprechend hoffte man bei Coca-Cola, mit New Coke eben diese Wettbewerbswaffe aushebeln zu können.

Und wie beurteilt Pepsi die Geschichte? In seinem Buch *The Other Guy Blinked* schreibt Pepsis CEO Roger Enrico, er glaube, das New-Coke-Desaster wäre eine wertvolle Lektion für Coca-Cola gewesen. „Ich denke, am Ende dieses Albtraums haben sie erkannt, wer sie wirklich sind, nämlich Hüter. Sie können nicht einfach den Geschmack ihrer Flaggschiffmarke verändern. Sie können ihr Image nicht ändern. Alles, was sie tun können, ist, ein Vermächtnis zu verteidigen, das sie 1985 beinahe verloren hatten."

Was das Beispiel New Coke lehrt

- *Man muss sich auf die Markenwahrnehmung konzentrieren.* Wie Jack Trout in seinem Buch *Differentiate or Die** schreibt: „Marketing ist ein Kampf um Wahrnehmungen, nicht um Produkte."

- *Niemals den Rivalen kopieren.* Mit New Coke veränderte Coca-Cola sein Markenimage, um es dem von Pepsi anzupassen. Ähnliche Fehler wurden vorher und nachher immer wieder gemacht, als beispielsweise Mr. Pibb als Antwort auf Dr. Pepper oder Fruitopia als Konkurrenzprodukt zu Snapple eingeführt wurde.

- *Die Markenbindung der Verbraucher nie unterschätzen.* Wie es der CEO von Saatchi and Saatchi, Kevin Roberts, einmal formulierte, bekommen erfolgreiche Marken keine Punkte dafür, wie hoch ihr Marktanteil ist, sondern vielmehr dafür, wie sehr sie „geliebt" werden. Indem man Markenloyalität aufbaut, baut man auf die emotionelle Bindung, die der Verbraucher zur Marke eingeht. Und die hat meist wenig mit der Qualität eines Produkts zu tun.

- *Keine Angst vor der Umkehr.* Als das Unternehmer seine Entscheidung verwarf, um zum Originalprodukt zurückzukehren, stärkten sie damit letztlich die Bindung zwischen Produkt und Konsumenten.

- *Die richtige Marktforschung betreiben.* Trotz der zigtausend Tests, denen Coca-Cola die neue Rezeptur unterzog, haben sie versäumt zu erforschen, wie die Originalmarke in der Öffentlichkeit wahrgenommen wurde.

2. Der Ford Edsel

Viele amerikanische Marketingprofessoren werten die Geschichte des Edsel als *das* klassische Markenscheitern schlechthin. Als „die Titanic unter den Autos" betitelt, zählt der Edsel zweifellos zu den größten Markendesastern, unter denen die Ford Motor Company je gelitten hat.

---

* Deutsch bei verlag moderne industrie unter dem Titel „Differenzieren oder verlieren" erschienen; Zitate frei aus dem Amerikanischen

Wie viele neuere Markenfiaskos in diesem Buch (New Coke, WAP und boo.com, um nur drei Beispiele zu nennen) wurde auch der Edsel unter viel Werbeaufwand eingeführt. Er kam zwar erst im September 1957 in die Autosalons, doch schon Monate zuvor erschienen Anzeigen mit dem Lockslogan „The Edsel is Coming".

Um die öffentliche Neugier noch mehr zu schüren, hatte Ford beschlossen, den Wagen nicht in den Anzeigen abzubilden, und selbst als die Händler die ersten Autos ausgeliefert bekamen, wurden sie angewiesen, diese zunächst unter Verschluss zu halten. Wer sich nicht daran hielt, riskierte eine Geldstrafe und sogar die Aufkündigung der Franchiseverträge.

Wie erhofft, stieg die Spannung. Woran man bei Ford allerdings keine Sekunde lang gedacht hatte, war, dass das Produkt den hoch geschraubten Erwartungen eventuell nicht gerecht werden könnte. Dies hätte wiederum eine Ablehnung durch die Verbraucher zur Folge gehabt. Immerhin hatte man mehr Arbeit und Forschung in die Entwicklung des Wagens gesteckt als in irgendein vorheriges Modell.

All die Forschungen erwiesen sich jedoch zum Zeitpunkt der Einführung als sinnlos. So hatte beispielsweise ein Teil der Marktforschung darin bestanden, den passenden Namen für das neue Auto zu finden. Das war an sich keine schlechte Idee gewesen, verdankte doch der sehr beliebte Ford Thunderbird von 1954 seinen Namen einer groß angelegten Umfrageaktion. Daher schickte man auch diesmal Forschungsteams nach New York, Chicago und Michigan, wo die Befragten um ihre Meinung zu verschiedenen Namen, aber auch um eigene Vorschläge gebeten wurden. Gleichzeitig veranstaltete man einen Wettbewerb unter den Mitarbeitern und das Unternehmen wandte sich sogar an die beliebte Dichterin Marianne Moore. Ihr Auftrag lautete, einen Namen zu finden, der für „ein inneres Gefühl der Eleganz, für Schnittigkeit, fortschrittliche Ausstattung und Design" stand. Zu ihren exzentrischen Vorschlägen gehörten „Mongoose Civique", „Resilient Bull", „Utopian Turtletop" und „Varsity Stroke".

Am Ende lag dem Unternehmen eine Auswahl von 10.000 Namen vor. Zu viele, wie der Vorstand des Unternehmens, Ernest Breech, in einer Vorstandssitzung im November 1956 befand. „Warum nennen wir ihn nicht einfach ‚Edsel'?" fragte er erschöpft. Henry Ford II, der Enkel des Firmengründers, stimmte ihm zu. Edsel war der Name seines Vaters, des einzigen Sohnes Henry Fords.

Allerdings waren längst nicht alle begeistert. Der PR-Chef C. Gayle Warnock wusste, dass Edsel der falsche Name war. Er gehörte zu den allerersten Vorschlägen und war bei den Umfragen auf wenig Gegenliebe gestoßen (in Wortassoziationstest hatten die Leute immer wieder „Weasel" und „Pretzel"* genannt – beides keine schmeichelhaften Begriffe im Zusammenhang mit einem dynamischen neuen Wagen). Warnock gab anderen Namen von der Liste den Vorzug, wie „Pacer", „Ranger", „Corsair" oder „Citation", woraus er auch keinen Hehl machte. Robert Lacy zitiert Warnocks Reaktion auf den Namen Edsel in seinem Buch *Ford: The Men and the Machine* mit den Worten: „Wir haben soeben 200.000 Käufer verloren." Für Warnock war der Name ein fataler Missgriff.

Wie sich jedoch zeigen sollte, war der Name noch das geringste Problem, mit dem der Edsel zu kämpfen hatte. Da gab es auch noch das Design.

Die ersten Entwürfe für den Edsel waren wirklich beeindruckend gewesen, wie Robert Lacy schreibt. „Die erste Version des Autos mit versteckten Airscoops unter den Stoßstangen war originell und mitreißend – eine traumhafte, ätherische Form, die allen, die sie betrachteten, wie die reine Verkörperung der Zukunft erschien." Diese Form allerdings sollte niemals das Licht der Welt erblicken. Die Leute, die das Geld von Ford verwalteten, beschlossen, dass die Herstellungskosten entschieden zu hoch waren.

Was dann letztlich auf den Markt kam, war zweifellos immer noch originell. Edsels Chefdesigner Roy Brown Jr. hatte sich zum Ziel gesetzt, ein Auto zu bauen, das sofort wiederzuerkennen war, und zwar von allen Seiten. Und diesen Anspruch erfüllte der erste Edsel, der 1957 vom Band lief. Die eigenwillige Kühlerkonstruktion sorgte für ganz besonders viel Aufmerksamkeit. „Das Design des Kühlers war wohl das herausragendste Merkmal des Edsel", bestätigt Phil Skinner, ein anerkannter Edsel-Historiker, „Sieht man sich andere Wagen der Mittfünfziger an, scheinen sie alle irgendwie ähnlich – zwei Frontscheinwerfer und ein horizontaler Kühlergrill. Mit dem gewaltigen Ring in der Mitte – der bei uns als „Pferdekragen" in die Geschichte einging – setzte sich der Edsel klar von anderen Wagen ab."

Obwohl einige Journalisten der Fachpresse den neuen Look lobten, stieß er bei der Mehrzahl eher auf Ablehnung. Ein berühmtes Kritikerzitat aus der Zeit war, der Wagen sähe aus, „wie ein Oldsmobile, das an einer Zitrone saugt". Andere meinten, der Kühlergrill sähe weniger wie ein Pferdekragen aus, sondern wie ein Toilettensitz. (Die späteren Verbraucherkommentare waren sogar noch niederschmetternder, denn dort wurde der Kühlergrill als „Vagina mit Zähnen" beschrieben.)

---

* „Wiesel" oder „heimtückischer Mensch" und „Brezel", *d. Übers.*

Ford unterhielt gute Beziehungen zur Presse, die zu nutzen PR-Direktor Warnock unmittelbar vor und nach Markteinführung fest entschlossen war. Sowohl in *Time* als auch in *Life* erschienen Artikel, die dem Edsel den Durchbruch in der Automobilindustrie bescheinigten und ausführlich darüber berichteten, dass über zehn Jahre an der Planung gearbeitet worden war – eine recht maßlose Übertreibung vonseiten Warnocks, da Roy Brown erst 1954 mit den ersten Entwürfen begonnen hatte. Die Werbebroschüre steckte ebenfalls voller großer Versprechungen. „Ein Auto wie den Edsel hat es noch nie gegeben", las man dort – eine ziemlich gewagte Behauptung, aber Ford hatte ja auch gewagte Ambitionen. Das Unternehmen ging davon aus, im ersten Jahr 200.000 Wagen zu produzieren. Damit könnten sie ungefähr 5 Prozent des gesamten Marktes bedienen.

Die Vorpublicity schien zu funktionieren. Die Autosalons waren voller neugieriger Besucher, die verzweifelt versuchten, einen ersten Blick auf das neue Modell werfen zu können. In den ersten Wochen nach der Einführung kamen fast drei Millionen Menschen in die Autohäuser, um den neuen Edsel zu sehen. Neben dem Kühlergrill, der die Massen spaltete, hatte der Edsel noch andere auffällige neue Merkmale zu bieten. So war er der erste Wagen mit selbst regulierenden Bremsen und einer elektrisch ver- und entriegelbaren Motorhaube. Außerdem war er für einen Mittelklassewagen außergewöhnlich hochmotorig. Doch wie sich herausstellte, reichte all das nicht.

In den Augen der Öffentlichkeit wurde der Wagen einfach nicht dem gerecht, was die gewaltige PR-Kampagne in Aussicht gestellt hatte. Und leider blieben die Verkaufszahlen hinter den Erwartungen von Ford zurück. Im ersten Jahr verkauften sich gerade mal 64.000 statt der erwarteten 200.000 Exemplare. Ford brachte daraufhin 1959 und 1960 Nachfolgemodelle heraus, doch die Umsätze blieben rückläufig (bei 44.891 beziehungsweise 2.846). Im November 1959 ließ Ford die letzte Werbung drucken und stellte die Produktion ein.

Was war schief gegangen? Im Fall Edsel gibt es so viele Gründe für das Scheitern, dass sich die einzelnen kaum noch ausfindig machen lassen. Ja, es wäre wohl einfacher zu fragen, was war *nicht* schief gegangen?

Das Marketing war gewiss einer der Schlüsselfaktoren. Um es in einfache Worte zu fassen: Ford hatte sich verhoben. Angefeuert vom Erfolg des Thunderbirds wenige Jahre zuvor, schien sich die Firma praktisch unverwundbar zu fühlen, und genau dieses Gefühl vermittelten die allzu selbstsicheren Werbebotschaften.

Immerhin kann ihnen niemand vorwerfen, sie hätten zu wenig in die Werbung investiert. Am 13. Oktober 1957 erschloss Ford der Produktpromotion eine vollkommen neue Dimension, indem sie sich mit dem Fernsehsender CBS zusammentaten, um ein einstündiges Special zu senden, *The Edsel Show*. Hierbei handelte es sich um eine Parodie auf die damals sehr beliebte *Ed Sullivan Show*, verpflichtet wurden Showgrößen wie Frank Sinatra und Bing Crosby. Doch selbst diese Spitzenwerbung konnte die Verkaufszahlen nicht retten. Den Verbrauchern war egal, wie „revolutionär" der Wagen sein mochte. Sie wussten bloß, dass er hässlich war und sein Name sich wie „Weasel" anhörte. Zudem verzichtete der Edsel auf Heckflossen in einer Zeit, in der alle anderen Wagen welche hatten. Wie Bob Casey, Kurator des Henry-Ford-Museums sagte, „passte er einfach nicht in das damalige Bild".

Neben irregeleiteter Werbung, falschem Aussehen und einem dämlichen Namen hatte der Edsel ein weiteres Problem – er war zu teuer. Sheila Mello beschreibt in ihrem sehr informativen Buch – *Customer Centric Product Definition* –, wie die Einführung des Edsel mit dem Trend zu billigeren Modellen kollidierte:

> Fords Entschluss, auf den hochmotorigen Edsel zu setzen in einer Zeit, als die Kunden sich vermehrt kleineren Wagen mit geringerem Benzinverbrauch zuwandten, irritierte die potenziellen Käufer. Die ersten Modelle in den Showrooms waren die teuersten mit Spitzenausstattung, was die Leute abschreckte – heute sprechen wir in diesem Zusammenhang vom „Preisschild-Schock". Leider waren einige Edsel-Modelle nicht nur teurer als vergleichbare Wagen, sondern wiesen darüber hinaus auch noch ähnliche, wenn nicht gar mehr Qualitätsprobleme auf. So passten Teile nicht zusammen oder fehlten einfach, weil Ford den Edsel häufig auf demselben Band produzierte wie die Mercurys. Außerdem waren viele Händler zu schlecht bestückt, um die Teile nachzurüsten oder zusätzliches Zubehör anbieten zu können.

Aufgrund des unglücklichen Timings schien das Auto weit teurer als es tatsächlich war. In den Fünfziger war es nämlich üblich, dass neue amerikanische Automodelle im November des Vorjahres herauskamen. So erschien beispielsweise ein 1956er Thunderbird im November 1955. Der Edsel aber kam im September heraus, also zwei Monate, bevor die anderen neuen Modelle auf den Markt kamen. Damit war er de facto ein 1958er-Wagen, der mit 1957ern konkurrierte – und vor allem mit den Preisen der 1957er-Modelle.

Und was die Sache noch schlimmer machte, war, dass vom Edsel nicht nur zunächst die teuersten Modelle in die Showräume kamen, sondern dass sie dort neben 1957er Modellen standen, die zu Discountpreisen angeboten wurden, weil die Händler sie verkaufen wollten, bevor im November die neuen Modelle hereinrollten.

Ein hoher Preis an sich ist natürlich noch kein Scheiterungsgrund, solange er gerechtfertig ist. Allerdings brachten die Erfahrungen der wenigen Erstkunden des Edsel ihm den Ruf ein, Unmengen technischer Probleme zu haben. Der Name wurde bald zur Abkürzung für „Every Day Something Else Leaks" – Jeden Tag leckt etwas anderes.

Ein desaströser Faktor allerdings entzog sich gänzlich der Kontrolle Fords. Nach einer Hochperiode im amerikanischen Autohandel wendete sich 1957 plötzlich das Blatt und es setzte eine Rezession ein. 1958 verzeichneten beinahe alle Automodelle rückläufige Verkaufszahlen, einige um bis zu 50 Prozent. Ironie des Schicksals war, dass ausgerechnet der Ford Thunderbird 1958 zu den wenigen Modellen gehörte, die steigende Umsätze verbuchten.

Der Autojournalist Anthony Young erklärte im September 1989 in einem Artikel für *The Freeman* – herausgegeben von The Foundation for Economic Education –, warum die Versäumnisse Fords in Bezug auf die Marktforschung ausschlaggebend für das Scheitern des Edsel waren:

> Der Edsel ist ein Lehrbuchbeispiel für unternehmerische Anmaßung und Ignoranz gegenüber den Marktrealitäten. Er zeigt die klaren Grenzen auf, an die Werbung und absichtlich erzeugter Erwartungsdruck stoßen, mit denen Anreize geschaffen werden, neue und unerprobte Wagen zu kaufen. In einer freien Marktwirtschaft entscheidet die autokaufende Öffentlichkeit über den Erfolg oder Misserfolg eines Wagen, nicht der Hersteller. Ein Hersteller sollte einen Neuwagen nicht überbewerben, sonst schürt er beim Verbraucher unrealistische Erwartungen. Erfüllt der Wagen diese Erwartungen dann nicht, ist er praktisch schon im Showroom dem Untergang geweiht.

Immerhin lernte Ford schnell. Wenige Jahre nach dem spektakulären Scheitern des Edsel konnten sie mit dem Mustang einen nicht minder spektakulären Erfolg und damit einen Ausgleich schaffen. 1964 auf den Markt gebracht, verkaufte sich der Mustang bereits im ersten Halbjahr eine halbe Million Mal. Er hatte nicht nur den besseren Namen und einen hübscheren Kühler, sondern wies seinem Vorgänger gegenüber noch einen weiteren Vorteil auf – er war erschwinglich.

Wie Sheila Mello ausführt, verlegte Ford sich zwischen 1960 (als die Edsel-Produktion eingestellt wurde) und 1964 (als der Mustang vom Band rollte) wie die restliche Automobilindustrie darauf, sich auf das zu konzentrieren, was die Verbraucher tatsächlich wollten. „Der Erfolg des Mustangs zeigt, dass die Ford Motor Company aus der Edsel-Erfahrung gelernt hat", schreibt sie. „Der wesentliche Unterschied zwischen der unglücklichen Entwicklung des Edsel und dem sagenhaften Erfolg des Mustang besteht in der Verschiebung von der produktorientierten Planung hin zur verbraucherorientierten."

Lee Iacocca, der als Präsident von Ford die Entwicklung des Mustangs vorantrieb, bevor er bei Chrysler die Zügel in die Hand nahm, teilt Mellos Ansicht. In seiner Autobiografie erläutert er die Ideen, die hinter dem Mustang standen: „Während der Edsel ein Wagen war, der einen Markt suchte, den er niemals fand, hatten wir hier einen Markt, der nach diesem Wagen suchte. Die normale Vorgehensweise in Detroit war die gewesen, ein Auto zu bauen und dann die Käufer dafür zu finden. Jetzt aber waren wir in der entgegengesetzten Position – nämlich ein Auto maßzuschneidern, das einen hungrigen Markt bediente." Infolgedessen wurde der Mustang stärker und stärker. Er wird bis heute produziert.

So teuer und peinlich die Edsel-Geschichte für Ford gewesen sein mag – sie war dem Unternehmen auch eine wichtige Lektion, die es bis dato nicht vergessen hat.

Was das Beispiel Edsel lehrt

- *Zu viel Wirbel um ein neues Produkt kann schädlich sein.* „Ich habe gelernt, dass ein Unternehmen seinen Sprechern nie erlauben sollte, zu viel Begeisterung für ein ungesehenes und unerprobtes Produkt zu wecken", gestand C. Gayle Warnock, der PR-Chef, der für die Publicity zur Einführung des Edsel zuständig war.

- *Auf den Namen kommt es an.* Grundsätzlich macht der Name die Marke aus. Dabei ist vollkommen unerheblich, was das Unternehmen mit einem bestimmten Namen verbindet, denn entscheidend ist einzig, was der Verbraucher damit assoziiert. Weckt der Klang bei ihm Assoziationen mit „Wieseln" bzw. „Schleichern" oder „Brezeln", sollte man ihn besser gleich wieder vergessen.

- *Das Aussehen zählt.* Für die meisten Produkte gilt, dass sich Markenidentität in erster Linie über das Erscheinungsbild gestalten lässt. So war es die einzigartige Flaschenform, die Coca-Cola zu ihrer Markengröße verhalf. In der Automobilindustrie ist Aussehen besonders entscheidend, und hier werden längst nicht alle hässlichen Entlein später schöne Schwäne – wie der Edsel gezeigt hat.

- *Der Preis ist wichtig.* Produkte können zu teuer, aber auch zu billig sein. Einige Marken büßen durch zu niedrige Preise an Prestige ein, während bei anderen – beispielsweise Autos wie dem Edsel – die Preise zu hoch sind und vor dem Verbraucher nicht mehr gerechtfertigt werden können.

- *Die richtige Marktforschung entscheidet.* Ford hat eine Menge Zeit und Geld in die falsche Marktforschung gesteckt. Statt endlose Namenslisten zusammenzutragen, hätte das Unternehmen besser erforscht, ob überhaupt ein Markt für seinen neuen Wagen da ist. Denn wie sich herausstellte, existierte der Markt, den zu erreichen Ford Millionen investierte, gar nicht.

- *Qualität ist unverzichtbar.* Natürlich ist Produktqualität immer wichtig, doch wenn es um Autos geht, entscheidet sie über Leben und Tod. Die mangelhafte Qualität des Edsels wurde zu einem weiteren Sargnagel des Produkts.

3. Sony Betamax

Zu den allgemein anerkannten Markenweisheiten zählt die, dass Marken am stärksten werden, wenn sie die Ersten in ihrer Kategorie sind. Diese Theorie wird von dem Markenguru Al Ries wiederholt betont.

„Verbraucher interessieren sich nicht für neue Marken, sondern für neue Kategorien", schreibt er in seinem Buch *The 22 Immutable Laws of Branding*. „Indem man eine neue Kategorie als bisher unbedient vorstellt und dann aggressiv bewirbt, schafft man sowohl eine starke Marke als auch einen rapide wachsenden Markt."

Es gibt tatsächlich eine ganze Reihe von Fällen, die diese These bestätigen. So war Domino's das erste Unternehmen, das einen Lieferservice für Pizza anbot. Bis heute steht es an der Spitze dieses Marktes. Coca-Cola war der erste Anbieter von colahaltigen Softdrinks und ist nach wie vor die beliebteste und finanziell erfolgreichste Marke auf diesem Sektor.

Wie wir im neunten Kapitel sehen werden, versagt die Theorie allerdings auf dem Markt der Technologien. Aufgrund des Umstands, dass der Verbraucher den technologischen Durchbrüchen in der Regel um fünf Jahre hinterherhinkt, wird der Erstanbieter oftmals gar nicht wahrgenommen. Hinzu kommt, dass die meisten Firmen außerstande sind, zuverlässige Prognosen darüber anzustellen, wie neue Technologien genutzt werden können. So waren die europäischen Hersteller von Mobiltelefonen beispielsweise denkbar schlecht auf den zunehmenden Trend zur Textübermittlung vorbereitet, weshalb einige von ihnen sich nicht mal die Mühe gaben, den SMS-Versand in die Anleitungen für ihre Geräten aufzunehmen.

Ein Klassiker unter den Marketingkatastrophen auf dem Technologiesektor war Sonys Betamax-Videorecorder. Während der Siebziger entwickelte Sony ein Gerät zur Wiedergabe von Videobändern. Das Gerät basierte auf der Betamax-Technologie und kam 1975 in die Läden. Im ersten Jahr wurden allein in den USA 30.000 Betamax-Videorecorder (VCRs) verkauft. Doch ein Jahr später brachte Sonys Konkurrent JVC einen VHS-Recorder heraus (Video Home Systems). Bis 1977 stellten vier weitere japanische Elektronikunternehmen VHS-basierte Geräte her und brachten sie auf den Markt.

Ob Sony nun seine Betamax-Technologie nicht lizensieren wollte oder konnte (hier bleibt jedem selbst überlassen, welche Version der Geschichte er glauben möchte), auf jeden Fall war JVC gewiss beglückt darüber, das VHS-Format mitnutzen zu dürfen. Und genau diese Tatsache erwies sich später als einer der entscheidenden Faktoren, die Betamax zu Fall brachten.

Auch wenn Sony die Pionierarbeit für die meisten Weiterentwicklungen leistete, zogen JVC und die anderen VHS-Hersteller reichlich schnell nach. Die VHS-HiFi-Formate von JVC und Panasonic wurden beispielsweise nur Wochen nach Sonys Betamax-HiFi vorgestellt. Dennoch sind sich die meisten Experten einig, dass die Bandqualität bei Betamax der der Konkurrenz deutlich überlegen ist.

Da die beiden Formate nicht kompatibel waren, mussten sich die Verbraucher für eines von beiden entscheiden. Bald schon stand Sony unter enormem Druck, denn die Konkurrenz begann, ihre Geräte um bis zu 300 Dollar billiger als die Sonys anzubieten. 1982, als das Preiskampf in vollem Gange war, stellte Sony sich widerwillig der Herausforderung und bot seinen Käufern einen 50-Dollar-Nachlass als „Verbesserungsbonus" an.

Doch Sony war noch mit anderen Marketingproblemen konfrontiert. Bis in die frühen Achtziger hinein stand der Name Betamax als Synonym für „Videorecorder". Diese Assoziation hatte positive wie negative Konsequenzen, als Universal Studios und Disney 1979 eine Klage gegen Sony einreichten, in der sie dem Unternehmen vorwarfen, seine VCR-Systeme seien nicht mit den Copyright-Regeln für Filmproduzenten vereinbar. Obwohl Sony unbescholten aus dem Gerichtssaal kam, traf das Unternehmen die Vorwürfe mehrerer Branchenkommentatoren, die ankündigten, dass der Fall nicht folgenlos für die Art und Weise bleiben würde, wie Sony seine Betamax-Produkte vermarktete.

Eines ist sicher: Von 1981 an verloren die Betamax-Geräte rapide an öffentlicher Wertschätzung. Und im Jahr des härtesten Preiskrieges, 1982, konnten Betamax-Videorecorder schäbige 25 Prozent Marktanteil für sich beanspruchen. Zugleich wurden die Verbraucher gewarnt, dass das Angebot an Leihvideos für diese Geräte zukünftig geringer ausfallen würde als das für VHS-Recorder.

Sony warb nun weiterhin mit der technischen Überlegenheit des Betamax-Formats gegenüber den VHS-Formaten, während die Benutzer vermehrt auf einen ernsten Nachteil aufmerksam wurden: Betamax-Recorder konnten nur maximal eine Stunde Filmlänge aufzeichnen, wohingegen die VHS-Recorder immer längere Aufnahmezeiten anboten – die Betamax-Nutzer konnten also weder Filme noch Footballspiele aufnehmen, ohne das Gerät zwischendurch neu zu programmieren. Das war der Preis, den Sony für überlegene Bild- und Tonqualität zahlte. Um einen besseren Standard zu bieten, verwendeten sie größere und langsamere Bänder, weshalb man manchmal drei Kassetten für einen Film brauchte. Diese Tatsache sorgte bei Videobesitzern wie -verleihern für allerhand Frustration. Die einen wollten nicht dauernd die Kassetten wechseln und die anderen nicht so viele Kassetten vorrätig halten müssen. Sehr treffend erläutert ein anonymer VHS-Fan das Problem auf der blockinfo.com-Website: „Was den Erfolg von VHS ausmacht, ist, dass man einen ganzen Film auf ein Band bekommt. Okay, das Bild und der Sound sind nicht so gut wie bei Beta, aber was schert einen das, wenn man dafür nicht mitten in der Nacht aufstehen und das Band wechseln muss. VHS bietet ausreichende Qualität auf den Gebieten, die für den Kunden interessant sind. Betamax bietet exzellente Qualität auf Gebieten, die für den Kunden eher uninteressant sind." Sony weigerte sich standhaft, in den sauren Apfel zu beißen, denn sie verloren zwar an Marktanteilen, aber die Zahl der verkauften Geräte stieg weiterhin an und erreichte mit 2,3 Millionen im Jahre 1984 ihren Höhepunkt.

Nichtsdestotrotz setzte sich VHS innerhalb der nächsten drei Jahre mehr und mehr durch und konnte schließlich einen Marktanteil von 95 Prozent für sich beanspruchen. 1987 brachte die Zeitschrift *Rolling Stone* einen Artikel über Betamax (Titel: „Der Krieg der Formate"), in dem sie den Krieg für beendet erklärte. Am 10. Januar 1988 dann überwand Sony seinen Stolz und kündigte eine eigene VHS-Videorecorder-Reihe an.

So energisch Sony sich auch dagegen verwehrte, dass die Presse hierin den „Tod" von Betamax sah, die Presse hörte nicht zu. Vierzehn Tage nach der VHS-Ankündigung, am 25. Januar, erschien in *Time* eine Lobeshymne auf die Marke, die mit „Goodbye Beta" überschrieben war.

In diesem Artikel stand, Betamax wäre gescheitert, weil Sony sich geweigert hatte, Lizenzen zu vergeben. „Während Sony seine Beta-Technologie zunächst für sich behielt, teilte JVC, der japanische Erfinder des VHS, sein Geheimnis mit einer ganzen Flotte anderer Firmen." Diese Behauptung sorgt seither für hitzige Diskussionen unter den Verteidigern von Betamax. So steht beispielsweise in einem Weißbuch der modernen Märchen zu *The Decline and Fall of Betamax*, dass diese These „jeglicher Wahrheit entbehrt". Gemäß James Lardner, dem Autor von *Fast Forward*, bot Sony JVC und Matsushita im Dezember 1974 Lizenzen für die Betamax-Technologie an, was von beiden Unternehmen abgelehnt wurde.

Wie dem auch sei, die Betamax-Videorecorder wurden ausschließlich von Sony produziert, wodurch sie in die Lage gerieten, kaum mit der wachsenden Anzahl von VHS-Herstellern konkurrieren zu können. Doch selbst als sie begannen, VHS-Geräte zu produzieren, gaben sie Betamax nicht auf. Die Überseeproduktion von Betamax schleppte sich bis 1998 weiter, auf dem heimischen japanischen Markt sogar bis 2002, wenn auch in geringer Zahl (gerade mal 2.800 Geräte im Jahr 2001).

Am 22. August 2002 verkündete Sony dann die Einstellung der Betamax-Produkte. „Aufgrund der Zunahme von digitalen Geräten und anderen neuen Aufnahmeformaten, die sich auf dem Markt vermehrt durchsetzen, ist die Nachfrage weiter zurückgegangen, weshalb es für uns zusehends schwieriger geworden ist, den Ersatzteilenachschub zu gewährleisten", erklärte das Unternehmen.

Gegenwärtig gerät auch VHS in die Bedrouille, da der Aufstieg der DVD-Systeme unaufhaltsam ist, weshalb VHS wohl keine allzu lange Lebensdauer mehr beschieden sein dürfte. Man könnte sich also fast zu der Behauptung versteigen, DVD hätte letztlich die Schlacht zwischen Betamax und VHS beendet. Zugleich aber ist damit ein neuer Krieg entbrannt, nämlich der zwischen den unterschiedlichen DVD-Formaten, der das Wachstum auf diesem Markt ausbremst.

Dennoch gibt es eine Lektion, die wir alle aus dem Betamax-Beispiel lernen können. Sony und acht seiner Konkurrenten haben sich 2002 endlich zusammengetan, um ein gemeinsames DVD-Format zu schaffen, so dass Sony diesmal nicht allein auf der Standspur übrig bleiben wird.

Was das Beispiel Betamax lehrt

- *Der Alleingang kann tödlich sein.* „Entgegen allgemeiner Annahme ist Wettbewerb für jeden Pionier in jeder Kategorie hilfreich", sagt Al Ries. Das trifft so lange zu, wie die Konkurrenz kein Format anbietet, das mit dem eigenen Produkt inkompatibel ist.
- *Andere hereinlassen.* Ob Sony sich nun weigerte Lizenzen zu vergeben oder nicht, das Unternehmen hätte zweifellos bessere Chancen gehabt, wenn seine Konkurrenten das Betamax-System übernommen hätten.
- *Die Verluste gering halten.* Sonys Entscheidung, die Existenz von VHS bis 1987 faktisch zu ignorieren, erwies sich im Nachhinein als ein schwerer Fehler.
- *Angebot = Nachfrage.* Sobald die Hersteller von Leih- und Kaufvideos ihr Angebot an Beta-Formaten reduzierten, ging die Nachfrage nach Sonys Betamax-Recordern unaufhaltsam zurück.

4. McDonald's Arch Deluxe

McDonald's hat in den letzten Jahren mehrfach mit konventionellen Marketingproblemen kämpfen müssen, so nicht zuletzt mit dem McLibel-Prozess (Näheres dazu im fünften Kapitel). Zumeist drehte es sich dabei um neue Produkte, die keinen Anklang bei den Verbrauchern fanden. McLean Deluxe (mit dem die ernährungsbewussten Kunden gewonnen werden sollten) und McSoup waren zwei Beispiele, doch der peinlichste Flop, den McDonald's je erlebte, war der Arch-Deluxe-Burger.

Der „Burger mit dem Erwachsenen-Geschmack" wandte sich derart entschieden von der Zielgruppe der Kinder und Jugendlichen ab, dass man sogar Werbespots dafür machte, in denen Kinder das „raffinierte" Produkt verschmähten.

Das Problem war allerdings, dass niemand wegen des Geschmacks zu McDonald's geht, sondern wegen der Bequemlichkeit, und dazu gehört nun mal, vorher zu wissen, was einen erwartet. McDonald's-Restaurants bieten in Spanien Gazpacho und in Indien Lammburger an, doch im Großen und Ganzen ist die Auswahl weltweit identisch. Die meisten Menschen, die in ein McDonald's-Restaurant gehen, wissen bereits, was sie bestellen wollen, bevor sie zum Tresen gehen. Sie wollen nicht mit tausendundeiner Variation von ein und demselben Produkt – nämlich dem Hamburger – bombardiert werden.

Ein weiteres Problem des Arch Deluxe war die Bewerbung des Geschmacks. Jeder weiß, dass McDonald's niemals einen Michelin-Stern gewinnen wird, doch die Kunden kommen trotzdem. Unter der Überschrift „McDonald's Missing the Mark"* erschien am 12. November 2001 ein Artikel in *Brand Week*, in dem Dave Miller die „Geschmacksoffensive" als Werbestrategie heftig kritisiert:

> Wir gehen nicht zu McDonald's um des Geschmacks, des Gaumenkitzels oder des kulinarischen Genusses willen. Wir schätzen eure Freundlichkeit, die Sauberkeit, die Beständigkeit und das Unkomplizierte. Leider habt ihr diese Werte in jüngster Zeit vernachlässigt, was die Konkurrenz – glücklicherweise – nicht begriffen hat. Aber wie viele gescheiterte Menükonzepte braucht ihr noch, bevor all die Entwicklungsgelder wieder in die Dinge gesteckt werden, für die wir euch schätzen?

Die Schwierigkeiten, auf die der Arch Deluxe stieß, sind symptomatisch für ein weit größeres Problem: Wie viele Marken, die in der obersten Liga spielen, musste auch McDonald's sich den Vorwurf gefallen lassen, den Kontakt zum Kunden zu verlieren und hinter dem Markt herzuhinken.

Und genau dieses Problem erkannte Jack Greenberg, der 1998 als CEO zum Unternehmen kam. „Wir haben zu lange gebraucht, um eine Idee zu entwickeln und sie auf den Markt zu bringen, und anschließend zu lange, um zu entscheiden, ob wir es wollen oder nicht", sagte er im selben Jahr gegenüber der *Financial Times* (in einem Artikel, der „A mission to buff the golden arches"** überschrieben war).

Wie bei einem Unternehmen, das auf Uniformität setzt, nicht anders zu erwarten, ist McDonald's stark zentralisiert. Die meisten Marketingentscheidun-

---

* sinngemäß „McDonald's verfehlt das Klassenziel", *d. Übers.*
** sinngemäß „Wie die goldenen Bögen aufpoliert werden sollten", *d. Übers.*

Die 100 größten Marken-Flops

gen müssen im Hauptquartier in Oak Brook, Illinois, abgesegnet werden. So entstammte auch die Rezeptur für den Arch Deluxe der Versuchsküche in Oak Brook. Umso bezeichnender mag sein, dass die erfolgreichsten Produkte – wie der Big Mac, der Hot Apple Pie, der Egg McMuffin und das Filet o'Fish – sämtlichst in den Küchen der Niederlassungen erdacht wurden (wohingegen andere Misserfolge wie der McLean und der McPizza ebenfalls aus dem Hauptquartier kamen).

Ein weiterer interessanter Aspekt des Arch-Deluxe-Desasters ist, dass das Produkt gründlich erforscht wurde. Nach groß angelegten Umfragen stellte sich heraus, dass die Kunden liebend gern einen Hamburger essen würden, der speziell für Erwachsene war. Leider glänzten diese Kunden durch Abwesenheit, als das Produkt eingeführt wurde.

Was das Beispiel Arch Deluxe lehrt

- *Bei dem bleiben, was man kennt.* Was die Markenidentität von McDonald's zu einem wesentlichen Teil ausmacht, ist Einfachheit. Und zu einem weiteren wesentlichen Teil definiert sich die Marke über Kinderfreundlichkeit. Ein „erwachsener" Hamburger, der die Kinder bewusst ausschließt, musste daher zum Scheitern verurteilt sein.

- *Niemals den Kunden verwirren.* „McDonald's ist nicht kognitiv, sondern reflexiv", sagte Dave Miller in seinem Artikel in *Brand Week* vom November 2001. „Wir schätzen es, nicht nachdenken zu müssen. Es ist einfach da." Indem sie das Angebot erweiterten und Produkte anboten wie Arch Deluxe, Bratwurst, McTacos und McMussels, setzten sie ihre Kunden der Qual der Wahl aus.

- *Marktforschungsergebnisse sollten stets skeptisch betrachtet werden.* Marktforschung ist durchaus sinnvoll, solange sie sorgfältig betrieben wird. Als der Weisheit letzter Schluss sollten ihre Ergebnisse allerdings nie gelten.

Kapitel 3

Gescheiterte Ideen

Wie die Beispiele in diesem Buch veranschaulichen, gibt es vielerlei Gründe dafür, warum Marken scheitern. Einer davon kann sein, dass Marken einen Markt bedienen, den es nicht mehr gibt. Oder aber sie expandieren in eine Produktkategorie, die nicht zu ihnen passt. In einigen besonders dramatischen Fällen gründet das Scheitern aber auch in einem Skandal, der die Verbraucher zum Boykott der Marke veranlasst. Die meisten Misserfolge jedoch gehen auf eher banale Ursachen zurück. So scheitern viele Marken, weil ihre Ideen einfach schlecht sind und unzulänglich geprüft wurden. Sie haben zwar begriffen, dass das Vorpreschen in neue Produktkategorien vermieden werden sollte, bringen dafür aber in ihrer angestammten Kategorie neue Rezepturen hervor, die bisweilen bizarr anmuten. Inwiefern ist das schädlich, wenn doch das neue Marketingmantra lautet, dass Marketing sich um Wahrnehmungen dreht und nicht um Produkte? Nun, weil man der Tatsache Rechnung tragen sollte, dass zumindest ein Teil der Wahrnehmung sich auf das Produkt selbst konzentriert.

Die ausgefeilteste Markenstrategie der Welt schafft es nicht, dem Kunden ein Produkt zu verkaufen, das er nicht will – oder höchstens einmal und dann nie wieder. Auch wenn der Marktführer erwiesenermaßen nicht immer die beste Qualität bietet, so gilt als nicht minder erwiesen, dass schlechte oder sinnlose Produkte beim Verbraucher auf wenig Gegenliebe stoßen.

Die Frage ist allerdings, warum schlechte Produkte überhaupt auf den Markt kommen. Wenn der Verbraucher sie nicht will, warum werden sie dann erfunden? Weil Unternehmen nach wie vor darauf bestehen, klüger zu sein als die Kunden. Unbestritten ist jedoch, dass Marktforschung auch gewisse Tücken birgt. Wie Henry Ford bei der Einführung seines Model-T sagte, „hätte ich die Kunden gefragt, sie hätten ein schnelleres Pferd verlangt."

Problematisch wird es immer dann, wenn der Kunde schlicht lächerlich findet, was Unternehmen ihm als besonders überragendes Produkt anbieten. Abgefülltes Mineralwasser für Hunde? Tolle Idee, sagt das Unternehmen; ein schlechter Scherz, antworten die Kunden.

Selbst einige der erfolgreichsten Marken weltweit haben schon unglaublich schlechte Produkte eingeführt. So führte beispielsweise Microsoft 1995 eine Art „soziale Schnittstelle" ein, die sie „Bob" nannten. Bob war ein animierter Brillenträger (Bill Gates nicht unähnlich), der auf „unterhaltende, sympathische Art" Hilfe und Informationen anbot. Um ihm mehr Persönlichkeit zu verleihen, wurde Bob mit einigen Freunden ausgestattet, wie dem Hund Rover, der Kanalratte Scuzz und einem „freundlichen Drachen". Das Produkt wandte sich an Erwachsene, doch niemand, der sich allein die Schuhe zubinden konnte, wollte es benutzen.

In diesem Kapitel finden sich noch mehrere ähnliche Beispiele, die illustrieren sollen, dass Markengestaltung nichts auszurichten vermag, solange der Kunde das Produkt nicht mag.

5. Kellogg's Cereal Mates

Warme Milch – frostige Begrüßung

Kellogg's hatte nicht nur auf einigen ausländischen Märkten mit Problemen zu kämpfen (Näheres hierzu im sechsten Kapitel), sondern hat sich auch das eine oder andere Mal auf heimischem Territorium verrannt. Zu den schlimmsten Patzern dürfte wohl das Cereal-Mates-Produkt zählen.

Die Idee war einfach: Cereal Mates waren Kombipackungen. Sie bestanden aus kleinen Schachteln mit Frühstücksflocken, einer kleinen Milchtüte und einem Plastiklöffel. Der Vorzug des Produkts war offensichtlich – Bequemlichkeit. Je länger die Menschen in den USA arbeiteten, umso stärker nahm der Trend zum Fast Food zu, was Kellogg's auf die Idee brachte, es könnte eine Nachfrage nach einem „Alles in einem"-Frühstücksprodukt bestehen. Um die Erfolgschancen von Cereal Mates zu erhöhen, enthielt die Produktlinie die vier stärksten Kellogg's-Marken – Cornflakes, Frosties, Fruit Loops und Mini Wheats.

Doch trotz aller Bemühungen wurde Cereal Mates zu einem gigantischen

Flop, und nachdem 1999 der Erzrivale General Mills Kellogg's den Platz als Nummer eins unter den Cerealienherstellern der USA strittig gemacht hatte, verschwand das Produkt wieder aus den Regalen.

Es gibt mehrere Gründe, warum Cereal Mates die Kunden nicht überzeugen konnte, und sie sind alle von Journalisten und Marketingfachleuten geprüft worden. Einige der Schlüsselfaktoren für das Scheitern der Cereal Mates sind:

- *Faktor eins: warme Milch.* Da die Milch ultrahocherhitzt war, musste sie nicht kühl gelagert werden. Die Kunden allerdings konnten sich mit der „lauwarmen" Milch nicht anfreunden.

- *Faktor zwei: kalte Milch.* Um dem Kundenwunsch nach kalter Milch zu entsprechen, entschied Kellogg's sich schließlich, die Cereal Mates in die Kühlregale zu packen. Wie Robert McMath, Präsident von New Product Works und Autor des Buches *What Were They Thinking?* ausführte, löste dieser Schritt allerdings erneute Verwirrung aus. „Diese Entscheidung führte unweigerlich zu neuen Problemen, denn nun fanden sich Cereal Mates nicht mehr an dem Ort, wo man normalerweise nach Frühstücksflocken sucht. Und die Kosten für die Umerziehung der Verbraucher dahingehend, dass sie fortan im Kühlregal nach Frühstücksflocken sehen sollten, erwiesen sich als viel zu hoch – offensichtlich jenseits dessen, was Kellogg's für die neue Produktlinie zu investieren bereit war."

- *Faktor drei: Werbung.* Als wären die Verbraucher noch nicht verwirrt genug, verkomplizierte Kellogg's die Sache noch durch die Werbung für Cereal Mates. Die Fernsehspots zeigten kleine Kinder, die sich das Produkt selbst holten, während ihre Eltern noch selig im Bett schlummerten. Nun war die Verpackung jedoch alles andere als kinderfreundlich und hätten Eltern ihre Kleinen tatsächlich alles allein machen lassen, dürften sie sich anschließend wahrscheinlich mit jeder Menge verschütteter Milch herumgeplagt haben (was ihre Begeisterung gewiss dämpfte).

- *Faktor vier: der Geschmack.* Selbst wenn es gekühlt gekauft wurde, nahm der Verbraucher das Produkt mit zur Arbeit und woanders hin. Bis zum Verzehr also war die Milch allemal wieder warm und schmeckte scheußlich.

- *Faktor fünf: der Preis.* Mit weit über einem Dollar angesetzt, schien Cereal Mates den meisten Kunden schlicht überteuert.

All diese Faktoren zusammen sorgten dafür, dass Cereal Mates beim Verbraucher durchfiel. Also zog Kellogg's den Stecker, nachdem das Produkt zwei Jahre auf den Regalen (und in den Kühlregalen) gewesen war.

Es gibt allerdings noch einen weiteren Grund, weshalb Cereal Mates keine Revolution in Sachen Frühstücksgewohnheiten auslösen konnte. Als Mitnehmessen war es nicht praktisch genug. So befasste sich ein Artikel in *Newsweek* im Februar 2000 („Crunch time at Kellogg"*) mit der veränderten Nachfrage nach Frühstücksprodukten und den Folgen für das Frühstücksflockenunternehmen.

> Amerikas neue Morgenroutine macht Kellogg Co. den Garaus. Die immer weiteren Anfahrtswege zur Arbeit (in vielen Städten liegen sie bei einer Stunde) lassen wenig Zeit übrig, um auch nur ein einfaches Frühstück zuzubereiten. Am Morgen überhaupt aus dem Haus zu kommen, stellt für die 64 Prozent der Familien, in denen beide Elternteile arbeiten, eine echte Herausforderung dar. Wie die NPD Group, ein Forschungsinstitut für Essgewohnheiten, ermittelte, verzichten mehr Amerikaner denn je ganz aufs Frühstück. „Die Leute wünschen sich, man könnte ihnen das Frühstück unterwegs injizieren", sagt Gerald Celente, Herausgeber des *Trends Journal*, einem Fachblatt der Marketingindustrie.

Cereal Mates versetzte die Leute zwar in die Lage, ihr Frühstück mitnehmen zu können, aber sie mussten immer noch die Milch darüber schütten und wertvolle Zeit opfern, um es mit einem kleinen Plastiklöffel zu essen. Wie Keith Naughton in obigem Artikel schrieb, scheiterte Breakfast Mates, „weil man die Flocken unmöglich beim Autofahren essen konnte."

Womit Kellogg's dann auch tatsächlich Erfolge auf dem Mitnehmmarkt für Essen verzeichnen konnte, waren Frühstücksriegel wie Nutri-grain. Im Gegensatz zu Cereal Mates können die Riegel binnen Sekunden verzehrt werden – und unterwegs. Hinzu kommt natürlich, dass keine warme Milch dabei im Spiel ist.

---

* sinngemäß „Mampfen unter Dampf bei Kellogg", *d. Übers.*

Was das Beispiel Kellogg's Cereal Mates lehrt

- *Verbraucher mögen keine warme Milch auf ihren Frühstücksflocken.* Ich denke, diesen Punkt haben wir hinreichend geklärt.

- *Man sollte niemals gegensätzliche Botschaften vermischen.* Während Cereal Mates einerseits als Mitnehmprodukt beworben wurde, dass sich „überall" verzehren lässt, vermittelte Kellogg's andererseits, man solle es gekühlt aufbewahren.

- *Die Marke am richtigen Platz anbieten.* Cereal Mates war im Wesentlichen eher ein Frühstücksflocken- als ein Milchprodukt. Daher sollten die Kunden es auch in den Regalen für Frühstücksflocken finden.

- *In mindestens einem Punkt der Beste sein.* Als Frühstücksflockenprodukt konnte Cereal Mates nicht punkten, weil es gesündere und geschmacklich überlegene Produkte gab. Als Mitnehmprodukt scheiterte es, weil Frühstücksriegel schneller zu verzehren waren und mehr Flexibilität boten.

- *Den Preis im angemessenen Rahmen lassen.* Die Verbraucher waren nicht bereit, für Cereal Mates denselben Preis zu zahlen wie für eine Familienpackung Frühstücksflocken.

6. Sonys Godzilla

Der Monsterflop

Wenn es ein Wort gibt, das im Standardvokabular der Markenberater häufiger als alle anderen vorkommt, dann ist es „Synergie". Große Unternehmen, die eine Markenstrategie formulieren, sprechen dabei zu gern von „Synergieeffekten", auf die diese Strategien abzielen sollen. Mit anderen Worten: Ziel ist die Ausweitung der Marke auf andere verwandte Produktkategorien.

In jüngster Zeit sind Werbezusammenschlüsse der absolute Renner geworden. Sie haben gezeigt – sofern wir es nicht vorher schon wussten – dass Marken weit größer werden können als die spezifischen Produkte, die sie vertreten. In der Unterhaltungsindustrie ist dieser Trend besonders offensichtlich.

Nehmen wir die Popmusik. Vorbei sind die Zeiten, in denen es einzig darauf ankam, wie sich eine Popgruppe anhörte. Heute geht es nur noch um Markengestaltung. In *The Entertainment Economy* schreibt Michael J. Wolf, „Marken und Stars sind zu ein und demselben geworden". Seit dem Spice-Girls-Phänomen verbringen die Manager der Musikverlage ebenso viel Zeit damit, sich Methoden auszudenken, wie sie mit Spielwarenherstellern, Fernsehleuten und Fast-Food-Ketten ins Geschäft kommen können, wie mit dem Verkaufen von Singles und Alben. Bei Bands wie SClub7 war die Markenausweitung gleich von Anfang an eingeplant und die erste Single erschien zeitgleich mit der Fernsehserie. Fernsehshows wie *Popstars* in Großbritannien und *American Idols* in den USA, wo Popstars durch die Show selbst gemacht werden, sind bezeichnend für die neuen Methoden des medienübergreifenden Marketings.

Nirgends jedoch wird Markensynergie so offensichtlich wie in der Welt des Films. George Lucas war mit seinem *Star-Wars*-Franchise der Erste, der sämtliche Möglichkeiten der Markenverbreitung ausschöpfte. Neben den Filmen selbst wurden den Verbrauchern zahlreiche andere Angebote gemacht, mit der *Star-Wars*-Marke in Berührung zu kommen. Sie konnten die Actionfiguren kaufen, die Bücher lesen, das Computerspiel spielen und die Pyjamas tragen.

Mittlerweile haben wir uns an das „Film als Marke"-Konzept gewöhnt. *Men in Black, Der Herr der Ringe, Harry Potter, Toy Story, Monster AG* und unzählige mehr haben den *Star-Wars*-Erfolg für sich wiederholen können. Bedeutet dies für die Hollywoodstudios einerseits, dass sie mit einem Film mehr Geld machen können als jemals zuvor, so heißt es andererseits aber auch, sie haben weit mehr zu verlieren, falls der Plan nicht aufgeht. Da braucht man nur Sony zu fragen.

Als sie 1998 *Godzilla* in die Kinos brachten, glaubte man bei Sony, einen Monsterfilmhit geschaffen zu haben. Tatsächlich kann man sich kaum einen Film vorstellen, der ein größeres Blockbusterpotenzial mitbrachte. Sony hatte 60 Millionen Dollar allein in die Vorwerbung gesteckt. Puff Daddy rappte sich zur *Godzilla*-Filmmusik durch eines der teuersten Werbevideos, die jemals gedreht wurden, und der Nachbau des Filmstars – eines wolkenkratzerhohen grünen Monsters – schien die perfekte Spielfigur abzugeben.

Dank Sonys neu erworbener Kinoholding wurde der Film am Startwochenende auf mehr Leinwänden gezeigt als irgendein anderer in der Kinogeschichte. Am ersten Spieltag lief in jedem fünften Kino *Godzilla*.

Das einzige Problem bestand darin, dass trotz all des Geldes, das man in die Werbung gesteckt hatte, die Mundpropaganda zum Film reichlich schlecht ausfiel. Schon bevor er in die Kinos kam, kursierten im Internet Meldungen darüber, wie entsetzlich der Film wäre. Sony jedoch war wild entschlossen, die Online-Kritiker auf seine Seite zu holen. Ja, sie zahlten Harry Knowles, dem Besitzer der einflussreichen Website AintItCoolNews, sogar den Flug zur Kinopremiere nach New York. Doch das konnte die wachsende Zahl negativer Rezensionen nicht aufhalten. Im Folgenden ist zu lesen, was James Berardinelli in seiner Kritik schrieb, die am Tag des Kinostarts auf der movie-reviews.net-Seite erschien:

> Mit Godzilla erreicht der „Wen interessiert die Story?"-Sommerfilm einen neuen Höhepunkt. Als lockeres Remake des japanischen „Klassikers" von 1954 wurde das Drehbuch für Roland Emmerich und Dean Devlins hochbudgetierten Echse-zertrampelt-Manhattan-Film offenbar von einem Hirntoten geschrieben. Das Skript ist nicht „beruhigt" worden, sondern man hat es einer Lobotomie unterzogen. [...] Das Schlimmste aber ist, dass Godzilla nicht mal spannend ist. Mit Ausnahme einer halbwegs vergnüglichen Autojagd gegen Ende des Films gibt es nicht eine Szene, die den Puls beschleunigt. Selbst die Stellen, an denen Dutzende von Flugzeugen das Monster attackieren, sind weder spannend noch mitreißend, sondern eher zum Gähnen. Independence Day war ja schon recht schlicht, hatte aber immerhin hier und da ein paar „Adrenalinmomente", mit denen das Publikum bei der Handlung gehalten wurde. Godzilla aber weist sowohl in der Produktion als auch in diversen anderen Punkten klare Mängel auf. Ein Teil des Problems dürfte wohl sein, dass wir nie wissen, für wen wir eigentlich sein sollen: für das grüne Monster, das immerhin eine klare Stellung bezieht, oder für die hohlen menschlichen Figuren, die es aufzuhalten versuchen.

Gegen Ende der Rezension betont Berardinelli die Bedeutungslosigkeit seiner Meinung:

> Letztlich ist natürlich egal, was ich (oder irgendein anderer Kritiker) zu dem Film zu sagen habe. Sonys TriStar geht davon aus, dass Godzilla, wie alle vermeintlichen Sommerfilme, ziemlich kritikresistent ist. Vielleicht ist der Film ja auch mundpropagandaresistent. Wer ihn sich ansehen will, wird es auch tun, ganz gleich was ich schreibe oder was seine Freunde sagen. Wenn ich mich hier also aufschwinge zu erklären, warum Godzilla einer der idiotischsten Blockbuster aller Zeiten ist, ist das praktisch in den Wind gespuckt.

Wäre Berardinellis Kritik der einzige Verriss gewesen, hätte er damit gewiss Recht gehabt. Doch als Tausende von Kinobesuchern – nicht etwa hochtrabende Kulturjournalisten – ihrem Ärger Luft machten, büßte die Godzilla-Marke doch einiges von ihrem Biss ein. Ein Online-Diskussionsforum stellte sogar eine Liste mit den 63 schlimmsten Fehlern im Film zusammen (typisches Beispiel: „Godzilla kann einem Helikopter davonlaufen, schafft es aber nicht, mit dem Tempo eines Taxis mitzuhalten").

1998 erkannte die Filmindustrie endlich, welchen Einfluss das Internet auf die Kinobesucher hatte. So trug es nicht nur wesentlich dazu bei, das exzessive Marketingbudget für *Godzilla* als blanke Geldverschwendung hinzustellen, sondern bewies auch (am Beispiel von *The Blair Witch Project* und dem damit verbundenen Online-Kult), dass große Marketingbudgets generell nicht mehr ausschlaggebend waren.

Angesichts der vernichtenden Kritiken, die *Godzilla* einstecken musste, ist interessant, wie viel positiver die Besprechungen ausfielen, die Sony drei Jahre später für seine Sommer-Blockbuster bekam. Zitate aus den Rezensionen von David Manning für *Ridgefield Press* wurden auf den Kinoplakaten für *A Knight's Tale* (in der deutschen Synchronfassung unter dem Titel „Ritter aus Leidenschaft" erschienen) und *The Animal* abgedruckt. Manning bezeichnete Heath Ledger in der Hauptrolle von *A Knight's Tale* als „die heißeste Neuentdeckung des Jahres" und behauptete, *The Animal* (dt. „Das Tier im Manne") wäre ein „weiterer Gewinner".

Leider erklärte *Newsweek* im Juni 2001, einen David Manning gäbe es überhaupt nicht, sondern er wäre das Fantasieprodukt eines namentlich nicht bekannten Marketingfachmanns von Sony, dessen frei erfundene Kritiken den starlosen Filmen des Studios auf die Sprünge helfen sollten. Mannings „Rezensionen" fanden sich in Auszügen auch auf den Werbeplakaten zu Sonys *Hollow Man* (dt. Titel „Unsichtbare Gefahr") und *Vertical Limit* wieder. „Das war eine furchtbar falsche Entscheidung und wir sind entsetzt", bekannte seinerzeit eine Pressesprecherin von Sony. Schade eigentlich, dass wir nun nie mehr erfahren werden, was David Manning von *Godzilla* hielt.

Was das Beispiel Godzilla lehrt

- *Größer ist nicht immer besser.* Alles an dem Film war groß – der Star, die Spezialeffekte, das Marketingbudget, die Markenzusammenschlüsse – aber das reichte nicht. Ironischerweise lautete der Slogan für den Film „Größe zählt". In diesem Fall tat sie es jedoch eindeutig nicht.

- *Man darf seine Marke nicht übervermarkten.* Die gewaltigen Erwartungen an den Film, die Sony mittels groß angelegter Werbeaktionen schürte, erwiesen sich im Nachhinein als schädlich. Wie Marketingguru Tom Peters es einmal so treffend formulierte: „Einfluss auszuüben ist gut, zu viel Einfluss auszuüben ist schlecht." Diese Ansicht teilt und bestärkt Naomi Klein, die man mit Fug und Recht als „Antimarkenguru" bezeichnen kann, wenn sie in ihrem Buch *No Logo** schreibt, dass „die gegenwärtige Synergiemanie irgendwann unter dem Gewicht der unerfüllten Versprechen zusammenbrechen wird."

- *Man muss sich auf das Endprodukt konzentrieren.* Es stimmt zwar, dass Marketing oft mehr mit Wahrnehmung als mit Wirklichkeit zu tun hat, doch wenn das Endprodukt wirklich schlecht ist, wird die Markenwahrnehmung in jedem Fall negativ ausfallen.

7. Persil Power

Ein hartnäckiger Fleck auf Unilevers Weste

Mitte der 1990er repräsentierte der britische Markt für Seifen und Waschmittel einen Wert von 1,42 Milliarden Pfund (2,6 Milliarden Dollar), wobei Textilwaschmittel mit 67,5 Prozent und einem Geldwert von 960 Millionen das größte Teilsegment darstellten. Der Wettbewerb zwischen den beiden führenden Unternehmen, Unilever und Procter & Gamble, tobte und mit ihm ein Rennen um immer mehr innovative Markenangebote.

Als Unilevers Starmarke Persil eine neue Rezeptur ankündigte – passenderweise „Persil Power" genannt – waren die Kunden begeistert, endlich ein Produkt zu bekommen, das jeden beliebigen Flecken herauswaschen konnte. Als das neue Wunderwaschmittel dann allerdings 1994 auf den Markt kam, stellte

---

* Deutsch unter demselben Titel beim Riemann Verlag erschienen; Zitate frei aus dem Amerikanischen

Die 100 größten Marken-Flops

sich heraus, dass es nicht nur mit den meisten Flecken Schluss machte, sondern auch mit den meisten Textilien.

In den ersten Wochen war Persil Power ausgesprochen erfolgreich und konnte für kurze Zeit sogar den Erzrivalen Ariel überholen. Unilever behauptete, Persil Power stünde für einen „revolutionären" Durchbruch auf dem Waschmittelsektor und wäre „das Bedeutendste, was wir je gemacht haben". Das Problem war nur, dass der Schlüsselbestandteil der Marke – eine Mangankomponente, die als „Beschleuniger" beigefügt war – sich als fatal erweisen sollte. Sobald die ersten Geschichten von Kleidungsstücken kursierten, die sich in der Wäsche in ihre Einzelteile aufgelöst hatten, nutzte Procter & Gamble diese Tatsache für eine groß angelegte Kampagne, die nicht nur Persil Power schadete, sondern auch negative Folgen für Unilever nach sich zog. Die Verbraucher erkannten schnell, dass das Produkt bei höheren Temperaturen die Textilien angriff, sie also mit dem Kauf von Persil Power riskierten, sich ihre Kleidung zu ruinieren.

Niall Fitzgerald, der für die Einführung von Persil Power zuständig gewesen war (und heute im Unilever-Vorstand sitzt) erklärte den Schaden, der das gesamte anglo-holländische Unternehmen traf, in einem Interview mit *The Sunday Times*: „Damals verbreitete sich alles so schnell, dass es sich bei dem Problem binnen Sekunden nicht mehr um eine Markenangelegenheit handelte, sondern um ein Unternehmensproblem. Auch wenn wir gewollt hätten, hätten wir das Problem nicht auf das Produkt eingrenzen können." Die meisten Einzelhändler nahmen das Waschmittel aus den Regalen, und Unilever startete ein gewaltiges Krisenmanagementprogramm, zu dem unter anderem eine Rundüberholung der internen Abläufe gehörte, die für die Einführung von neuen Produkten eingehalten werden mussten.

Anfang 1995 ersetzte Unilever Persil Power durch Persil New Generation. Die Gesamtkosten wurden mit über 200 Millionen Pfund veranschlagt.

Heute ist die ganze Geschichte bei den britischen Verbrauchern weitestgehend in Vergessenheit geraten, und Unilever konnte zwischenzeitlich neue Erfolge mit der Einführung von Waschmitteltabs verbuchen. Mittlerweile hat die Persilmarke es sogar geschafft, den Procter&Gamble-Spitzenreiter Ariel wieder zu überholen.

Letztlich aber konnte Unilever vor allem deshalb überleben, weil sie auf ihr Vermächtnis setzten. Immerhin sind sie das Unternehmen, welches das weltweit erste Markenwaschmittel einführte – nämlich Sunlight, das vor über 100 Jahren auf den Markt kam. Die Unilevermarken kamen und gingen, doch das Unternehmen selbst blieb allzeit stark.

Ob das auch in Zukunft so sein wird, ist ein anderes Thema. 2002 kündigte das Unternehmen an, es plane, einige seiner Marken, wie Persil, unter dem eigenen Namen zu produzieren. So hieße das zukünftige Produkt „Persil von Unilever", statt einfach nur „Persil". In einem im *Guardian* erschienenen Artikel erklärt die Journalistin Julia Day, welche Logik sich hinter diesem Schritt verbirgt:

> Die Idee ist die, verbraucherfreundliche Werte zu schaffen – wie beispielsweise Umweltverträglichkeit –, die Unilever für das Marketing der Produkte nutzen kann.
> Niall Fitzgerald, der CEO von Unilever, sagte, das Unternehmen hielte die Zeit für reif, Unilever zur „Schirmmarke" für die einzelnen Produkte zu machen.
> Bisher hat das Unternehmen diesen Schritt gemieden, weil die damit verbundenen Risiken zu hoch waren. Falls eines der Produkte sich als Problemfall erwiesen hätte, wäre das für das Image der anderen ebenfalls schädlich gewesen.[...] Die Vorteile für Unilever sind, dass sie sich zur Marke mit „Werten" entwickeln können, was sich wiederum positiv auf die Untermarken auswirken dürfte.

Niall Fitzgerald führt dazu in dem Artikel Unilevers umweltpolitisches Werteprogramm an. „Wollten wir bei jedem einzelnen Produkt dafür werben, wären die Kosten immens", sagte er.

Wie die Persil-Power-Episode gezeigt hat, ist das Risiko allerdings enorm. Träte erneut ein Fall auf wie 1994, bei dem die Marke „Persil Power von Unilever" hieße, würde das Desaster auf sämtliche Unilevermarken übergreifen und der Schaden fiele umso verheerender aus.

Was das Beispiel Persil Power lehrt

- *Man befeuert nicht die Werbung des Konkurrenten.* Procter & Gambles Negativkampagne gegen Persil Power hat die Ariel-Waschmittelmarke nur gestärkt.
- *Produkte sollten grundsätzlich unter allen denkbaren Bedingungen getestet werden.* Produkte sollten unter allen Bedingungen getestet werden, unter denen sie zum Einsatz kommen können. Hätte Unilever beizeiten erkannt,

welchen wesentlichen Fehler das Produkt aufwies, wäre das, was Unilever-Vorstandsmitglied Sir Michael Perry als „den größten Marketingrückschlag unserer Geschichte" bezeichnete, vermeidbar gewesen.

- *Sich mit der Tatsache abfinden, dass keine Marke eine Insel ist.* „Auch wenn wir gewollt hätten, hätten wir das Problem nicht auf das Produkt eingrenzen können", gab Unilevers CEO Niall Fitzgerald zu.

8. Pepsi

Auf der Suche nach der Reinheit

Coca-Cola hat sich vielleicht einen der größten Markenpatzer aller Zeiten geleistet, doch sein langjähriger Erzkonkurrent blickt ebenfalls auf einige Marketingunfälle zurück.

So glaubte Pepsi 1992, eine Marktlücke entdeckt zu haben. Worauf die Welt wartete, so befand das Unternehmen, war eine klare Cola. Es gab bereits eine große Auswahl an Diätcolas, Kirschcolas, zucker- und koffeinfreien Colas sowie koffeinangereicherter Colas, und sie alle waren mehr oder minder erfolgreich. Warum also keine klare Cola?

Nach monatelangen Tests und Experimenten hatte das Unternehmen sein neues Rezept für klare Cola und gab ihm den Namen Crystal Pepsi. Dazu produzierten sie gleich eine Diätversion – Diet Crystal Pepsi. Beide Produkte, so glaubte man bei Pepsi, bedienten die „neue Nachfrage nach Reinheit". Schließlich schrieb man die Zeit, in der die Verbraucher ebenso häufig nach Evian- oder Perrierflaschen wie nach Coke oder Pepsi griffen.

Das Problem jedoch war, dass man von einem Produkt mit dem Namen „Pepsi" drauf erwartete, dass es auch wie Pepsi schmeckt. Das tat es nicht. Genau genommen wusste niemand, wie es überhaupt schmeckte.

Nicht einmal ein Jahr später stellte Pepsi die Produktion der Crystal Pepsi ein und machte sich an die Arbeit, eine neue klare Rezeptur zu entwickeln. 1994 erschien das überarbeitete Produkt in den Regalen, diesmal unter dem Namen „Crystal" und ohne Diätbegleitung. Die Negativassoziationen aber hielten sich hartnäckig, und Crystal Nr. 2 setzte sich noch weniger durch als sein unbeliebter Vorgänger. Schließlich gab Pepsi auf und verschrottete das Konzept der klaren Cola. Nichtsdestotrotz bestanden sie darauf, nicht vollkommen Unrecht gehabt zu haben, und hielten eisern daran fest, dass eine „neue Nachfrage nach Reinheit" bestünde, die sie zu bedienen hätten. 1994, zeitgleich mit der Einführung von Crystal, beschloss Pepsi, sich seinen Anteil am wachsenden Mineralwassermarkt zu sichern. Sie produzierten ein eigenes Produkt unter dem Namen „Aquafina", das auf dem amerikanischen Markt immerhin deutlich erfolgreicher war als Crystal.

Doch Crystal war bei weitem nicht das einzige Marketingproblem, mit dem Pepsi im Laufe der Jahre zu kämpfen hatte. So taten sie sich stets schwer damit, ihre Marke von der Coca-Cola-Marke zu differenzieren. Pepsi wird es wohl nie schaffen, seinen Namen zum Synonym für den Softdrink zu machen. Die Leute sagen nun mal nicht, „Ich nehme eine Pepsi". Selbst wenn sie eine Pepsiflasche im Kühlschrank haben, erklären sie in der Regel, „Ich trinke eine Cola."

An dieser Tatsache lässt sich kaum rütteln, sehr wohl aber daran, wie Pepsis Marketing wiederholt versagte, wenn es darum ging, seinem Produkt eine eigenständige Identität zu verleihen. Wie Al und Laura Ries in ihrem Buch *22 Immutable Laws of Branding* ausführen, verstieß Pepsi gegen das „Gesetz der Farbe". Sie schrieben:

> Es spricht einiges dafür, dass man eine Farbe wählt, die der des Hauptkonkurrenten entgegengesetzt ist [...] Cola ist eine rotbraune Flüssigkeit, weshalb es logisch erscheint, dass die Farbe der Cola-Marke rot ist. Daher benutzt Coca-Cola seit über hundert Jahren rot.
> Pepsi-Cola hat eine schlechte Wahl getroffen. Sie suchten sich Rot und Blau als Markenfarben aus. Rot sollte Cola symbolisieren, und Blau sollte als Unterscheidung der Marke gegenüber Coca-Cola dienen. Seit Jahren kämpft Pepsi mit der alles andere als idealen Antwort auf die Coke-Farbstrategie.

Kürzlich allerdings opferte Pepsi sein Rot einem weitgehend blauen Logo, um sich stärker von der Konkurrenz abzuheben. Nun ist Coca-Cola rot und Pepsi blau.

Was das Beispiel Pepsi lehrt

- *Nicht jede Marktlücke will geschlossen werden.* Eine Marktlücke entdeckt zu haben, bedeutet noch lange nicht, dass man sie auch schließen muss. Nur weil es keine klare Cola gab, musste sie nicht erfunden werden. Die vorherigen Erfolge des Unternehmens mit Diet Pepsi (der ersten Diätlinie unter den Cola-Softdrinks) haben Pepsi allerdings zu dem Schluss veranlasst, es gäbe noch mehr Lücken zu füllen.

- *Ein einmal gescheitertes Produkt sollte nicht noch einmal eingeführt werden.* Crystal scheiterte einmal, doch Pepsi glaubte immer noch, die Welt verlange nach einer klaren Cola. Die zweite Version dann fiel noch erbarmungsloser durch als die erste.

- *Man muss sich vom Konkurrenten unterscheiden.* Über Jahre hinweg blieb die Pepsi-Identität durch das rot-blaue Logo verschwommen.

9. Ken mit dem magischen Ohrring

Als Barbies Freund sein Coming-out hatte

Unter den Spielwaren dürfte Mattels Barbie wohl so etwas wie eine Legende sein. Seit sie 1959 bei der jährlichen Spielwarenmesse in New York erstmals auftauchte, konnte Barbie mehrere Generationen von Mädchen begeistern. Ein Schlüssel zu ihrer Langlebigkeit dürfte ihre Fähigkeit sein, mit der Zeit zu gehen. In den Achtzigern beispielsweise trug Barbie Schulterpolster und war Aerobictrainerin. Glaubt man der Barbie-Website, hat Barbie immer schon eine Beispielfunktion erfüllt: „Sie war stets ein Rollenmodell, ob als Astronautin, als Collegeabsolventin, als Ärztin, als Geschäftsfrau, als Pilotin, als Präsidentschaftskandidatin oder als Zahnärztin."

Gleichwohl musste sie auf dem Weg zum internationalen Starruhm so manchen Rückschlag einstecken. Die Verkaufszahlen nach der Markteinführung in Japan beispielsweise waren erbärmlich, weil japanische Eltern der Meinung waren, ihre Brüste wären viel zu groß. Mattel erkannte das Problem und brachte ein Jahr später eine flachbrüstige Version heraus.

Und dann ist da noch Ken, Barbies dauergebräunter Freund. Wie Barbie selbst durchlief auch Ken seit seiner „Geburt" 1961 diverse Moden. Eine der umstrittensten dürfte wohl der „Ken mit dem magischen Ohrring" von 1993 sein – oder der „neue Ken", als der er allgemein bekannt wurde. Er stand für einen vollkommen neuen Look bei Puppen, um es milde auszudrücken. Anstelle des Smokings trug er ein Netzhemd, eine rote Lederweste und einen Ohrring im linken Ohr. „Man möchte glauben, Mattels Ken-Designteam hätte das Wochenende in L.A. verbracht und wäre von einem Rave zum nächsten gereist, um dort jede Menge Polaroidbilder zu machen", schrieb ein Journalist anlässlich der Markteinführung.

Mattel erklärte, man wolle Ken mit dem neuen Look zeitgemäßer machen. „Wir haben eine Umfrage gemacht, in deren Rahmen wir Mädchen fragten, ob Barbie einen neuen Freund bekommen oder bei Ken bleiben sollte", sagte Lisa McKendall, Mattels Managerin für Marketing und Kommunikation. „Sie wollten, dass sie Ken behält, aber auch, dass er ... cooler aussieht."

Der „neue Ken" war ziemlich schnell als „schwuler Ken" verschrien. Die *New York Times*, CNN, *People* und auch der Talkshowmaster Jay Leno sahen in der Puppe ein Symbol für den Wandel von Geschlechteridentitäten und Werten. Wie es schien hatte Ken, dessen eigentlicher Zweck gewesen war, Generationen von kleinen Mädchen die konventionelle Vorstellung von Maskulinität nahe zu bringen, gerade sein Coming-out.

Das hatte Mattel natürlich nicht geplant. „Ken und Barbie stehen für zentrale gesellschaftliche Werte", erklärte Lisa McKendall. „Sie stehen für die Art, wie kleine Mädchen ihre Welt wahrnehmen. Sie wollen, dass Ken trägt, was sie ihre Väter, ihre Brüder und ihre Onkel tragen sehen."

Nun steckte Mattel gewaltig in der Klemme. Eine „schwule" Puppe für Kinder würde ihnen bei den durchschnittlichen Amerikanern wenig Pluspunkte einbringen. Gaben sie sich allerdings zu erschrocken ob der Assoziation, handelten sie sich damit den Vorwurf der Homosexuellenfeindlichkeit ein.

Richtig brenzlig wurde es, als der Kolumnist Dave Savage im homosexuellenfreundlichen Blatt *The Stranger* einen Artikel veröffentlichte, in welchem er schrieb, Ken mit dem Ohrring wiese zu viele Merkmale auf, die direkt auf die Homosexuellenkultur anspielten, als dass man von einem Zufall reden könnte. „Wer erinnert sich noch an die afroamerikanischen Puppen im Barbie-Stil, die plötzlich auftauchten, als die Auswirkungen der Bürgerrechtsbewegung im vollen Umfang spürbar wurden?", fragte er seine Leser. „Der schwule Ken ist eine Art Hochwasserstandsmarke, die, je nach Perspektive, das Maß anzeigt, in welchem die homosexuelle die Alltagskultur infiltriert oder die Heterosexuellen sich die homosexuelle Kultur gedankenlos aneignen."

Savage ging sogar noch weiter, indem er Mattels Behauptung demontierte, Ken repräsentiere die Männer in der Umgebung der befragten Mädchen: „Was die kleinen Mädchen meinten und gegenüber Mattel als cool beschrieben, war gewiss nicht, was ihre Verwandten trugen – es sei denn, sie haben richtig coole schwule Verwandte –, sondern entsprach der homoerotischen Mode, die sie auf MTV sahen, dem, was Madonnas Tänzer in ihren Konzerten und Videos trugen, und zufällig auch dem, was Aktivisten für Homosexuellenrechte bei Demos und Raves tragen", schrieb er.

Als Reaktion auf diesen Artikel, der reichlich öffentliches Interesse fand, stellte Mattel die Ken-Produktion ein und rief so viele Modelle zurück, wie sie nur irgend konnten. Kens kurzer Ausflug in die öffentliche Diskussion war vorüber, und Barbie konnte endlich wieder ruhig schlafen, da sie nun wusste, dass ihr Freund sich immer noch für sie interessierte.

Was das Beispiel Ken mit dem magischen Ohrring lehrt

- *Marktforschung für Kinder sollte mit besonderer Sorgfalt betrieben werden.* Mattel fragte Fünfjährige, wie sie sich Ken wünschten. Und die Fünfjährigen sagten es ihnen. Das hieß allerdings noch lange nicht, dass deren Eltern den neuen Ken tatsächlich kaufen würden.

10. Der Hot-Wheels-PC

Stereotypisierung des Marktes

Ein gezielt auf Kinder zugeschnittener Computer klingt zunächst mal nach einer recht guten Idee und gewiss dachte man das auch bei Patriot Computers. Deshalb brachten sie 1999 den Hot-Wheels-PC heraus. Mit Intel-Chips und Windows-98-Software ausgestattet, richtete sich der Computer an die Zielgruppe der Jungen. Die Hardware war mit Rennwagenmotiven und dem Flammenlogo von Hot-Wheels verziert. Zusätzlich traf Patriot Computers eine Abmachung mit Mattel, einen Barbie-Computer für Mädchen zu entwerfen. Das Modell für Jungen war blau, das für Mädchen pink mit Blumenmuster.

Beide Produkte erwiesen sich als Flop. Analysten sind sich einig, dass einer der Gründe dafür der plumpe geschlechtsspezifische Ansatz war. Pamela Haag, Forschungsleiterin bei der American Association of University Women's Educational Foundation, sagte dem *Wall Street Journal*, diese Form des Marketings stünde „im Widerspruch zu dem, was erwachsene Männer und Frauen machen, und deshalb auch zu dem, was Kinder machen wollen – es ist einfach anachronistisch."

Justine Cassel, Professorin am MIT-Medienlabor und Co-Autorin des Buches *From Barbie to Mortal Kombat*, hielt das Konzept ebenfalls für unausgegoren: „Ein traditionelles Jungenprodukt mit Mädchenklischees zu verzieren, bedeutet noch lange nicht, dass Mädchen es auch mögen."

Zudem musste sich Patriot Computers den Vorwurf gefallen lassen, nichts als ein Standardprodukt mit oberflächlichen Designmodifikationen anzubieten. „Es war nichts als ein einfacher Desktop-Computer mit ein paar Stickern drauf", schrieb *Business 2.0*, kurz nachdem beide Produkte floppten. Patriot Computers ging in den Konkurs.

Was das Beispiel Hot-Wheels-Computer lehrt

- *Man greife nie auf Stereotypen zurück.* Computer mit stereotypen geschlechtsspezifischen Äußerlichkeiten anzureichern, diente weder dazu die Kinder zu gewinnen noch ihre Eltern.

- *Designer sollten von Anfang an dabei sein.* „Um derart kostspielige Fehlschläge zu vermeiden, sollten Designer von Anfang an in die Projektentwicklung eingebunden sein und die Ingenieure in Sachen Nutzbarkeit und Schnittstellenerfordernisse beraten", riet *Business 2.0*.

II. Corfam

Der Lederersatz

Mitte der Sechziger investierte der Chemieriese DuPont Millionen in die Werbung für Corfam, einen synthetischen Lederersatz. Corfam kam erst 1963 auf den Markt, war aber bereits Jahre zuvor entwickelt worden. Schon in den Dreißigern hatten die DuPont-Forscher Methoden entdeckt, lederähnliche Materialien herzustellen und mit unterschiedlichen Nutzungsmöglichkeiten experimentiert. Eine davon war natürlich die, daraus Schuhe und Stiefel zu machen. Demografische Erhebungen sprachen erstmals von einem rapiden Bevölkerungswachstum, weshalb man davon ausgehen konnte, dass zukünftig ein Bedarf nach Fußbekleidung eintreten würde, der nicht mehr nur mit Tierhäuten gedeckt werden könnte.

DuPont glaubte daher, die Welt würde ihren strapazierfähigen, dauerglänzenden und wasserfesten Lederersatz mit Begeisterung aufnehmen. Und als sie ihn im Herbst 1963 erstmals auf der Chicago Shoe Show präsentierten, gab es im Publikum tatsächlich einigen Enthusiasmus.

Nun brauchte DuPont nur noch herauszufinden, wo genau Corfams Platz auf dem Schuhmarkt wäre. Das Unternehmen sagte seinerzeit voraus, dass bis 1984 ein Viertel aller Schuhe auf dem amerikanischen Markt aus Corfam sein sollten, doch um das zu verwirklichen, mussten sie zuerst einmal eine Nische entdecken, in die Corfam passte. 1963 ließ sich der Schuhmarkt in den USA wie folgt unterteilen:

- 47 Prozent .... Damenschuhe
- 20 Prozent .... Kinderschuhe
- 18 Prozent .... Herrenschuhe
- 15 Prozent .... Sportschuhe und andere

Um so groß zu werden, wie sie es sich vorgenommen hatten, musste DuPont Corfam also vor allem bei den Herstellern von Damenschuhen durchsetzen. Wie jedoch bald schon klar wurde, war der Markt für Damenschuhe in sich noch einmal unterteilt, nämlich in bequeme Schuhe, Alltagsschuhe und „modische" Schuhe für besondere Anlässe.

Bei allen Vorzügen, die Corfam aufwies, war das Material allerdings nicht so flexibel und „hautähnlich" wie normales Leder und versprach entsprechend wenig Tragekomfort, weshalb es für bequeme und Alltagsschuhe nicht in Frage kam. Die Lösung schien also bei den modischen Schuhen zu liegen. Doch auch hier ergab sich ein Problem, denn das synthetische Material mit dem Namen Polyvinylchlorid (PVC) war ziemlich schnell dafür bekannt, dass es sehr günstig war. Vinylschuhe waren besonders leicht zu färben und zu prägen, was sie zu beliebten Modellen bei Frauen machte, die nach einem „Wegwerfpaar" suchten, das sie ein- oder zweimal zu bestimmten Anlässen trugen und hinterher entsorgten.

Hinzu kam, dass die Lederindustrie natürlich daran interessiert war, Corfams Vorzüge zu schmälern, weshalb sie ihre Preise senkte und die Qualität verbesserte. Dieser Umstand und die wachsende Beliebtheit von Vinylschuhen führte dazu, dass DuPont im März 1971 verkündete, sie würden Corfam wieder vom Markt nehmen. Am 11. April 1971 bezeichnete die *New York Times* Corfam als „DuPonts 100-Millionen-Dollar-Edsel".

Was das Beispiel Corfam lehrt

- *Man muss das Original verbessern.* Damit ein Ersatzprodukt funktioniert, muss es in den Augen der Verbraucher besser sein als das Original. Obwohl Corfam deutlich haltbarer war, fehlten ihm die Flexibilität und die „Atmungsaktivität" von Leder. Außerdem erwies es sich als zu teuer.

- *Man denke immer daran, dass es so etwas wie einen sicheren Erfolg nicht gibt.* Corfam war zweifellos eines der besterforschtesten und -entwickelten Produkte aller Zeiten. Insofern schien DuPonts Vorhersage, dass bis 1984 25 Prozent aller amerikanischen Schuhe aus Corfam wären, durchaus gerechtfertigt. Und trotzdem gab es Corfam 1984 gar nicht mehr, da das Material schon nach sieben Jahren scheiterte.

- *Man setze auf Qualität oder Wert.* Wenn ein Produkt weder in puncto Qualität noch Wert überlegen ist, muss man sich auf einen ziemlich anstrengenden Kampf vorbereiten, will man die Verbraucher von seinen Vorzügen überzeugen.

12. R. J. Reynolds' rauchfreie Zigarette

Die schlechteste aller Ideen

Zigarettenhersteller haben schon häufig geglaubt, sie könnten ihren Marktanteil am besten vergrößern, indem sie die Standardrezeptur für Zigaretten verändern. So bietet Marlboro beispielsweise Dutzende unterschiedlicher Variationen – unter anderem Marlboro Menthol, Marlboro Lights und Marlboro Medium.

Normalerweise variiert bei den unterschiedlichen Sorten der Teergehalt. Die britische Zigarettenmarke Silk Cut bietet gleich drei Sorten teerarme Zigaretten an – Mild, Low und Ultra Low. Da sich teerreduzierte Sorten großer Beliebtheit erfreuen, denken sich die Hersteller ständig neue Methoden aus, mit denen sie den Verbrauchern suggerieren, ihre ungesunden und asozialen Produkte wären nicht so ungesund und asozial, wie alle vielleicht glauben. Vergleichbare Strategien wurden auch schon auf dem Biermarkt ausprobiert, wie die Beispiele von Bud Light, Coors Light und Miller Lite zeigen.

Einige dieser Marketingmethoden nehmen allerdings extreme Formen an. So versuchte beispielsweise eine Biermarke ein Mineralwasser unter ihrem Namen zu verkaufen. Es handelte sich um die Marke Coors und das Wasser hieß „Coors Rocky Mountain Spring Water". Sie führten es 1990 ein, doch es überlebte gerade mal zwei Jahre.

In der Zigarettenbranche war es die R. J. Reynolds Tobacco Company, die mit einer Extremstrategie für Aufsehen sorgte. Ihre bekanntesten Marken sind Camel, Winston, Salem und Doral. Als die Anti-Raucher-Lobbyisten 1988 für sich beanspruchen konnten, die Mehrheit der Verbraucher hinter sich zu haben, und das Passivrauchen offiziell als Gesundheitsgefährdung anerkannt wurde, beschloss das Unternehmen, eine rauchfreie Zigarette zu entwickeln. R. J. Reynolds steckte 325 Millionen Dollar in die Entwicklung dieses Prototyps, den sie unter dem Namen „Premier" herausbrachten.

Die Probleme waren vom ersten Tag an offenkundig. Da war zunächst einmal das Geschmacksproblem. Ein Raucher, der Premier testete, meinte, sie „schmeckt wie Scheiße", und dieser Testraucher war der R. J. Reynolds CEO.

Hinzu kam ein technisches Problem in der Nutzung des Produkts. Wie das *Reporter Magazine* (www.robmagazine.com) beschrieb: „Den Rauch von Premier zu inhalieren, erforderte Lungen wie ein Staubsauger, sie anzuzünden, bedurfte es einer Lötlampe, und hatte man es tatsächlich geschafft, sie mit einem Streichholz anzubekommen, verursachte die Schwefelreaktion einen Geruch und Geschmack, der die Raucher würgen ließ."

Und damit nicht genug: Schon bald kursierte das verheerende Gerücht, die rauchfreie Zigarette eignete sich hervorragend für die Anreicherung mit Crack – eine Markenassoziation, die gewiss nicht in R. J. Reynolds Sinne war.

Besonders umstritten war die Marke auch deshalb, weil man befürchtete, sie würde gerade junge Leute ansprechen. Ein Auszug aus einer gemeinsamen Erklärung mehrerer amerikanischer Gesundheitsorganisationen kurz nach Ankündigung der neuen Marke liest sich wie folgt:

> Die American Cancer Society[*], American Heart Association[**] und American Lung Association[***] haben bei der US Food and Drug Admininstration (FDA)[****] eine Petition eingereicht, in der sie fordern, dass Premier als Droge eingestuft wird. Mit dieser Petition verlangen wir kein gesetzliches Verbot von Premier. Wir wollen nur, dass die Zigarette gründlichen Tests unterzogen wird, bevor sie auf den Markt kommt.
> Wir sorgen uns besonders darum, dass Premiers verlockendes Hightech-Design Kinder und Teenager zur Nikotinsucht verführt. RJR's Marketing betont das „reine Vergnügen", was Menschen, die bereits rauchen, ein falsches Sicherheitsgefühl vermittelt, dabei sollten sie eigentlich ganz aufhören zu rauchen.
> Gemäß den Vorschriften der FDA muss jedes Produkt, das gesünder oder sicherer zu sein vorgibt, von der FDA genehmigt sein. Konventionelle Zigaretten umgehen diese Vorschriften, indem sie ausschließlich den Genuss des Rauchens bewerben und die FDA sie weder als Drogen noch als Nahrungsmittel einstuft.
> Mit der Einführung von Premier übertritt RJR diese Grenze. Ihre Behauptung, Premier wäre „reiner", ist eine schlecht getarnte Umschreibung der Implikation, sie wäre „sicherer", was Tausende von Verbrauchern irreleitet, die sich um die Gesundheitsrisiken des Rauchens sorgen. RJR weiß, hätten sie in ihrer Werbung „sicherer" anstelle von „reiner" gesagt, wäre die FDA eingeschritten.

---

[*] Amerikanische Krebsgesellschaft
[**] Amerikanische Herzvereinigung
[***] Amerikanische Lungenvereinigung
[****] US-Behörde für Nahrungs- und Genussmittel

Währenddessen erklärt RJR, Premier wäre eine Verbesserung gegenüber herkömmlichen Zigaretten, weil der stinkende Qualm entfällt. Wir sind dennoch skeptisch. Wie wollen wir einer Branche vertrauen, die sich nach wie vor weigert zuzugeben, dass Rauchen schädlich ist?

Das eigentliche Problem aber war, dass Raucher das rauchfreie Produkt nicht genossen, und Nichtraucher dazu ohnehin keinen Anlass hatten. Kurz: Es gab keinen Markt. Nach vier Monaten, in denen die Umsätze vor sich hindümpelten, entschied sich R. J. Reynolds zur Schadensminimierung und nahm Premiere vom Markt.

Damit ist die Geschichte noch nicht zu Ende.

Mitte der Neunziger erreichten die Bedenken gegen das Passivrauchen einen Höhepunkt, weshalb das Unternehmen sich zu dem Glauben verleiten ließ, es gäbe doch einen Markt für eine rauchfreie Zigarette. 1996 gaben sie weitere 125 Millionen Dollar für die Entwicklung einer neuen Version aus, die diesmal „Eclipse" getauft wurde.

In einer Presseerklärung formuliert ein Unternehmenssprecher den potenziellen Anreiz der Marke. „Ich denke, wir sind uns alle darin einig, dass der Qualm anderer sowohl für viele Nichtraucher als auch für viele Raucher lästig ist, und die Reduktion bis hin zur beinahe gänzlichen Abschaffung dieser Belästigung ist ein sehr positiver Schritt in die richtige Richtung."

Die neue Zigarette produzierte weniger Qualm als Standardzigaretten, weil sie nicht brannte. Stattdessen wurde Holzkohle verwandt, um den Tabak zu erhitzen. Der Raucher sog heiße Luft durch den Tabak, die dabei mit Tabak- und Nikotindämpfen angereichert wurde. Entsprechend erzeugte eine Eclipse-Zigarette nur 10 Prozent des Rauchs einer normalen Zigarette und versprach einen geringeren Teer- und Nikotingehalt.

Ob die Zigarette allerdings wirklich das Gesundheitsrisiko des Rauchens milderte – für absichtlich wie passiv Inhalierende – bleibt fraglich. Sorell Schwartz, Pharmakologe an der Georgetown University, der sich als Forscher mit Zigaretten beschäftigte, glaubte durchaus daran, dass die neue Zigarette besser als herkömmliche wäre. „Wenn sie so rauchfrei ist, wie behauptet wird, reduziert sie eindeutig das individuelle Risiko, an Lungenkrebs, Emphysemen oder Bronchitis zu erkranken", erklärte er gegenüber CNN. Sein Kollege, Dr. Naiyer Rizvi, war allerdings skeptischer. „Es bestehen Risiken, die mit dem erhöhten Kohlenmonoxidgehalt der Zigarette einhergehen, wie Herzerkrankungen", erzählte er CNN-Reportern.

Eine unabhängige Studie für das Massachusetts Department of Public Health fand heraus, dass die Eclipse-Zigarette im Vergleich zu anderen Zigaretten mit sehr niedrigem Teergehalt bei diversen Toxinen höhere Werte erreichte, insbesondere wenn die Holzkohlenspitze durch kräftiges Ziehen sehr heiß wurde.

Diese Information schadete selbstverständlich dem Image der Eclipse-Marke, weil man sich im Marketing vornehmlich auf die verminderten Gesundheitsrisiken berief. So enthielt die erste Kampagne sogar folgenden Wortlaut: „Die beste Wahl für den Raucher, der sich um seine Gesundheit sorgt, ist natürlich die, das Rauchen ganz aufzugeben. Eclipse aber ist die zweitbeste Wahl für alle, die weiterrauchen wollen."

Diese Marketingbotschaft provozierte heftigen Widerspruch bei vielen führenden amerikanischen Gesundheitsorganisationen. Die American Lung Association veröffentlichte eine Erklärung, in der sie sagten, „wir fürchten, RJR's Behauptungen, dieses Genussmittel wäre ‚gesund' oder ‚gesünder als Zigaretten', wird Raucher davon abhalten, sich das Rauchen abzugewöhnen."

Die Campaign for Tobacco-Free Kids* stimmte in die Proteste ein. Der Präsident der Vereinigung, Matthew L. Myers, gab folgende Erklärung bekannt: „RJR's Ankündigung, eine sicherere Eclipse-Zigarette auf den Markt zu bringen, nutzt die Vorteile der Regulierungslücke, die durch die Entscheidung des Obersten Gerichtshofs entstand, dass die FDA Tabak nicht kontrollieren darf. Ohne die Aufsicht der FDA fehlen sämtliche wissenschaftliche Belege für die Richtigkeit dieser Behauptung, da keine Tests von einer unabhängigen Regierungsbehörde durchgeführt wurden."

Kritik wurde vor allem auch deshalb laut, weil die medizinischen Fachleute, die erklärt hatten, diese Zigaretten wären weniger gefährlich als Standardmarken, vom Tabakunternehmen selbst für ihre Forschungsarbeiten bezahlt worden waren. Zudem entdeckten unabhängige Mediziner bald, dass die Eclipse-Zigaretten ein Gesundheitsrisiko bargen, das weit schlimmer als das herkömmlicher Zigaretten war – nämlich Glasfasern. John Pauly von der Abteilung für Molekularimmunologie des Roswell Park Cancer Institute in Buffalo, New York, fand heraus, dass 99 von 100 Eclipse-Zigaretten Glasfasern in ihren Filtern hatten. Diese Fasern, sagte er gegenüber ABC-News, wurden „unweigerlich" inhaliert oder aufgenommen, wenn Raucher einen Zug von einer Eclipse nahmen.

---

* Initiative für tabakfreie Kinder

Trotz des unüberhörbaren Protests, den die Gesundheitsorganisationen lautstark äußerten und dem sich selbst das US Surgeon General* anschloss, war der eigentliche Grund für das Scheitern von Eclipse der, dass die Verbraucher nach wie vor absolut kein Verlangen nach einer rauchfreien Zigarette hatten.

Was das Beispiel der rauchfreien Zigarette lehrt

- *Man darf den Verbraucher nicht mit Forschungsergebnissen verwirren.* R. J. Reynolds hat eine Menge Geld in die Erforschung der Gesundheitsaspekte der beiden rauchfreien Zigaretten investiert. Allerdings führten diese Forschungen nur dazu, dass unterschiedliche bis hin zu widersprüchlichen Botschaften vermittelt wurden. Obwohl die Reynolds-Forschung zu dem Schluss kam, dass die Marken in vielerlei Hinsicht sicherer waren, konnte sie diese doch nicht für gänzlich sicher erklären. „Wie wir alle wissen, ist keine Zigarette sicher", gab R. J. Reynolds' CEO Andrew J. Schindler zu. Außerdem regte sich durch die Veröffentlichung der Reynolds-Forschungsergebnisse der Widerstand vonseiten der Gesundheitsorganisationen umso stärker, die nun ihre eigenen Forschungsresultate veröffentlichten. Infolgedessen stand die Tabakfirma am Ende nicht, wie beabsichtigt, als im Interesse der Gesundheit handelnd da, sondern als manipulativ.

- *Cockerspanieln verkauft man keine Eiswürfel.* Rauchfreie Zigaretten sprachen jene Menschen an, die den Geruch von Rauch nicht mochten. Wir bezeichnen sie als Nichtraucher und sie kaufen normalerweise keine Zigaretten. Robert McMath verglich den Reynolds-Marketingansatz in *Business 2.0* damit, „Eiswürfel an Cockerspaniel verkaufen zu wollen", und stellte die nahe liegende Frage: „Warum sollte man ein Produkt für einen Verbraucher herstellen, der nichts mit einem zu tun haben will?"

- *Was einmal scheitert, wird wieder scheitern.* R. J. Reynolds hätte das Konzept ein für allemal vergessen sollen, als die Premier-Zigarette am Markt versagte.

---

* amerikanisches Gesundheitsministerium

13. Oranjolt

Der Drink, der kein bisschen cool war

Rasna Limited gehört zu den führenden Getränkeherstellern in Indien und hat sich vor allem auf dem Konzentratemarkt einen Namen gemacht. Als sie sich allerdings aus ihrer speziellen Nische herauswagten, waren sie weniger erfolgreich. Ihr Experiment mit einem sprudelnden Fruchtgetränk namens Oranjolt scheiterte, bevor die Marke überhaupt richtig da war. Oranjolt war ein Fruchtgetränk, bei dem Kohlensäure als Konservierungsmittel eingesetzt wurde. „Wir wollten eigentlich kein sprudelndes Getränk machen", erzählt Rasnagründer Piraz Khambatta. Er erklärte, der Druck der ausländischen Konkurrenz zwänge ihn, Neues auszuprobieren: „Wenn man nicht Neues versucht, tritt man auf der Stelle." Warum scheiterte Oranjolt dann? Nun, es scheiterte an den Vertriebsbedingungen.

Zum einen musste Oranjolt kühl gelagert werden. Der Haken war allerdings, dass indische Einzelhändler in der Regel über Nacht ihre Geschäftskühlschränke ausstellen. Entsprechend bekam Oranjolt ein Qualitätsproblem. Außerdem war das Produkt maximal drei bis vier Wochen haltbar, wohingegen andere Softdrinks über fünf Monate im Regal überlebten.

Auch die Belieferung selbst war schwierig. „Wir hatten keine Vertriebsstrukturen, die uns erlaubten, das Produkt alle drei bis vier Wochen zu ersetzen", gab Khambatta zu. Selbst Coke und Pepsi lieferten nur alle drei Monate frische Getränke. Also wurde Oranjolt zunächst nur bei wenigen ausgesuchten Einzelhändlern angeboten und konnte sich nicht entsprechend schnell verbreiten.

Oranjolt war dann auch der einzige Versuch von Rasna Limited, sich außerhalb seines angestammten Marktsegments zu versuchen. Immerhin genießen sie auf dem Markt für Softdrinkkonzentrate einen Anteil von über 80 Prozent. „Wir versuchen jetzt, diese Kategorie neu zu gestalten und auszuweiten", sagt Khambatta. „Und wir wollen der Konkurrenz hier mindestens einen Schritt in allem voraus sein."

Was das Beispiel Oranjolt lehrt

- *Sämtliche Aspekte berücksichtigen.* Rasna hat die Qualitätsprobleme nicht vorausgesehen, die sich aufgrund der Vertriebsbedingungen ergeben mussten.

14. La Femme

Wo stecken die pinkfarbenen Ladies?

In den Fünfzigern entdeckten die amerikanischen Autohersteller eine neue Zielgruppe – die weiblichen Autokäufer. Bis dahin galt das Auto als rein männliche Domäne. Wachsender Wohlstand und der zunehmende Bevölkerungsanteil der Frauen in den Jahren nach dem Zweiten Weltkrieg änderte das grundlegend.

Und Frauen wollten nicht irgendein Auto. Nein, nein! Sie wollten einen Wagen, der ihre femininen Interessen ansprach. Sie wollten Blumen. Sie wollten einen mädchenhaften Namen. Sie wollten ganz bestimmte Accessoires. Und vor allem wollten sie Pink.

Das zumindest glaubte der Autohersteller Chrysler, nachdem man dort die angeblichen Bedürfnisse dieser offenbar fremden und exotischen Geschöpfe erforscht hatte. Das Resultat war La Femme, ein Wagen aus der Dodge-Serie und das erste Auto, dass speziell für Frauen entworfen worden war. Es war weiß und pink, die Sitze bezogen mit einem gobelinähnlichen Stoff, auf dem pinkfarbene Rosenblüten vor pinkfarbenem Hintergrund leuchteten. Der Fußraum war mit burgunderrotem Teppich ausgelegt. In den Werbebroschüren hieß es über den La Femme, er wäre „für Ihre Königliche Hoheit – die amerikanische Frau" entworfen.

1955 verschickte Dodge ein Schreiben an alle Händler, in dem sie La Femme enthusiastisch bewarben:

AN ALLE DODGE-DIREKTHÄNDLER:

Beiliegende Broschüre stellt Ihnen La Femme von Dodge vor, den ersten Wagen aller Zeiten, der exklusiv für weibliche Autofahrer designt wurde.

Bei der Chicago Auto Show reagierte man ausgesprochen begeistert auf das Modell und auch bei weiteren Vorführungen und Ausstellung im Lande war die Resonanz überaus positiv.

Die Außenlackierung ist „Heather Rose auf Sapphire White" und auf dem Kotflügel befindet sich ein goldenes La-Femme-Schild anstelle des Royal-Lancer-Schildes. Der Innenraum ist mit eigens entworfenen Heather-Rose-Jacquardstoffen und Heather-Rose-Cordagrain ausgeschlagen. Die verwendeten Materialien weisen selbstverständlich die gleichen Qualitäten auf wie unsere sonstigen, was Haltbarkeit, Schönheit, Wirtschaftlichkeit und Reinigungsfreundlichkeit betrifft.

Die krönenden Merkmale, die La Femme ausmachen, sind seine femininen Accessoires. So befinden sich auf den Rückseiten der Vordersitze zwei Zusatztaschen aus Heather Rose Cordagrain. In der Tasche auf der Fahrerseite sind ein hübsches Regencape, ein Regenhut im Südwesterstil und ein Schirm mit demselben Jacquardmotiv wie die Sitzpolster. In der anderen steckt eine wunderschöne Umhängetasche aus weichem rosa Leder. Darin finden sich eine Puderdose, ein Feuerzeug, ein Lippenstift und ein Zigarettenetui.

La Femme ist baugleich mit dem Royal-Lancer-Modell und kann ab sofort bestellt werden. Die Auslieferung erfolgt im März. Natürlich werden Modelle dieser Art zunächst nur in begrenzter Anzahl gefertigt. Ordern Sie deshalb frühzeitig, wenn Sie sicher sein wollen, dass Ihre Bestellung berücksichtigt wird. Alle Preisinformationen erhalten Sie aus dem vertraulichen Preisblatt, das Ihnen in den nächsten Tagen zugesandt wird.

Ich hoffe, Sie werden sich La Femme so schnell wie möglich selbst ansehen wollen. Ich bin sicher, Sie werden mir zustimmen, dass dieser ungewöhnliche Wagen die Frauen begeistern wird und den Dodge-Händlern einen Vorteil beschert, wie ihn kein anderer Autohändler vorzuweisen hat.

Hochachtungsvoll,
L. F. Desmond, Dodge-Verkaufsleiter

Das Experiment scheiterte kläglichst. Diejenigen Händler, die sich entschlossen, La Femme zu ordern, mussten zusehen, wie die Wagen in ihren Verkaufsräumen Staub ansetzten.

Dodge aber gab nicht auf, sondern versuchte es im darauf folgenden Jahr gleich noch einmal. Leider fanden sich nach wie vor keine Käuferinnen. Die Frauen fanden den plumpen Anbiederungsversuch eher aufdringlich. Immerhin stand das Modell vor allem für die männliche Vorstellung dessen, was weiblich war, nicht aber dafür, wie die Frau der Fünfziger sich selbst sah. Es gab einfach nicht genug Frauen, die ein pink-rotes Auto mit passendem Lippenstifthalter und Kämmen wollten.

Was das Beispiel La Femme lehrt

- *Kein Kunde darf gönnerhaft behandelt werden.* Das funktionierte in den Fünfzigern nicht und heute funktioniert es erst recht nicht.

15. Radion

Grellorangene Verpackungen allein genügen nicht

Viele der in diesem Kapitel vorgestellten Marken scheiterten, weil sie weit an dem vorbeizielten, was die Verbraucher wollten. Manchmal allerdings scheitern Produkte auch, weil sie nicht anders genug als andere sind. Letzteres trifft mit Sicherheit auf das Radion-Waschpulver zu. Zusammen mit der Pear's-Seife zählte Radion zu den zahlreichen Unilevermarken, die auf die schwarze Liste wanderten, als der anglo-holländische Konzern beschloss, sein Angebot auf 400 „Powermarken" zusammenzuschrumpfen.

Diese Ankündigung erfolgte im Februar 2000, zehn Jahre nachdem Radion auf dem englischen Markt eingeführt worden war. Seither kämpfte es um den Erhalt seines Marktanteils von mageren zweikommaetwas Prozent. Einer der Gründe, warum Radion sich nicht durchsetzen konnte, war, dass die Verbrauchereinstellung zum Produkt alles andere als klar war – ein Grund, der bei den meisten gescheiterten Marken eine Rolle spielt.

Trotz des grellen Designs (Radions Verpackung schockte geradezu durch ein schreiendes Orange), mit dem sich Radion in den Regalen aus der Masse der übrigen Waschmittel deutlich hervorhob, wussten die Verbraucher einfach nicht, warum sie ausgerechnet dieses Produkt kaufen sollten. Es war nicht billiger als andere, war nicht das beste und weder das älteste noch das originellste. Es war eben nur das Waschmittel mit der grellsten Verpackung und das allein genügt selten.

Am Ende beschloss Unilever, Radion möglichst nahtlos in seine Produktreihe einzufügen, wo es nun unter dem Namen „Surf Fun Fresh" verkauft wird.

Was das Beispiel Radion lehrt

- *Sei anders.* Marken müssen sich augenfällig von der Konkurrenz unterscheiden, denn das ist schließlich der Sinn und Zweck von Markengestaltung. Eine schrille Verpackung allein jedoch reichte nicht aus, um die Kunden zu gewinnen.

16. Clairols „Shampoo mit dem Klacks Jogurt"

1979 eingeführt, konnte Clairols jogurthaltiges Shampoo keinen großen Kundenkreis gewinnen, weil den meisten Leuten die Vorstellung nicht behagte, sich das Haar mit Jogurt zu waschen. Und von den wenigen, die es doch kauften, ließen sich einige irrtümlich sogar verleiten, es zu essen, woraufhin sie ziemlich krank wurden. Leider lernte Clairol offenbar nicht aus dem gescheiterten Jogurtkonzept, sondern führte drei Jahre später ein Shampoo ein, das sie „Buttermilch-Look" nannten. Dieses Produkt fiel schon in der Testphase durch, da sich die Kunden zu Recht fragten, wie genau der „Buttermilch-Look" wohl aussähe und warum sie ihn wollen sollten.

17. Pepsi AM

In den späten Achtzigern entdeckte Pepsi eine Kundengruppe, die sie bisher überhaupt nicht angesprochen hatten: Verbraucher, die zum Frühstück Cola tranken. Wenngleich sie hierzu eher wenig Marktforschung betrieben hatten, wusste das Unternehmen doch, dass viele junge Leute lieber koffeinhaltige Cola zum Frühstück tranken als Kaffee. Also brachten sie Pepsi AM heraus, einen Softdrink „mit demselben Zucker-, aber dem doppelten Koffeingehalt".

Leider war man sich bei Pepsi nicht hinlänglich darüber klar, dass zwar viele Verbraucher zum Frühstück Cola tranken, sich hieraus allerdings noch lange kein Bedarf an einer eigens dafür konzipierten Marke ergab. „Wenn die Verbraucher nicht erkennen, was sie eigentlich wollen, ist es schwer, ihnen eine Lösung anzubieten", sagt der Markenexperte und Marketingautor Robert McMath. „Manchmal kann ein Unternehmen einen Bedarf schaffen – doch das ist ein reichlich kostspieliges Unterfangen."

Niemand wusste, dass er Pepsi AM wollte, also kaufte es auch keiner. Zudem haben viele Marketingexperten darauf verwiesen, wie limitiert die Verkaufschancen allein schon dadurch werden, dass im Namen ein bestimmter Konsumierungszeitraum festgelegt ist. Eine weitere schlechte Idee, ein weiterer Flop.

18. Maxwell House trinkfertiger Kaffee

1990 brachte General Foods die ersten Packungen mit trinkfertigem Kaffee heraus. Die Packungen standen in den Kühlregalen und warben mit „einer unkomplizierten neuen Art, den vollen Geschmack von Maxwell House Coffee zu genießen." Laut Aufschrift war der Kaffee mit „kristallklarem Wasser" aufgebrüht worden und „Geschmack und Aroma in der folienbeschichteten Frischepackung optimal geschützt". Außerdem hatten die Packungen einen praktischen Schraubverschluss, so dass sie wiederverschließbar waren. Das einzige Problem war die schonende Erhitzung, denn die Originalverpackung war nicht mikrowellengeeignet. Damit entfiel der eigentliche Schlüsselreiz des Produkts – nämlich Unkompliziertheit. Und da niemand kalten Kaffee trinken wollte, fiel es durch.

19. Campbell's Souper Combo

Ein weiterer Versuch, das Leben einfacher zu machen, war die Idee des Suppenherstellers Campbell, eine „Souper Combo" anzubieten, bestehend aus einer Tiefkühlsuppe und einem Sandwich. Das Produkt richtete sich an Leute, die an ihrem Arbeitsplatz eine Mikrowelle hatten und an „Schlüsselkinder", die sich zu Hause selbst versorgen mussten. Es scheiterte bereits in den Tests.

Das Unternehmen hatte Millionen ausgegeben, um die Kunden auf seine Untermarke „Souper Combo" aufmerksam zu machen, und die anfänglichen Verkaufszahlen stimmten hoffnungsfroh. Bald allerdings stellte sich heraus, dass die meisten Leute das Produkt aus reiner Neugier kauften – und das nur ein einziges Mal. Die Verbraucher erkannten recht bald, wie viel unkomplizierter es war, eine Suppendose aufzumachen und sich ein Sandwich zu schmieren, während die Suppe erwärmt wurde, als ein „Souper Combo" zuzubereiten. Also kauften sie es nicht wieder.

20. Durstige Katze! und Durstiger Hund!

Abgefülltes Wasser für Haustiere

Die schlimmste aller schlechten Ideen dürfte wohl die von „Thirsty Cat!" und „Thirsty Dog!" gewesen sein – dem abgefüllten Trinkwasser für verwöhnte Haustiere. Obwohl das Wasser in solch „durstlöschenden" Geschmacksvariationen wie „Knuspriges Rind" und „Scharfer Fisch" angeboten wurden, waren Haustiere wie ihre Besitzer unbeeindruckt.

Kapitel 4

Gescheiterte Angebotserweiterungen

Unter Angebotserweiterungen von Marken verstehen wir gemeinhin „die Hinzufügung eines neuen Produkts zu einer bereits etablierten Produktreihe unter demselben Namen."

So viel zur Definition – doch was ist der Anreiz? Viele Unternehmen glauben, sobald sie eine erfolgreiche Marke geschaffen haben, sollten sie diese auf andere Produktkategorien ausweiten. Immerhin macht nicht das Produkt selbst die Marke aus, sondern die damit einhergehenden Assoziationen. So lautete IBMs Credo beispielsweise nicht, sie bauten Computer, sondern sie böten „Lösungen" an. Unter dieser Prämisse konnten sie sich in computerverwandte Kategorien wie Software oder Netzwerke vorwagen.

Doch im selben Maße, wie Markenerweiterung kurzfristig höhere Umsätze bringen kann, kann sie langfristig die Identität einer Marke entwerten. Und wenn das geschieht, leidet jedes einzelne Produkt, das unter dem Markennamen gehandelt wird. Wie die Marketingexperten Jack Trout und Al Ries wiederholt ausgeführt haben, kosten Angebotserweiterungen Marktanteile. In den USA halbierte 7-Up seinen Marktanteil, als sie die Variante 7-Up-Gold herausbrachten. Wie Jack Trout sagt: „Marktführer ist und bleibt die Marke, die ihr Angebot nicht erweitert." Trotzdem können Angebotserweiterungen funktionieren, sofern man es richtig anstellt. Das belegt Diet Coke, die 1982 unter der Coca-Cola-Marke auf den Markt kam. Heute ist sie das drittbeliebteste Getränk und weist einen Jahresumsatz von über einer Milliarde Dollar aus. Ein weiteres Positivbeispiel sind Gillette Rasierer und Rasiercreme. Verheerend wird es aber immer dann, wenn Unternehmen das wahre Wesen ihrer Marke nicht erfassen.

Die Gründe, weshalb Marken ihr Angebot erweitern möchten, sind offensichtlich. Haben sie den Markt mit einem Produkt erobern können, bleiben ihnen zwei Wege, weiter zu wachsen. Sie können entweder in einen neuen Markt vordringen oder ein neues Produkt anbieten. Für letztere Option spricht, dass sich aus rein wirtschaftlichen Gründen eine Weiternutzung des Markennamens empfiehlt. Man kann auf den Wiedererkennungseffekt setzen, braucht weniger Geld in die Werbung zu stecken (um auf den Namen aufmerksam zu machen) und erhöht die Präsenz der Ursprungsmarke. Zusätzlich können Kosten eingespart werden, indem man dasselbe Vertriebsnetz nutzt wie für das Originalprodukt.

Nicht zu vergessen die zahlreichen Beispiele erfolgreicher Markenerweiterungen, die andere Unternehmen ermutigen, es ihnen gleichzutun. Virgin dürfte da am überzeugendsten gehandelt haben. „Marken bauen auf ihren Ruf auf, nicht auf ihre Produkte", weiß Richard Branson. Dennoch war Virgin nicht in allen Kategorien gleich erfolgreich. Virgin Cola beispielsweise erwies sich als ein absoluter Flop. Zudem stützt sich der Ruf Virgins als dem Champion der Verbraucher darauf, dass sie in die unterschiedlichsten Branchen vordrangen (z. B. Brautmoden und Pensionsfonds), ohne dabei ihre Identität zu verwischen. Und die Wahrnehmung Virgins in den Augen der Verbraucher steht und fällt mit der charismatischen Erscheinung Richard Bransons. Wer an Virgin denkt, denkt unweigerlich an ihn. Während also die angebotenen Produkte und Dienstleistungen mit jedem Jahr bunt gefächerter werden, bleibt die Markenidentität stets dieselbe.

Die meisten anderen Marken verfügen jedoch nicht über eine vergleichbare Flexibilität. So hat Volvo sich einen Ruf gemacht, indem sie auf „Sicherheit" als oberstes Gebot setzten. Sollten sie plötzlich ein Auto ohne Airbags auf den Markt bringen, stünden sie damit im klaren Widerspruch zu ihrer Markenidentität.

Doch trotz der Risiken, die naturgemäß mit Angebotserweiterungen verbunden sind, finden sie überall und immerzu statt. Neun von zehn neuen Produkten auf dem Lebensmittelsektor sind Markenerweiterungen. Auf dem Biermarkt ist es dasselbe. Vor 25 Jahren hatten Biertrinker in den USA die Wahl zwischen drei großen Marken – Miller, Coors und Budweiser. Heute können sie zwischen über dreißig Varianten von Bier derselben Marken wählen, wobei die Zahl der Biertrinker mehr oder minder unverändert blieb.

Erfolgreiche Markenerweiterungen sind zumeist solche, die sich auf verwandte Kategorien erstrecken. Coca-Cola landete einen Welthit, als sie Diet Coke einführten, wohingegen das eigene Modelabel sich als weniger glücklicher Coup erwies. Gillette wird vielerorts gefeiert als die Marke, die allen zeigt „wie man's richtig macht". Sie fingen mit Rasierern an und drangen dann reibungslos in den Markt für Rasiercreme und -schaum vor. Bei solchen kompatiblen Produkten verstärkt der Erfolg des einen den des anderen, wovon die ganze Marke profitiert.

Leider versuchen sich häufig auch Unternehmen an Markenerweiterungen, die noch nicht begriffen haben, wofür ihre Ursprungsmarke eigentlich steht. Viele glauben irrtümlich, sie könnten den Kuchen behalten und ihn gleichzeitig aufessen, sie könnten eine starke Marke in einer Produktkategorie aufbauen und sie nahtlos auf unverwandte Produkte übertragen, wobei sie weiter an dem einen Namen verdienen. Aber auch Unternehmen, die sehr wohl die Identität ihrer Marke einzuschätzen wissen, schwächen sie bisweilen mit zu ähnlichen Produkte. Dann tritt eine Art Produktkannibalismus ein. Wie die Beispiele auf den folgenden Seiten zeigen werden, ist das Scheitern in beiden Fällen vorprogrammiert.

21. Parfüm von Harley Davidson

Der süße Duft des Scheiterns

In zahlreichen Magazinen, bei unzähligen Konferenzen und in dem Online-Newsletter von Saatchi and Saatchi spricht der CEO der Agentur, Kevin Roberts, von der „Markenmythologie". Laut Roberts sind die stärksten Marken diejenigen, denen es gelang, eine eigene Mythologie zu schaffen, beziehungsweise ihre loyalen Kunden dazu zu bringen, sie zu schaffen. Eine Marke, der mehr Mythologie anhaftet als irgendeiner anderen, dürfte wohl Harley Davidson sein.

Harley-Davidson-Besitzer sind nicht einfach loyal, sondern sie *lieben* die Marke. Es kümmert sie nicht, dass ihre Motorräder unter technischen Gesichtspunkten nicht die besten sind oder dass sie des Öfteren dazu neigen, Öl zu verlieren. Ihnen geht es um den Mythos – die Freiheit der offenen Straße mit all den Macho-Assoziationen, die damit verbunden sind.

Dieser Mythos wird besonders lebendig in dem Buch *Hell's Angels: The Life and Times of Sonny Barger* und *The Hell's Angels Motorcycle Club** von Sonny

---

* Deutsch unter dem Titel „Hells Angel. Mein Leben" bei Rowohlt erschienen; Zitate frei aus dem Amerikanischen

Barger (dem ersten Hell's Angel). In einem Kapitel, das den Titel „Harleys, Maschinen, Edelklamotten und geklaute Reifen" trägt, schreibt Barger:

> Worum es bei der Harley Davidson wirklich geht, ist der Sound ... jeder liebt das Röhren. Und was die Harley-Besitzer an ihren Motorrädern richtig toll finden, ist das niedrige Drehzahlmoment, die rohe Kraft, die aus der Maschine kommt. Fährt man erstmal über neunzig Meilen die Stunde, ist zwar nicht mehr allzu viel zu wollen, aber den meisten Harley-Fahrern liegt nicht viel an hohen Geschwindigkeiten, weil sie ganz klar das niedrige Drehzahlmoment vorziehen, das dir einen Schauer über den Rücken jagt und das Gefühl von Kraft und Stärke gibt. Die japanischen Maschinen *haben* vielleicht mehr Power, aber bei ihnen *fühlst* du sie nicht.

Harley Davidson steht für das Maskuline schlechthin und die Kunden weisen geradezu extreme Markenloyalität auf. Ja, die testosterongesteuerten Harley-Fahrer gehen sogar so weit, sich das Harley-Emblem tätowieren zu lassen.

Das Unternehmen hat versucht, diese einzigartige Loyalität zu Geld zu machen, indem sie eine Kette von Harley-Davidson-Geschäften eröffneten, in denen eine breite Auswahl an Merchandisingprodukten angeboten werden – T-Shirts, Socken, Feuerzeuge und Schmuck. Bei eingefleischten Harley-Fans handelten sie sich damit den Vorwurf ein, sie würden die Marke „disneysieren". Zugespitzt hat sich die Kritik aber erst, als sie begannen, ihren Namen für eine Aftershave- und Parfümserie herzugeben. Für die Liebhaber der Motorräder ging dieser Schritt entschieden zu weit. Harley Davidson war dem Irrtum aufgesessen, dass mehr Produkte automatisch mehr Umsätze mit sich bringen würden. Das mag normalerweise zutreffen, allerdings nur kurzfristig. Denn, wie Al und Laura Ries in ihrem Buch *The 22 Immutable Laws of Branding* ausführen, diese Strategie kann langfristig überaus negative Folgen haben:

> Baut man heute eine Marke auf, um morgen das Merchandising anzukurbeln? Oder erweitert man heute eine Marke, um heute die Produkte zu verkaufen, die man morgen schon wieder verschwinden sieht? [...]
> Angebotserweiterung, Megamarkengestaltung, variable Preisgestaltung und eine Menge andere ausgefeilter Marketingtechniken werden eingesetzt, um Marken zu melken, statt sie aufzubauen. Dieses Melken kann kurzfristig schnelles Geld eintragen, überfordert die Marke langfristig jedoch in einem Maße, dass sie irgendwann für gar nichts mehr steht.

Die Ironie der Geschichte bestand darin, dass Harley Davidsons Bestreben, dem Angebot immer mehr und unterschiedlichere Produkte hinzuzufügen, sich direkt gegen das wandte, wofür sie einstmals aufgebaut worden war. So schreibt Barger in *Hell's Angels*:

> Harley genießt seit Jahrzehnten einen hohen Marktanteil auf dem großen Motorrädermarkt. Sie kontrollieren über fünfzig Prozent der Verkäufe von Geländemaschinen, während die Japaner sich die verbleibenden fünfzig Prozent teilen. Infolgedessen behandeln sie ihre Kunden oft ein bisschen von oben herab.
>
> Ein Sprecher von Harley Davidson wurde einmal mit den Worten zitiert: „Genug Motorräder sind zu viele, und sobald wir genug bauen, verlieren wir unseren Zauber." Während sie nach außen hin behaupten, sie würden jährlich mehr produzieren, war ich bis vor wenigen Jahren fest davon überzeugt, dass Harley Davidson die Produktion absichtlich drosselte, um die Nachfrage zu steigern.

Hieraus wird klar, dass Harley Davidson sich zunächst sehr wohl bewusst war, welche Fallen sich auftaten, gab man seinen Kunden zu viel des Guten. Sie konzentrierten sich ausschließlich auf ihre Motorräder und limitierten sogar den Nachschub, um den „Zauber" von Harley Davidson lebendig zu halten.

In den Neunzigern fuhren sie dann jedoch in die Gegenrichtung. Neben Aftershave und Parfüm brachte das Unternehmen sogar Harley-Davidson-Weinkühler heraus. Wie man sich denken kann, waren die Biker wenig begeistert.

Eine Motorradfahrerin, die sich „Tinker" nennt, erzählte auf ihrer Internet-Homepage, was sie dachte, als sie all diese unpassenden Sachen in ihrem Harley-Davidson-Laden entdeckte:

> Als ich näher kam, war ich baff. Da war unendlich viel verschiedener Kram. Mann, die hatten einfach alles, was es gab! Da waren H-D-Socken, Parfüm, Babykleidung, eine ganze Kollektion von Kinderklamotten, tonnenweise Schmuck und Sammelsachen, sogar Schlipse – alles mit dem offiziellen H-D-Logo. Und das Angebot ging von richtig netten bis hin zu echt hässlichen Sachen. Es war alles da, bloß kein echtes Harley-Davidson-Motorrad. Nicht mal Teile hatten die. Im Schaufenster stand ein Buell [ein Harley-Davidson-Modell], aber an dem klebte ein „Nicht Berühren"-Schild.
>
> Eine Verkäuferin kam zu mir und fragte, „Kann ich Ihnen helfen?"
>
> „Klar", sagte ich. „Haben Sie zufällig das Harley-Davidson-Shampoo?"

„Shampoo?" fragte sie unsicher.

„Ja, genau", sagte ich. „Es sieht aus und riecht wie Motoröl, macht das Haar aber superweich und kämmbar!" Ich musste grinsen, als ich wieder ging, wusste aber genau, dass es nur eine Frage der Zeit war.

Tinker stand mit ihrer Kritik nicht allein auf weiter Flur. Wie sich ziemlich schnell herausstellen sollte, war der Motorradriese drauf und dran, sich seine Stammkunden zu vergraulen.

„Harley Davidson steht für Werte wie Maskulinität und Stärke, also alles, was rau und wild ist", sagt Charles E. Brymer, CEO der Interbrand Group, einer Unternehmensberatungsgesellschaft mit Sitz in New York. „Sich in einen Bereich vorzuwagen, der diesen Werten nicht gerecht wird, kann für Harley Davidson der Untergang sein."

Zum Glück für Harley Davidson fiel der Untergang verhältnismäßig milde aus. Das Unternehmen gestand, einen Fehler gemacht zu haben, und stellte die Fertigung von Parfüms und anderen unpassenden Produkten ein.

In einem Interview mit *The Business Knowledge Network* deutete Joe Nice, Leiter für Unternehmenskommunikation bei Harley Davidson, durch die Blume die gescheiterten Erweiterungsversuche an: „Im Laufe der Jahre haben wir unterschiedliche Merchandisingmethoden ausprobiert und den Namen Harley Davidson für manches hergegeben, was sich im Nachhinein als Fehler erwies. Heute ist das Unternehmen sehr viel wählerischer, wenn es darum geht, mit wem wir zusammenarbeiten und wie wir unsere Marke vergrößern."

Was das Beispiel Harley Davidson lehrt

- *Man muss sich auf die Markenwerte konzentrieren.* Wenn diese Werte „Maskulinität, Stärke und alles, was rau und wild ist" lauten, sollte man weder Parfüms noch Weinkühler verkaufen. Auch eine Babykollektion kann in diesem Fall eine denkbar schlechte Idee sein.

- *Man darf sich seinen Stammkunden nicht entfremden.* Marken, die eine starke Loyalität gewinnen konnten, sind leicht versucht, die Grenzen dieser Loyalität auszutesten, indem sie die Marke in andere Produktkategorien ausweiten. Diese Strategie ist jedoch insofern riskant, als sie häufig auf das hinausläuft, was Marketingexperten als „Markenverwischung" bezeichnen – in anderen Worten: eine verwässerte Marke.

- *Mehr ist weniger.* „Wer über längere Zeit die Produktkategorien beobachtet, kann sehen, dass mehr Marken das Wachstum eher schwächen statt stärken", schreibt Jack Trout in seinem Buch *Big Brands, Big Trouble: Lessons Learned the Hard Way.** „Je mehr man hinzufügt, umso größer ist das Risiko, die Ideen zu unterwandern, für die die Marke im Wesentlichen steht."

- *An dem festhalten, was man hat.* Harley Davidson hat seine Marke aufgebaut, indem sie dem treu blieben, was sie am besten können, nämlich große, klassische, amerikanische Motorräder bauen. Je weiter sie sich von ihrem eigentlichen Produkt fortbewegten, umso mehr Probleme bekamen sie. Jede Marke, die sich als „Hans Dampf in allen Gassen" versucht, wird letztlich daran scheitern, dass sie in keiner ihrer zahlreichen Produktkategorien wirklich authentisch bleiben kann.

- *Wenn die Kunden dich lieben, behandle sie gut.* Laut dem Werbeguru Kevin Roberts verdienen sich wirklich erfolgreiche Unternehmen keine „Warenzeichen", sondern vielmehr „Liebeszeichen" ihrer Kunden. In einem berühmten Artikel für *Fast Company* vom September 2000 nennt Roberts Harley Davidson als Paradebeispiel für ein Unternehmen, das von seinen Kunden geliebt wird, und empfiehlt ihnen dringend, sich nicht an die Regelwerke des Marketings zu halten. Denn gemäß Roberts sind die Motorräder selbst zwar „eher durchschnittlich", doch die Marke hat sie zu etwas gemacht, das sie über jeden technischen Vergleich mit anderen erhaben macht. So erklärt Roberts:

Als Liebeszeichen hat Harley Davidson gleich zweierlei aufzubieten. Zum einen ist da der unverwechselbare röhrende Klang. Und zum anderen kann man mit einer Harley nicht wirklich schnell fahren, weshalb man im Pulk fährt. [...] Den Zauber der Harley macht nicht ihre Technik aus, und es liegt auch nicht in irgendeinem Wort, das mit -er endet. Die meisten Marken setzen auf diese „er"-Wörter – schneller, größer, besser, reiner. Für ein Mysterium braucht man das nicht. Und man braucht dafür auch nicht Hunderte von Geschäften, die die Markenerweiterung ankurbeln sollen. Vielmehr entzaubert man damit das Mysterium.

---

* Deutsch unter dem Titel „Große Marken in Gefahr" beim verlag moderne industrie erschienen; Zitate frei aus dem Amerikanischen

22. Gerber Singles

Markengestaltung, die dem Wahnsinn verfällt

Gerber, der Hersteller für Babynahrung, ist verantwortlich für einen der Marketingfehler, die am häufigsten diskutiert werden. Neben Coca-Colas New Coke und Harley Davidsons Parfüm dürfte Gerbers Versuch, den Lebensmittelmarkt für Erwachsene zu erobern, ihnen einen Anspruch auf einen Ehrenplatz in der „Hall of Shame" sichern.

Die Idee war, kleine Fertiggerichtportionen für Singles zu produzieren – wie Früchte, Gemüse, Vorspeisen und Desserts – und das in denselben Gläsern, die für die Babykost benutzt wurden. Als sie ihr Erwachsenenprogramm 1974 auf den Markt brachten, mussten sie allerdings schnell feststellen, dass es niemandes Vorstellung von einem gemütlichen Abend allein zu Hause entsprach, Produkte wie „Rindfleisch mit Sahnesauce" aus einem winzigen Gläschen zu löffeln.

Noch dazu hatten sie das Produkt „Gerber Singles" genannt. Wie Susan Casey in der Oktoberausgabe 2000 von *Business 2.0* schrieb, „hätten sie es ebenso gut gleich ‚Ich lebe allein und löffle mein einsames Abendessen aus einem Glas' nennen können."

Ob für dieses Produkt jemals Marktforschung betrieben worden war, lässt sich nur erraten – und von Gerber selbst bekommt man hierzu ganz gewiss keine Auskunft. Eines jedenfalls ist sicher: Die Babynahrung für einsame Erwachsene scheiterte mit Pauken und Trompeten.

Was das Beispiel Gerber Singles lehrt

- *Man denke immer aus der Kundenperspektive.* Aus Gerbers Perspektive heraus mag Gerber Singles vielleicht sinnvoll gewesen sein (schließlich konnte das Unternehmen enorme Produktionskosten sparen, indem sie dieselben Gläser benutzten wie für Babynahrung), aber kein Verbraucher wollte ein Produkt kaufen, das der Welt nicht nur mit dem Holzhammer klar machte, er oder sie könne keinen Partner finden, sondern den Grund dafür auch noch gleich mitlieferte (weil die betreffende Person ein zu groß gewordenes Baby war).

23. Crest

Eine Marke bis an ihre Grenze treiben

1955 geboren, war Crest die erste Fluorzahnpastamarke. Bis dahin hatte Colgate den Markt fest im Griff gehabt.

Procter & Gamble, das Mutterunternehmen hinter Crest, hatte jedoch erkannt, dass Colgate einen Schwachpunkt aufwies – kein Fluor. Das bedeutete mehr Löcher und mehr Zahnverfall. Außerdem gelang es Crest, seinen hochtrabenden Anspruch, Karies deutlich reduzieren zu können, mit extensiven Forschungen zu belegen, die Wissenschaftler der Indiana University im Auftrag von Procter & Gamble durchgeführt hatten. Auch Veröffentlichungen der American Dental Association, die Crests „wirksame kariesvorbeugende Eigenschaften" empfahlen, halfen der Marke, gegenüber dem Rivalen Colgate an Boden zu gewinnen und ihn schließlich sogar zu überholen.

In den Achtzigern trat dann allerdings eine zunehmende Zerstückelung des Zahnpastamarkts ein. Plötzlich hatten die Verbraucher eine Riesenauswahl verschiedener Zahncremes, weil mehr und mehr Marken in den Regalen auftauchten. Da gab es welche für Raucher, für weißere Zähne, mit Minzgel, mit Soda, natürliche Zahncremes, spezielle Zahnpasta für Kinder, solche mit Geschmack und solche für ältere Menschen. Zudem konnte man Fluor allein nicht mehr als Kaufmagnet nutzen, denn in den USA und weiten Teilen Europas wurde es nun dem Trinkwasser beigemischt. Hinzu kam, dass Karies seit den Fünfzigern deutlich zurückgegangen war.

Also brachte Crest eine neue Variante nach der anderen auf den Markt. Eine der bedeutenderen dürfte die zahnsteinmildernde Zahnpasta aus dem Jahr 1985 gewesen sein. Doch obschon sie die Erste ihrer Art war, konnte sie bei der Markteinführung nicht dieselbe enorme Resonanz verbuchen wie die Fluorzahncreme dreißig Jahre zuvor. Einer der Gründe dafür war, dass Crest inzwischen so viele verschiedene Zahncremes auf dem Markt hatte. Die Creme gegen Zahnstein war nur eine von vielen Crests. Außerdem zog Colgate direkt nach. Sie brachten nicht nur eine eigene Zahnpasta gegen Zahnstein heraus, sondern begannen mit der Entwicklung eines neuen Produkts, das sämtliche Zahnpflegeaspekte abdecken sollte.

Während Crest dabei blieb, stets neue Variationen zum selben Thema herauszubringen, und so die Verbraucher verwirrte, brachte Colgate „Colgate Total" auf den Markt. Diese Zahnpasta enthielt Fluoride, dämmte die Zahnsteinbildung ein und schützte das Zahnfleisch. Mit anderen Worten: Colgate bot alles in einem Produkt. Kurz nach der erfolgreichen Markteinführung rückte Colgate wieder an die erste Stelle und machte Crest spürbar die Umsätze streitig.

Was also war geschehen? Warum konnte Crest keine „Crest Total" oder „Crest Complete" anbieten, bevor der Konkurrent mit einem solchen Produkt in den Markt preschte?

Es gibt eine ganze Reihe möglicher Gründe und einer davon hängt mit den Marketingmethoden von Procter & Gamble zusammen. Ihre Strategie in den Achtzigern war anscheinend: Warum ein Produkt einführen, wenn man auch fünfzig einführen kann? Ja, es gab sogar eine Phase, in der sage und schreibe 52 Versionen von Crest auf dem Markt waren. Das Unternehmen glaubte offensichtlich fest daran, je mehr Untermarken sie im Markt hatten, umso höher wären die Umsätze. Wieso sollten sie also ein Risiko eingehen, indem sie den Verbrauchern sagte, es gäbe nur noch eine Crest-Zahnpasta, die alles mitbringt, was man für die effektive Zahnpflege braucht?

Sie verkannten dabei jedoch, dass erhöhte Auswahl auch für erhöhte Verwirrung sorgt. Das wiederum hatte klare Einbußen an Marktanteilen zur Folge. Treu dem Gesetz vom abnehmenden Ertragszuwachs verlor Crest sogar immer mehr Marktanteile, je zahlreicher die Produkte wurden, mit denen sie in den einen Markt drängten. Als sie nur ein Produkt anboten, hatte sich ihr Anteil auf über 50 Prozent steigern können. Mit 38 Produkten war er auf 36 Prozent zurückgegangen und sobald es 50 Crest-Zahnpastas gab, schrumpfte er auf 25 Prozent zusammen und fiel weit hinter Colgate zurück.

Diese Probleme beschränkten sich keinesfalls auf die Crest-Marke. So hatte Procter & Gamble dasselbe mit seiner Head-&-Shoulders-Marke erleben müssen. Brauchten die Konsumenten tatsächlich 31 unterschiedliche Anti-Schuppen-Shampoos?

Ries & Ries, die Marketingstrategen, die Crest schließlich zu Rate zog, erkannten das Problem sofort. In ihrem Buch *The 22 Immutable Laws of Branding* berichten Al und Laura Ries von ihren Erfahrungen:

> Als wir für Crest arbeiteten, fragte uns der dortige Marketingmanager: „Crest hat achtunddreißig verschiedene Zahnpastamarken; was glauben Sie, sind das zu viele oder zu wenige?"
> „Wie viele Zähne haben Sie?", fragten wir zurück.
> „Zweiunddreißig."

„Keine Zahnpasta sollte in mehr Varianten angeboten werden, als man Zähne hat", antworteten wir daraufhin.

Obwohl Procter & Gamble für einige Zeit dieselbe falsche Strategie wiederholte – immer mehr Marken einführen und dabei immer mehr Marktanteile verlieren – entschied sich das Unternehmen schließlich, sich des Problems anzunehmen, das sie selbst geschaffen hatten.

In einem Artikel, der in der *Business Week* vom 9. September 1996 unter dem Titel „Mach es einfach" veröffentlicht wurde, wird der Gesinnungswandel beschrieben, der sich bei Procter & Gamble vollzogen hatte: „Nach Jahrzehnten, in denen mal dies neu und verbessert, mal jenes zitronenfrisch und mal ein wieder anderes in Maxigröße angeboten wurde, hat Procter & Gamble beschlossen, sie verkauften zu viele verschiedene Sorten eines Produkts. Jetzt beginnen sie das Undenkbare: die Rückschrumpfung. Procters Produktpalette ist heute um ein Drittel kleiner als zu Anfang des Jahrzehnts."

Ehe sie die Zahl der Crest-Produkte verringerten, trimmte Procter & Gamble seine Haarpflege in Form. Als sie die Zahl der angebotenen Pflegemittel um die Hälfte reduziert hatten, stiegen die Verkaufszahlen an. Dennoch stieß die Strategie, laut dem Leiter für Haarpflegemittel Robert S. Matteucci, intern zunächst auf wenig Gegenliebe: „Wir mussten gegen einigen Widerstand bei den Procter-&-Gamble-Markengeiern anarbeiten, die dachten, ‚Oh mein Gott, wir werden Umsatzeinbußen haben, wenn wir weniger Produkte anbieten!' Man war reichlich skeptisch, ob dieser Schritt wirklich der richtige war, und wie durchführbar die Sache überhaupt sein würde."

Procter & Gamble verkleinerte nicht nur die Auswahl an Crest-Zahncremes, sondern veränderte auch das Packungsdesign, um es den Verbrauchern zu erleichtern, ihre Lieblingssorte zu finden. Unter Marketingexperten gilt diese Entscheidung als durchaus intelligent. So rühmte sie unter anderem Marcia Mogelonsky 1998 in einem Marktforschungsbericht für *Ithaca American Demographics*: „Damit reduziert sich die Anzahl der verschiedenen Größen, Geschmacksrichtungen und anderen Varianten, wodurch es für die Verbraucher einfacher wird, zu finden, was sie wollen. Zugleich gewinnt der Hersteller zusätzliche Fläche, auf der er seine meistverkauften Produkte anbieten kann. Die Käufer haben weniger Auswahl, sind dafür aber weniger verwirrt, und der Hersteller verdient mehr Geld."

Der Wettbewerb jedoch blieb hart. Nicht nur Colgate, sondern auch Aquafresh, Mentadent, Arm and Hammer, Sensodyne und andere Kettenmarken wie die des britischen Drogerieriesen Boots machten Crest Konkurrenz. Obwohl Procter & Gamble seine Crest-Marke bis zu einem gewissen Grade vereinfachte und die Umsätze seither stiegen, glauben nach wie vor einige, das reichte nicht, um Colgate zu übertrumpfen. Außerdem bemängeln Kritiker die zu dünne Markenidentität sowie die Vernachlässigung des wissenschaftlichen Ursprungs. Jack Trout beispielsweise schreibt in seinem Buch *Big Brands, Big Trouble*:

> Zunächst einmal sollte Crest sich eisern auf der ernsthaften, therapeutischen Seite des Zahnpastamarkts halten. In den Köpfen ihrer Verbraucher sind sie nämlich genau hier anzusiedeln. Daher sollten sie keine Mundspülungen, Zahnaufheller oder sonstigen Firlefanz anbieten, sondern ausschließlich ernst zu nehmende Zahnpflegemittel. Eine natürliche Weiterentwicklung wäre also die von der „Kariesvermeidung" hin zum „Pionier der Zahnpflege". Leider haben sie diesen Weg nie als den ihren erkannt. Sie blieben dabei, mit verschiedenen Crest-Sorten herumzuexperimentieren."

Aus der Tatsache, dass Procter & Gamble sich nicht immer schon mit Zahnverfall beschäftigt hatte, folgte für das Unternehmen unweigerlich, dass sie von weit Schlimmerem heimgesucht wurden: Markenverfall. Sollte es ihnen nicht gelingen, sich auf die hochwissenschaftliche Ebene zurückzuschwingen und den Verbrauchern wieder eine einzige klare Botschaft zu vermitteln (im Verein mit einem klar umrissenen, kleineren Sortiment), wird Colgate am Ende gewinnen und Procter & Gamble auf dem Zahnfleisch kriechen.

Was das Beispiel Crest lehrt

- *Den Kunden verwirrt man nicht.* Procter & Gamble hat mittlerweile begriffen, dass Einfachheit den Kunden überzeugt. „Es ist erstaunlich, wie schwer wir es ihnen all die Jahre gemacht haben", wunderte sich Durk I. Jager, Präsident von Procter & Gamble, gegenüber *Business Week*.

- *Man bietet nicht zu viele Produkte an.* Gemäß einer Studie der Beratungsfirma Kurt Salmon Associates teilen sich gerade mal 7,6 Prozent aller Körperpflege- und Haushaltsprodukte 84,5 Prozent der Umsätze auf diesem Sektor. Sie haben ebenfalls herausgefunden, dass beinahe ein Viertel dieser Produkte sich in einem durchschnittlichen Supermarkt pro Einheit weniger als einmal pro Monat verkaufen.

- *Keine Produktduplikate.* Eine weitere Studie, herausgegeben von William Bishop Consulting, stellte fest, dass das Verschwinden von Duplikaten bei 80 Prozent der Verbraucher unbemerkt bleibt.

- *Seiner Herkunft treu bleiben.* „Verlieren Sie niemals Ihr Unternehmensgedächtnis", rät Jack Trout in *Big Brands, Big Trouble*. Crest litt offenbar an Markenamnesie, als sie sich unfähig erwiesen, den Erfolg ihrer „Triumph über den Karies"-Kampagne aus den Fünfzigern zu wiederholen.

24. Heinz' Natürlicher Essigreiniger

Den Verbraucher verwirren

Der „All Natural Cleaning Vinegar" war Heinz' erstes Non-Food-Produkt. Das Unternehmen, das 1869 von Henry Heinz gegründet worden war, hatte sich einen Namen mit dem Verkauf seiner „57 Variationen" gemacht – hochwertige Fertigprodukte wie Bakes Beans, Suppe und Ketchup. In den 1980ern beschlossen sie, ihre Marke auf den Haushaltwarenmarkt auszuweiten.

Den Anfang sollte der „All Natural Cleaning Vinegar" machen, ein umweltverträglicher Allzweckessigreiniger mit einem roten Etikett, auf dem „Heloise's Most Helpful Hint"* stand. Heloise ist eine amerikanische Zeitungskolumnistin, deren Kolumne „Hints from Heloise" in diversen Zeitungen weltweit erscheint. Die Wahl ihres Namens war nur logisch, pries sie doch seit langem die zahlreichen wunderbaren Vorzüge von Essig – als Rostentferner, Geruchsbeseitiger, Fensterreiniger, Ameisenbekämpfungsmittel, Unkrautvertilger und Enteiser. Neben der Unterstützung durch ihren Namen erhielt das Produkt eine Menge positive PR durch die Presse, die besonders die Umweltverträglichkeit hervorhob.

Das alles konnte jedoch nichts ausrichten. Das Produkt wurde ein kompletter Flop und tauchte niemals außerhalb der USA auf.

Als Marketingbeobachter versuchten, das Scheitern des Essigreinigers zu er-

---

* sinngemäß „Heloises hilfreichster Tipp", *d. Übers.*

klären, stand für sie die „alternative" Wahrnehmung des neuen Produkts an erster Stelle. In ihrem 1998 erschiene Buch *Green Marketing: Opportunity for Innovation* illustriert Jacquelyn Ottman anhand des Heinz-Essigreinigerbeispiels die sich verändernde Haltung der Industrie gegenüber umweltfreundlichen Produkten: „Bei Umweltfreundlichkeit ist die Planung problematisch; die Industrie kann nur so schnell reagieren, wie der Markt fordert. Dadurch ergibt sich immer wieder das Risiko, dass man ‚zu grüne' Produkte auf den Markt bringt, die die Nachfrage einer einflussreicher Verbrauchergruppe bedienen, während die Massenverbraucher sich der Notwendigkeit des Wandels noch gar nicht bewusst sind. Der grüne Markt quillt über von Beispielen für schlechtes Timing."

Ottman erklärt weiter, warum das Heinz-Produkt ihrer Meinung nach scheitern musste:

> Heinz' Essigreiniger, eine doppelt konzentrierte Version des normalen Essigreinigers, wurde in Reaktion auf den neu entdeckten Bedarf der Chemophobiker eingeführt und floppte, als er in den Supermärkten als alternatives Reinigungsmittel angeboten wurde. Der Massenverbraucher wusste damit nichts anzufangen. Nun hätten größere Marketingbemühungen und verstärkte Informationskampagnen gewiss den Erfolg des Produkts befördern können, doch vielleicht wäre ihm auch eher geholfen gewesen, hätte man hier eine Nischenstrategie verfolgt, indem man es zunächst nur in Bioläden oder über Kataloge für grüne Produkte vertreibt, bis der Massenmarkt tatsächlich reif ist für ein umweltbewussteres Angebot.

Es gibt allerdings noch einen anderen Grund, weshalb die Verbraucher widerwillig gewesen sein könnten. Heinz war eine Nahrungsmittelmarke. Wenn sie einen Essig herstellten, erwarteten die Kunden, ihn über ihr Essen kippen zu können. Sie wollten ihn nicht neben den Flaschen mit Bleichmitteln und Haushaltsreinigern sehen.

Natürlich war die Produkteinführung aus Heinz-Sicht vollkommen logisch: Immerhin produzierte das Unternehmen bereits Essig, also warum sollten sie dieses Produkt nicht verstärken, um daraus ein neues zu machen? Wie Ottman in ihrem Buch erklärt, „viele grüne Produkte, die heute auf dem Markt angeboten werden, sind kleine Abweichungen oder Anreicherungen von bereits existierenden."

Aber die „Abweichung" vom Original-Heinz-Produkt verlagerte die Marke in einen Bereich weit außerhalb dessen, womit sie identifiziert wurde – nämlich mit Essen. Und die Tatsache, dass sowohl Essig an sich als auch Heinz normalerweise mit Dingen assoziiert werden, die man essen kann, verwirrte den Verbraucher. Mit anderen Worten: Der „All Natural Cleaning Vinegar" basierte auf einem bereits existierenden *essbaren* Essig von Heinz, weshalb das Produkt die Wahrnehmung der Marke Heinz als Nahrungsmittelhersteller noch verstärkte.

Das einzige Problem dabei war, dass der Essigreiniger *nicht* essbar war. Also fiel er durch.

Was das Beispiel Heinz lehrt

- *Man bleibt besser bei dem, was man kennt.* Wichtiger noch ist, bei dem zu bleiben, was die eigenen Kunden kennen. Wenn man eine Lebensmittelmarke ist, heißt das: Was nicht gegessen werden kann, kann man nicht verkaufen.

- *Markenerweiterungen sollten sich grundsätzlich innerhalb der Grenzen bewegen, die die Markenwahrnehmung der Verbraucher vorgibt.* Heinz ist vor allem für seinen Ketchup berühmt, konnte allerdings auch zahlreiche anderen Markenerfolge verzeichnen und bringt immer wieder neue Produkte heraus. Heinz zeigt uns, dass man eine Marke so viel erweitern kann, wie man will, solange man der Verbraucherwahrnehmung treu bleibt.

- *Für ein Nischenprodukt braucht man eine Nischenstrategie.* Heinz' „All Natural Cleaning Vinegar" wurde als Mainstream-Produkt vertrieben und vermarktet, obwohl es eigentlich nur einen Nischenmarkt ansprach.

25. Miller

Die Marke, die immerfort expandiert

In den Siebzigern sah sich die Miller Brewing Company mit einer Art Imageproblem konfrontiert. Seit Jahren hatten sie ihre Kernmarke „Miller High Life" als „den Champagner unter den Bieren" positioniert. Für die Werbespots hatte man Jazzmusiker engagiert, die dem Getränk zu einem Image als „anspruchsvoller Drink" verhelfen sollten, doch die Resultate enttäuschten zunehmend.

Als *Business Week* im November 1976 ein Firmenprofil veröffentlichte, erklärten sie das Problem mit mangelhafter Marketingstrategie: „Seit Jahren als der Champagner unter den Bieren gehandelt, sprach High Life einen überproportionalen Anteil von Frauen und Männern oberer Einkommensschichten an, die sämtlichst keine großen Biertrinker waren [...] Viele Menschen tranken das Bier, doch niemand von ihnen in größeren Mengen."

Um die Marke von den Machorivalen Budweiser und Coors abzuheben, hatte Miller sein Kernprodukt verweiblicht und gehofft, so einen größeren Marktanteil gewinnen zu können. Nun musste das Unternehmen eine Lektion lernen, die Marlboro bereits zehn Jahre zuvor absolviert hatte, als sie den zur Ikone gewordenen Marlboro-Mann durch Bilder von Frauen ersetzt hatten. Die Lektion war die: Wenn eine Marke sich um eine neue Zielgruppe bemüht, riskiert sie damit, ihre eigentlichen Kunden vor den Kopf zu stoßen. Aber die Hilfe nahte bereits, denn Philip Morris, Eigentümer der Marlboro-Marke, hatte Miller zu Beginn der Neunziger gekauft, und so wusste das Unternehmen nun, was es zu tun hatte.

War der Marlboro-Mann schon ein überzeichnetes Bild für Maskulinität gewesen, sollte nun die neue Werbung für Miller High Life die Macho-Bilder der Konkurrenz in den Schatten stellen. Die Jazzmusiker verschwanden und auf der Bildfläche erschienen testosterongesteuerte Ölbohrer, die sich das Bier reinkippten, als gäbe es kein Morgen mehr, während über ihnen der Slogan prangte „Jetzt bricht die Miller-Zeit an." Mit dem Testosteronspiegel stiegen auch die Verkaufszahlen und bis 1977 hatte sich High Life zum zweitbeliebtesten Bier hochgearbeitet. Beinahe zeitgleich konnte Miller eine weitere Erfolgsgeschichte mit Miller Lite schreiben.

Auf wundersame Weise gelang es dem Unternehmen, sein kalorienarmes Bier einzuführen, ohne damit das Macho-Image zu beschädigen. Bekannte Sportgrößen, die in den Spots auftraten, und der Slogan „Alles, was du schon immer von einem Bier wolltest – und davon nicht mehr als nötig" waren enorm erfolgreich, und 1983 kam Miller Lite direkt an zweiter Stelle hinter Budweiser.

Weniger wundersam war, dass sich die steigende Beliebtheit von Miller Lite schon bald in einer rückläufigen für High Life niederschlug. Hatte das Leichtbier bei Markteinführung 1974 kurzfristig zu einer Steigerung des Gesamtumsatzes geführt, so ging sein Erfolg langfristig auf Kosten der Originalmarke. High Life erreichte seine Höchstmarke von über 20 Millionen verkauften Fässern 1979, bevor es seinen unaufhaltsamen Sinkflug antrat.

Was Miller aus dieser Erfahrung hätte lernen sollen, war, dass der Erfolg einer Miller-Marke immer zulasten einer anderen ging. Wie es der Marketingexperte Jack Trout treffend ausdrückte: „In den Köpfen gibt es nur eine Vorstellung pro Marke." Miller jedoch blieb dabei, seine Marke in alle möglichen Richtungen auszuweiten – immer mit den gleichen Folgen. 1986 brachten sie ein kaltgefiltertes Bier unter dem Namen „Miller Genuine Draft" heraus. Auch dieses Bier war ein Erfolg, und auch unter diesem Erfolg litten andere Miller-Marken. 1991 begannen dann die Umsätze von Miller Lite zu fallen.

Der Anreiz, neue Marken auf den Markt zu bringen, war allerdings nach wie vor ungetrübt. Immerhin schaffte es jede Neueinführung, die Gesamtumsätze kurzfristig zu steigern. Und kurzfristige Trends ließen sich nun mal leichter erkennen als langfristige, die sich über Jahre, wenn nicht gar Jahrzehnte hinzogen.

Statt vollkommen neue Marken zu schaffen, blieb Miller bei Untermarken, die unter dem ursprünglichen Logo erschienen. Während die Verbraucher also in den Siebzigern nur Miller Lite angeboten bekamen, fanden sie in den Neunzigern eine weit größere Auswahl vor. Wer in eine Bar oder einen Supermarkt ging, konnte sich nicht mehr nur zwischen Miller, Coors und Budweiser entscheiden, sondern musste sich, fiel seine Wahl auf Miller, hier wiederum eine Biersorte von mehreren wählen.

Es gab immer noch Miller High Life (wenngleich es nur noch an einem seidenen Faden hing) und Miller Lite, doch außerdem Miller Lite Ice, Miller High Life Lite, Miller Genuine Draft, Miller Genuine Draft Lite, Miller Reserve, Miller Reserve Lite, Miller Reserve Amber Ale und das kurzlebige Miller Clear. Problematisch waren nicht nur die zu vielen Miller-Marken (obschon sie an sich schon ein Problem darstellten), sondern die Variationen zu jeder einzelnen Untermarke, anstelle von Variationen der Originalmarke. (Dieses Problem ist übrigens bereits seit Diet Coke bekannt, die Erfolg hatte, wo New Coke versagte. Während Erstere eine Ergänzung zum Original war, hatte Letztere das Original vollkommen zu verdrängen versucht.)

1996 wollte man bei Miller die Situation verändern, indem man noch einen neuen Mix einführte, nämlich Miller Regular. Das Unternehmen hatte beobachtet, welchen Erfolg die Konkurrenz mit ihren regulären Bieren hatte, und wollte sich ein Stück vom Kuchen sichern. Mit anderen Worten: Sie wollten ein

Bier herausbringen, das alles repräsentierte, wofür Miller stand, was mittlerweile jedoch eine ganze Menge war.

Angesichts der zahlreichen Millermarken, die zu dieser Zeit schon auf dem Markt waren, barg die Einführung einer weiteren selbstverständlich enorme Risiken (sogar mit einem 50-Millionen-Dollar-Marketingbudget), zumal wenn sie unter solch unprätentiösem Namen erscheinen sollte. Bei der schier unbegrenzten Auswahl der Miller-Biere gingen die Verbraucher davon aus, dass Miller Regular die ganze Zeit schon da gewesen wäre. Entsprechend verfehlte die Marke ihre gewünschte Wirkung und wurde schließlich wieder eingestellt.

Das Problem der Identität blieb trotzdem. Jeder Verbraucher konnte in eine Bar gehen und sagen, „Ich nehme ein Budweiser", ohne dadurch die Qual der Wahl zu haben. Sagte er jedoch, „Ich nehme ein Miller", folgte zwangsläufig die Frage, „Welches Miller?"

Wie Jack Trout in seinem großartigen und vielzitierten Buch *The New Positioning* schreibt, „je mehr Varianten man an eine Marke bindet, umso unschärfer wird sie von den Verbrauchern wahrgenommen." Miller hatte sich nicht nur seinen ursprünglichen Kunden entfremdet, sondern sie vollkommen verwirrt. Hatten sie in den Siebzigern Erfolge verbuchen können, weil sie sich auf eine Marke konzentrierten, so war die Marke bis zur Jahrtausendwende derart breit gefächert, dass sie für die Verbraucher jeglichen Wiedererkennungswert verloren hatte.

Millers ältester und größter Konkurrent Budweiser hat nun seine Markenidentität auf eine höhere Ebene getragen, indem sie auf Einfachheit setzen (die in dem Ein-Wort-Slogan „True" besonders deutlich wird), wohingegen Miller nach wie unter seinem Mangel an Geschlossenheit leidet. So fantastisch das Bier selbst schmecken mag, die Marke ist mittlerweile schlicht wässrig.

Was das Beispiel Miller lehrt

⊙ *Man weite seine Marke nicht bis zur Unkenntlichkeit aus.* „Einfluss auszuüben ist gut, zu viel Einfluss auszuüben ist schlecht", postuliert der Markenguru Tom Peters. Ihm pflichten Al Ries und Jack Trout bei, für die „Das Gesetz der Angebotserweiterung" zu den „22 unumstößlichen Gesetzen des Marketings" gehört. Der Wortlaut dieses Gesetzes ist, „wenn man heute Erfolg haben will, muss man eine Position beziehen, die sich der Zielgruppe einprägt, und auf sie aufbauen."

- *Man braucht eine Kernmarke.* Ries und Trout liegen zweifellos richtig damit, potenzielle Probleme der Angebotserweiterung anzusprechen, doch man sollte auch zwischen solchen Unternehmen unterscheiden, die damit durchkommen, und solchen, denen es nicht gelingt. Markenerweiterungen sind per se nichts Schlechtes. So wird wohl niemand, der halbwegs klar im Kopf ist, behaupten wollen, *Diet Coke* wäre eine schlechte Markenentscheidung gewesen. Und auch Millers Hauptkonkurrenten haben das Erweiterungsspiel gespielt und sehr gut überlebt. In gewisser Hinsicht hat sich Budweiser der Sortimentserweiterung ebenso schuldig gemacht wie Miller (denken wir nur an Bud Light, Bud Dry und Bud Ice), doch im Gegensatz zu Miller haben sie ihre Originalmarke, Budweiser, beibehalten. Miller hingegen ist zum Oberbegriff für seine unzähligen Marken geworden. Bis das Unternehmen endlich zur Umkehr bereit war und 1996 Miller Regular einführte, war es schon zu spät.

- *Man lerne aus seinen Fehlern.* Miller war eindeutig zu sehr auf den Erfolg seiner einzelnen neuen Marken fixiert, um zu begreifen, welche negativen Folgen diese für die bereits vorhandenen Biere hatten.

- *Den Markennamen ändern.* Obwohl Miller neue Marken einführte, hielt es an dem Namen „Miller" fest. Hätte das Unternehmen für jede neue Sorte einen vollkommen neuen Namen gewählt, wäre die Verwirrung aufseiten der Verbraucher weniger groß gewesen.

26. Virgin Cola

Eine Marke zu weit

Viele Marken scheitern, weil sie sich in unpassende Marktsegmente vorwagen. So zeigte sich für Harley Davidson, dass sie sich mit ihrem Parfüm zu weit von ihrem ursprünglichen Image fortbewegt hatten.

Virgin allerdings scheint ein Unternehmen zu sein, das seinen Markennamen beinahe auf alles und jedes drucken kann. Das Richard-Branson-Imperium begann als Plattenfirma, die Erdbeben auslösende Gruppen wie die Sex Pistols unter Vertrag nahm. Heute macht Virgin buchstäblich alles – von der Fluglinie bis zu Finanzdienstleistungen.

Am 27. August 2000 erschien in der britischen Zeitung *The Observer* ein Artikel, in dem dargestellt wird, wie man „ein Virginleben leben" kann, wenn man denn will:

> Man kann jeden Morgen mit dem Virgin-Radio aufwachen, sich Virgin-Kleidung anziehen und mit Virgin-Make-up schminken, mit einem Wagen zur Arbeit fahren, der mit einem Virgin-Kredit finanziert wurde, den man über sein Virgin-Konto abzahlt. Auf dem Nachhauseweg stoppt man beim Virgin-Active-Sportstudio. An den Wochenenden kann man über sein Virgin-Handy oder den Virgin-Internetservice herausfinden, was in den Virgin-Kinos der näheren Umgebung läuft. Begibt man sich im Virgin-Flugzeug oder Virgin-Zug in den Urlaub, kann man sich die Zeit verkürzen, indem man Virgin-Videospiele spielt, die man nur unterbricht, um zwischendurch im Duty-Free einen Virgin-Wodka zu kaufen. Trifft man am Strand jemand Interessantes, führt eines zum anderen und unweigerlich zum Gebrauch der Virgin-Kondome, die in der Virgin-Hotel-Minibar zu finden sind. Sollte es die große Liebe sein, macht Virgin Brides den Traum von der Hochzeit in Weiß wahr, woraufhin man das erste gemeinsame Heim mithilfe einer Virgin-Hypothek erwirbt und sich seine gemeinsame Virgin-Pension sichert.

In den meisten Fällen waren die Markenausweitungen fraglos erfolgreich. Manchmal allerdings hat sich selbst Branson, genannt „der Volkskapitalist", zu weit vorgewagt.
Mitte der Neunziger wurde das Ausmaß seiner Ambitionen für die Virgin-Marke klar, als man ihn mit den Worten zitierte, „Ich will, dass Virgin weltweit so bekannt wird wie Coca-Cola." Um dieses Ziel zu erreichen, peilte er direkt den Cola-Markt an. Er beschloss, sich mit der Cott Corporation zusammenzutun – einem kanadischen Hersteller in privater Hand – und mit ihnen eine Cola unter dem Virginnamen zu produzieren. Damit nahm seine Marke es mit den allseits als „Cola-Duopolisten" bekannten Firmen auf, Coca-Cola und Pepsi.

Natürlich rief dieser Schritt in der Wirtschaftswelt einiges Staunen hervor, insbesondere unter jenen, die den Markt gut kannten. „Eher baut man im Juli in Florida einen Schneemann, als sich mit Coke und Pepsi anzulegen", bemerkte John Sicher, Herausgeber des amerikanische Fachhandelsblatts *Beverage Digest*. Doch Branson liebte die Herausforderung und brachte seinen Softdrink in spektakulärem Stil auf den amerikanischen Markt. Er fuhr mit einem uralten Sherman-Panzer über den New Yorker Times Square und zielte mit dem Kanonenrohr direkt auf das riesige Coca-Cola-Schild. Und er brachte ein 40-Fuß-Reklameschild für Virgin Cola über dem Virgin-Megastore am Times Square an. „Die Wirkung des Schilds allein war schon die Miete für das gesamte Gebäude wert", scherzte er seinerzeit. „Der Laden war nichts als ein Bonus."

Dennoch kämpfte die neue Colamarke beiderseits des Atlantiks ums Überleben. Obwohl sie 15 bis 20 Prozent billiger war als die der beiden Marktführer, konnten einfach nicht genug Kunden für einen Wechsel gewonnen werden. Zudem war da ein Vertriebsproblem, denn Coca-Cola und Pepsi schafften es, Virgin die Regalflächen in der Hälfte aller britischen Supermärkte abspenstig zu machen. Derweil verdoppelte Coke sein Werbe- und Promotionsbudget. Dazu Rob Baskin, Coca-Colas Sprecher für die USA: „Wir nehmen jeden Konkurrenten ernst."

Letztendlich erwies sich Coca-Colas und Pepsis Marktposition als zu stark, und Virgin Cola schaffte es nicht, eine ernst zu nehmende Bedrohung für ihre weltweiten Umsätze darzustellen. Selbst auf heimatlichem Boden, in Großbritannien, erreichte der Softdrink mit Mühe einen Marktanteil von 3 Prozent und konnte niemals Gewinne machen.

Was das Beispiel Virgin lehrt

- *Starke Marken stehen und fallen damit, wie sie die Schwäche ihrer Konkurrenz ausnutzen können.* „Wir dringen häufig in Segmente vor, in denen die Kunden traditionell schlecht wegkommen und wo der Wettbewerb schläft", sagte Branson einmal, als man ihn bat, die Virgin-Markenstrategie zu erklären. Von Pepsi oder Coca-Cola kann man jedoch kaum behaupten, sie würden schlafen.

- *Vertrieb ist alles.* Wenn man das Produkt nicht in die Regale bekommt, wird es sich nie besser verkaufen können als das der Konkurrenz.

27. Bic-Unterwäsche

Seltsam, aber wahr

Harley-Davidson-Parfüm, Coors Quellwasser – beide waren zum Scheitern verurteilt, weil ihr Markenname keinen Bezug zum Produkt zuließ. Der Preis für die bizarrste Markenerweiterung gebührt allerdings Bic.

Das Unternehmen wurde vor allem für die Herstellung von Wegwerfkugelschreibern bekannt, konnte sich jedoch schon erfolgreich in anderen Kategorien durchsetzen. So hat sich der Name inzwischen auch auf dem Markt der Einwegfeuerzeuge und Einmalrasierer bewährt. Das Merkmal, das all diese Produkte eint, ist das „Benutzen und Wegwerfen". Bic-Kugelschreiber, -Feuerzeuge und -Rasierer sind alles Wegwerfwaren. Bic könnte seine wohletablierten Vertriebswege natürlich nutzen, um Feuerzeuge und Rasierer überall dort zu verkaufen, wo auch seine Kugelschreiber angeboten werden.

Als sie aber ihren Namen für eine Damenunterwäsche-Marke hergaben, genauer gesagt für Wegwerf-Slips, konnten sie damit bei den Verbraucherinnen nicht punkten. Nun gut, das Wegwerf-Element war nach wie vor da, aber warum? Die Verbraucher sahen einfach keine Verbindung zwischen den anderen Bic-Produkten und Unterwäsche, weil sie nämlich in keinerlei Zusammenhang zueinander standen.

Das Problem gründete in erster Linie in dem Bestehen auf der Verwendung des Bic-Namens. Wie Marketingautor Al Ries bemerkte, kann die Benutzung desselben Namens in zu unterschiedlichen Kategorien zu Schwierigkeiten führen. „Wenn man für eine Produktklasse eine starke Wahrnehmung gewonnen hat, wird es praktisch unmöglich, diese Wahrnehmung auf andere Produktklassen zu übertragen", erklärt er. „Namen üben Macht aus, jedoch nur in dem Bereich, in dem sie sich einen Ruf erworben haben. Sobald sie sich über diesen Bereich hinausbewegen, sich nicht mehr auf ihren eigentlichen Ruf konzentrieren, verlieren sie ihre Macht." Auch wenn dieses Argument nicht für alle Marken gelten mag – Virgin bildet hier eine klare Ausnahme (und eine, auf die Ries selten eingeht) –, so gilt es gewiss für diesen Fall.

Hinzu kam, dass für Bic-Unterwäsche ein vollkommen neues Vertriebssystem erforderlich wurde, ganz zu schweigen von den Produktionsverfahren. Die Feuerzeuge, Rasierer und Kugelschreiber wurden sämtlichst aus Spritzgussplastik hergestellt und nutzten somit dieselben Materialien. Produktions- und

Vertriebsprobleme im Verein mit der Tatsache, dass das Produktionsverfahren mit den bisherigen faktisch nichts gemein hatte, führten zum frühen und kaum betrauerten Tod der Bic-Unterwäsche.

Was das Beispiel Bic-Unterwäsche lehrt

- *Die Ressourcen nutzen.* Die anderen Bic-Markenerweiterungen waren sinnvoll, weil das Unternehmen seine vorhandenen Verkaufskanäle, seine Vertriebsnetze und seine Produktionsverfahren nutzen konnte. Nichts davon konnte für die Vermarktung von Unterwäsche genutzt werden.

- *Flexibel sein.* In den Köpfen der Verbraucher wies die Bic-Marke nicht die nötige Flexibilität auf, um die Ausdehnung auf ein vollkommen anderes Produktsegment zuzulassen.

28. Xerox Data Systems

Mehr als Kopierer?

Xerox ist eine der großen Markenerfolgsgeschichten des 20. Jahrhunderts. Und wie so viele ähnliche Erfolgsgeschichten handelt auch diese von einem Unternehmen, das nicht nur ein Produkt, sondern eine komplett neue Produktkategorie schuf. In den USA ist „xerox" längst zu einem Verb geworden, das man dort statt „kopieren" benutzt.

Chester Carlson war der Mann, mit dem alles anfing. 1928 erfand er das Kopieren auf einfaches Papier und nannte den Vorgang „Xerographie" (zusammengesetzt aus den griechischen Wörtern für „trocken" und „schreiben"). Zu einem wirtschaftlichen wie technologischen Projekt wurde „Xerographie" allerdings erst 1947. In dem Jahr erwarb die in New York ansässige Haloid Company die Lizenz zur Entwicklung von Xerographiemaschinen von Carlson. Bereits 1948 wurden die Worte „Xerox" und „Xerographie" unter Patentschutz gestellt.

1949 kam die weltweit erste Xerox-Maschine auf den Markt, schlicht „Model

A" genannt. Einige Jahre später änderte das Unternehmen seinen Namen in „Haloid Xerox" und brachte 1959 ein Produkt heraus, das „Xerox" zu Ruhm und Ansehen verhelfen sollte. Der „Xerox 914" war der erste automatische Papier-Kopierer, er zog reichlich Medieninteresse auf sich. Wenige Monate nach der Markteinführung schrieb *Fortune* begeistert über diese Maschine, die über sieben Kopien die Minute machen konnte, und bezeichnete sie als „das erfolgreichste Produkt, das je in Amerika vermarktet wurde."

Die Nachricht von dem erstaunlichen Gerät verbreitete sich schnell und sehr bald schon war es aus den großen Büros nicht mehr wegzudenken. Das Unternehmen, das sich in „Xerox Corporation" umgetauft hatte, ging 1961 an die New Yorker Börse. Bis 1968 kletterten die Umsätze auf 1 Milliarde Dollar. 1969 wurde Xerox zum Hauptanteilseigner der europäischen Tochter Rank Xerox, der Name Xerox war damit zu einer globalen Marke geworden.

Im Folgejahr stärkten sie ihren Ruf als technologische Erneuerer, indem sie das Xerox Palo Alto Research Center – kurz Xerox PARC – gründeten. Dieses Forschungszentrum symbolisierte auch die weiter gehenden Ambitionen des Unternehmens. So äußerte man 1970 den Wunsch, sich auch auf die Felder Computertechnologie und Datenverarbeitung vorzuwagen. Der Wunsch wurde 1975 Wirklichkeit, als das erste Computerprodukt, Xerox Data Systems, eingeführt wurde, welches von den Forschern in Xerox PARC entwickelt worden war. Es scheiterte kläglich, und Xerox verlor 85 Millionen Dollar. Vier Jahre später war das Unternehmen immer noch entschlossen, seine Marke über den Kopierermarkt hinaus expandieren zu lassen, diesmal mit einer Frühversion des Faxgerätes, genannt „Telekopierer" – ein weiterer verheerender Fehlschlag.

Das Problem war nicht etwa, dass der Xerox-Markenname zu schwach war. Im Gegenteil: Xerox war eine sehr starke Marke, allerdings eine, die ausschließlich mit Kopiergeräten assoziiert wurde. Xerox war nicht einfach nur das Unternehmen, das Fotokopierer machte – es *war* Fotokopierer. Ganz gleich ob die Maschinen von Canon oder Kodak gebaut wurde, die Leute bezeichneten sie dennoch als „Xerox-Geräte". Dafür war vor allem das Xerox-Marketing selbst verantwortlich gewesen. Während der Siebziger und Achtziger lautete die Frage der Werbespots für Xerox: „Wie unterscheidet man einen echten Xerox von einer Xerox-Kopie?" So sollte suggeriert werden, dass alles, was nicht Xerox war, nicht echt wäre. Diese Strategie half zwar beim Verkauf von Kopiergeräten, hatte aber auch zur Folge, dass der Name an die eine Produktkategorie gebunden war. Schließlich kann keine Marke für sich beanspruchen, das einzig echte Produkt in mehr als einer Kategorie zu sein.

Jahrelang hatte Xerox mit der überlegenen Qualität seiner Kopierer geworben. Als die Konkurrenz dann aufholte, warben sie mit der überlegenen Qualität ihrer Marke. Und sobald sich ein Unternehmen vom Produkthersteller zur globalen Marke wandelt, muss es mit den Konsequenzen leben. Man kann nicht einerseits für eine starke Wahrnehmung sorgen und sie andererseits wieder verwischen, indem man sich in andere Kategorien vorwagt. Wie Al Ries so treffend feststellt: „Der Unterschied zwischen Marken liegt nicht in den Produkten, sondern in den Produktnamen, besser gesagt in der Wahrnehmung dieser Namen."

Trotzdem gab Xerox nicht auf. Sie wollten das Problem bei den Hörnern packen. So schaltete sie beispielsweise eine Zeitungswerbung, deren Kopfzeile lautete: „Hier geht es nicht um Kopierer." Natürlich bestätigten sie dadurch nur den Eindruck, es ginge bei Xerox in erster Linie um Kopierer.

In den Achtzigern versuchte Xerox, sich als Hersteller von technischen Büroprodukten neu zu positionieren. Zu Beginn des Jahrzehnts brachten sie einen Personal Computer heraus oder (wie Xerox ihn lieber nannte) einen „Informationsprozessor". Auch an diesem Produkt war zunächst mal nichts verkehrt, dennoch fiel es durch. Genauso erging es den Netzwerkprodukten wie XTEN-Networks und Ethernet-Office-Network, die in Reaktion auf IBMs Satellite-Business-Network entwickelt worden waren. Keinem der Produkte gelang es, nachhaltig Eindruck zu hinterlassen.

So sehr sie sich auch bemühten, in der Bürotechnologie Fuß zu fassen, die Öffentlichkeit war schlicht nicht bereit, Xerox als etwas anderes als *Kopierer*-Technologie zu betrachten. Obwohl das Unternehmen ein Vermögen in die Entwicklung von Büro-Informationssystemen steckte, blieb dieser Bereich fest mit einem anderen Markennamen verbunden – IBM.

Warum aber bestand Xerox während der Achtziger hartnäckig darauf, seine Marke neu zu positionieren? Die Antwort mag zum Teil in ihrer Bewunderung japanischer Unternehmensmodelle liegen. Sie unterhielten enge Kontakte zu Fuji und hatten somit den japanischen Managementstil kennen gelernt. In Japan ist Markenerweiterung die Norm, insbesondere bei Technologieunternehmen. Es gibt zum Beispiel nur wenige Bereiche des Home-Entertainments, in denen die Sony-Marke nicht dominiert. Yamaha ist ebenfalls ein Musterbeispiel für erfolgreiche Markenerweiterung. Wenngleich das Unternehmen im 19. Jahrhundert im Klavierbau begann, blieb es keineswegs an den Musikinstrumentenbau gebunden. Nach sechzig Jahren im Klavierbau konnte sich das Unternehmen reibungslos auf weitere Produktkategorien ausdehnen.

Woran denkt man, wenn man an Yamaha denkt? An Klaviere? An Orgeln? An Motorräder? Wahrscheinlich an alle drei Produkte.

Andere westliche Unternehmen ließen sich ebenfalls vom japanischen Modell der Markenerweiterung inspirieren. Sehen wir uns nur Virgin an. Richard Branson ist berühmt für seine harsche Kritik an Marken wie Mars, die sich standhaft weigern, ihren Namen für andere Produkttypen herzugeben.

> Was ich das „Mars-Syndrom" nenne, befällt alle Marketingabteilungen und Werbeagenturen im Land. Sie denken, Marken bezögen sich auf Produkte und haben daher nur einen begrenzten Spielraum, innerhalb dessen sie expandieren können. Darüber vergessen sie scheinbar, dass niemand ein Problem damit hat, ein Yamaha-Klavier zu spielen und auf einem Yamaha-Motorrad zu fahren oder seine Kassetten auf einer Mitsubishi-Stereoanlage in seinem Mitsubishi abzuspielen, während er an einer Mitsubishi-Bank vorbeifährt.

Unter westlichen Unternehmen bleibt Xerox allerdings ein typischeres Beispiel als Virgin. Denn Virgin riskiert im Gegensatz zu Xerox keine Markenverwischung. Wie John Murphy, Vorstand der internationalen Markenberatung Interbrand, einmal bemerkte: „Solange sie niemanden vergiften oder anfangen, ihre Marke unpassenden Produkten wie Pensionsfonds oder Fotokopierern aufzudrücken, rechne ich nicht damit, dass die Virgin-Marke jemals verwässert werden könnte."

1996 musste Murphy diese Aussage revidieren, denn da begann Virgin mit eigenen Pensionsfonds. Aber zumindest gibt es keinerlei Anzeichen dafür, dass Virgin sich auf dem Kopierermarkt zum Konkurrenten für Xerox aufschwingen könnte. Selbst Richard Branson dürfte ein Problem damit haben, gegen die weltweit verinnerlichte Assoziation des Xerox-Namens mit dem Produkt anzuarbeiten.

Tatsache ist, dass die meisten großen Marken mit einem Produkt oder einer Dienstleistung assoziiert werden. Bei Coca-Cola ist es Cola. Bei Levi's sind es Bluejeans. Bei McDonald's ist es Fast Food. Und bei Xerox sind es eben Kopierer.

Xerox wird niemals zu einem Unternehmen wie Virgin oder Yamaha werden, versuchte es aber trotzdem immer weiter. Das veranlasste den Markenexperten Jack Trout, Präsident von Trout and Partners, Xerox den Rat zu geben, sich auf das zu konzentrieren, was sie am besten können. Trout erkannte, dass

Xerox sich durchaus auf den Kopierermarkt beschränken und zugleich an vorderster Front auf dem Technologiesektor mitmischen könnte. Die Lösung? Lasertechnologie. Trout beschreibt seine Erfahrungen mit Xerox folgendermaßen:

> Da war ich nun, in einem Raum voller Techniker und Marketingleute, die pflichtbewusst der Büroautomationsstrategie huldigten, die seit Jahren verfolgt wurde. Ich war der Bote, der ihnen die schlechte Nachricht überbringen sollte, dass all ihre vorherigen Bemühungen vergebens gewesen waren und sie sich lieber auf unspektakuläre Laserdrucker konzentrieren sollten als auf ihre tollen Bürosysteme. Damit machte ich mich natürlich nicht unbedingt beliebt.

Trout musste bald erkennen, dass man bei Xerox die Zukunft auf einem gänzlich anderen Sektor sah.

> Noch heute, 15 Jahre später, erinnere ich mich sehr gut an ein Gespräch zum Ende des Meetings. Nachdem alle meinem feurigen Plädoyer für den Laserdruck gelauscht hatten, stand ein Ingenieur weiter hinten auf und sagte, Laserdruck wäre „ein alter Hut". Bei Xerox hätte man ein klares Bild von der Zukunft, und da ginge es um „Ion Deposition". Ich fragte, was das sei. Die Antwort war, man könne es einem Laien schwer erklären, es wäre aber auf jeden Fall schnell und billig. Daraufhin sagte ich etwas in Richtung, „Wenn das geschieht, können wir immer noch auf Ionographie umsteigen, doch jetzt sollten wir uns zunächst auf Laser konzentrieren."

Was passierte? Laut Trout „wurde es eisig kalt im Raum, ich verlor den Auftrag, und man verfolgte eine andere Vorhersage, die sich dann nie erfüllte."

Tatsächlich kostete die Strategie, die Xerox nach dem gescheiterten Meeting verfolgte, das Unternehmen Milliarden. Und wenn sie mittlerweile ihr Schicksal als „Kopierermarke" zu akzeptieren scheinen, haben sie Jahre damit verbracht, andere verlustbringende Wege einzuschlagen. Infolgedessen konnten sich die Konkurrenten Canon und IBM mit ihren Hochgeschwindigkeitsgeräten wertvolle Anteile im Kopierermarkt sichern. Dennoch kann es Xerox gelingen, auf dem engen, aber lukrativen Markt auch weiterhin zu dominieren, vorausgesetzt sie konzentrieren sich auf Kopierer.

Was das Beispiel Xerox lehrt

- *Es ist überlebenswichtig zu wissen, wer man ist.* Xerox's größter Fehler war der Versuch, sich in ein IBM-ähnliches „Informationsunternehmen" wandeln zu wollen. Der Rest der Welt nämlich blieb dabei, Xerox als das Unternehmen zu sehen, das Kopiergeräte herstellte.

- *Niemand kann die Zukunft vorhersagen.* George Orwells Buch *1984* erzählt uns weit mehr über die Zeit, in der es geschrieben wurde, als über das Jahr 1984. Auch für Wirtschafts- und Technologieprognosen gilt, dass die wenigsten von ihnen sich bewahrheiten. So hat beispielsweise niemand vorhergesehen, welchen Boom SMS-Nachrichten auf Handys erleben sollten. Xerox hat zu viel Zeit und Energie darauf verwandt, in eine Zukunft zu blicken, die es so nicht gab.

- *Marken sind größer als Produkte.* „Das größte Kapital, auf das sich die 19,5 Milliarden Dollar schwere Xerox Corporation stützen kann, ist der Name Xerox", stellt Al Ries fest. Dieser Name allerdings wurde seit jeher ausschließlich mit Kopierern in Verbindung gebracht. Es ist unerheblich, welche bedeutenden technischen Entwicklungen auf dem Computergebiet Xerox PARC hervorgebracht hat, wie zum Beispiel die Erfindung der Maus. Was zählt, ist einzig, womit der Markenname in den Köpfen der Verbraucher assoziiert wird.

29. Chiquita

Gibt es ein Leben nach den Bananen?

Chiquita wird seit 1944, dem Gründungsjahr des Fruchtlieferanten, mit Bananen in Verbindung gebracht. Genau das hatte die Marke ursprünglich auch angestrebt. Sie wollten die Leute nicht nur dazu bringen, mehr Bananen zu essen, sondern sie sollten nur diejenigen kaufen und essen wollen, auf denen der Chiquita-Aufkleber klebte.

Nichtsdestotrotz wurde die Bananenassoziation in jüngster Zeit zu einem eher fragwürdigen Segen, um es vorsichtig zu formulieren. Immerhin machen Bananen nur einen winzigen Teil des Frischfruchtmarktes aus (weniger als ein Prozent). Zudem musste Chiquita mit ansehen, wie Konkurrenzmarken erfolgreich von einer Fruchtart auf andere expandierten. So konnte Dole nach Jahren erfolgreicher Marketingbemühungen vom Ananaslieferanten zu einem Fruchthandel aufsteigen, der allgemein mit „lecker und gesund" verbunden wird. Entsprechend gelang es ihnen, ihren Erfolg auf andere Frucht- und Gemüsekategorien auszuweiten.

In den letzten Jahren hat auch Chiquita versucht, sich verwandte Kategorien zu erobern. So brachte das Unternehmen 1987 gefrorene Fruchtriegel auf den Markt. Das Experiment war ein einziges Desaster und kostete sie laut *Business Week* 30 Millionen Dollar.

Aber Chiquita gab nicht auf. Zehn Jahre später brachten sie eine Auswahl „exotischer Säfte" heraus, mit denen es ihnen kaum besser erging. Zudem steckte das Unternehmen USA-weit eine Menge Geld in Fernsehspots, die die Verbraucher darüber informieren sollten, dass sie mehr als nur Bananen verkaufen. Und obwohl das Angebot an frischen Produkten bereits Birnen, Pfirsiche, Pflaumen, Grapefruit, grüne Gemüse, Trauben und Honigmelonen umfasst, verbinden selbst nach der Kampagne die meisten Verbraucher und Einzelhändler den Markennamen mit Bananen.

Das wäre an sich nicht schlimm, würde das Geschäft mit den Bananen blühen. Doch Chiquita kämpfte in den späten Neunzigern mit zahlreichen Problemen gerade auf dem Bananenmarkt. Zum einen gab es einfach zu viele von den verdammten Dingern. Die Bananenproduktion in Ecuador, dem führenden bananenexportierenden Land, verdoppelte sich zwischen 1990 und 1999. Das ansteigende Angebot zwang Chiquita, die Preise zu senken. Infolgedessen verringerte sich die Gewinnspanne und die Schulden wuchsen.

Zum anderen tauchten Probleme auf, die sich Chiquitas Kontrolle entzogen. So verwüstete der Hurrikan Mitch 1998 Chiquitas Bananenplantagen in Honduras und Guatemala und das Unternehmen musste 75 Millionen Dollar in den Wiederaufbau investieren.

Außerdem warf Chiquita der Europäischen Union vor, Exporte aus den karibischen Ländern, den früheren europäischen Kolonien, bevorzugt zu behandeln. Der langwierige Disput fügte Chiquita beträchtlichen Schaden zu. Laut Stephen G. Warshaw, dem Präsidenten und COO von Chiquita, sank der europäische Marktanteil Chiquitas von ungefähr 40 Prozent vor 1993 auf 20 Prozent. Und selbst nach der Änderung der EU-Bananenimportpolitik 2001 ist

Warshaw noch skeptisch, ob das Unternehmen je wieder die dominante Marktposition zurückgewinnen kann, die es einst hatte.

Die Probleme der Bananenwirtschaft im Verein mit ungetilgten Schulden aus Expansion und gescheiterten Angebotserweiterungen haben bewirkt, dass Chiquita heute in echten Schwierigkeiten steckt. Ob sich die Erfolgskurve – wie die der Banane – am Ende wieder hinaufbewegen kann, bleibt abzuwarten.

Was das Beispiel Chiquita lehrt

- *Zwickmühlen sollten tunlichst vermieden werden.* Chiquita versuchte, sein Angebot zu erweitern, als die Umsätze mit Bananen rückläufig waren. Dadurch verschuldete sich das Unternehmen, denn sie verkauften nicht mehr genug Bananen, um die Kosten zu decken. Sie mussten etwas anderes anbieten als Bananen, um mehr Geld zu verdienen, brauchten aber mehr Geld, um etwas anderes als Bananen anbieten zu können – eine klassische Zwickmühle.

- *Historisch verbürgte Identitäten sind schwer abzuschütteln.* Seit den Vierzigern steht der Name Chiquita für Bananen. So eine starke Assoziation lässt sich nicht von jetzt auf gleich abschaffen.

- *Eine Marke ist nie unter totaler Kontrolle.* Die Entwicklung einer Marke lässt sich immer nur bis zu einem gewissen Grade voraussagen. Einige Faktoren entziehen sich einfach der Kontrolle. Chiquitas teure Diversifikationsversuche schwächten das Unternehmen beträchtlich, weshalb es für unvermeidbare Ereignisse – der Hurrikan Mitch, die starke Produktionszunahme von Bananen in Ecuador, die Euroschwäche gegenüber dem Dollar – denkbar schlecht gerüstet war.

Um die Risiken der Markenerweiterung besser einschätzen zu können, lohnt sich ein kurzer Blick auf zehn weitere gescheiterte Versuche.

30. Country Time Cider

Country Time Lemonade Drink war ein Trinkpulver, das Kraft 1976 einführte und das nach kurzer Zeit zum meistverkauften Limonadenprodukt in den USA avancierte. Sie erweiterten die Produktlinie schon 1977 erfolgreich um Country Time Pink Lemonade. Als Kraft allerdings beschloss, die bekannte Country-Time-Marke auf Cidre auszuweiten, musste sie ihren ersten Fehlschlag hinnehmen. Die Markenmanager hatten vielleicht darauf vertraut, dass die Marke in erster Linie mit „gutem altmodischen Geschmack" assoziiert wurde (ein Country-Time-Slogan), ein Merkmal, das sich grundsätzlich auch auf Cidre übertragen lässt, aber in Wahrheit verbanden die Verbraucher die Marke mit „Limonade".

31. Ben-Gay-Aspirin

Ben-Gay ist eine weitere sehr bekannte US-Marke. Es handelt sich dabei um eine schmerzstillende Salbe gegen leichte Arthrosebeschwerden, Muskel- und Rückenschmerzen. Die erste Markenerweiterung war auch hier ein Erfolg. Ultra Strength Ben-Gay war im Wesentlichen dasselbe Produkt, nur stärker. Als die Marke jedoch die nächste logische Angebotserweiterung anstrebte, kam ihnen die Idee, Ben-Gay-Aspirin auf den Markt zu bringen. Immerhin konnte das Unternehmen für dieses Produkt auf seine etablierten Vertriebswege zurückgreifen und blieb dem Markenmerkmal „schmerzstillend" treu. Na ja, das dachte man zumindest. Das Problem bestand allerdings darin, dass Ben-Gay in den Köpfen der Verbraucher mit einer brennenden Salbe verbunden war, und niemandem behagte die Vorstellung, ein Ben-Gay-Produkt zu schlucken. Entsprechend scheiterte Ben-Gay-Aspirin.

32. Capital-Radio-Restaurants

Im November 1996 kaufte der Londoner Sender Capital Radio die My-Kinda-Town-Restaurantkette. Statt den Namen beizubehalten, entschlossen sie sich, die Restaurants auf ihren Sendernamen umzutaufen. Wie bei Planet Hollywood und den Fashion Cafés konnten auch diese Restaurants nicht genug Kunden gewinnen. Capital Radio hatte zwar Millionen Hörer, aber die wenigsten von ihnen konnten eine Verbindung zwischen einem Sender und Essen herstellen – weil es nämlich keine gab.

33. Mountainbikes von Smith and Wesson

In den Vereinigten Staaten ist der Waffenhersteller Smith and Wesson eine sehr bekannte Marke. Als sie jedoch ihre Bekanntheit nutzen wollten, um mit Mountainbikes Geld zu verdienen, scheiterten sie an der goldenen Regel der Markenerweiterung – dass das erweiterte Angebot immer in Verbindung zum Kernprodukt stehen muss. Das Originalprodukt (in diesem Fall Waffen) sollte stets in irgendeiner Weise mit dem neuen Angebot unter einen Nenner zu bringen sein. Waffen und Fahrräder sind natürlich beide aus Metall, doch darüber hinaus lassen sich hier kaum Gemeinsamkeiten ausmachen.

34. Cosmopolitan-Jogurt

Ja, es stimmt. *Cosmopolitan* – die weltweit meistverkaufte Frauenzeitschrift – brachte eine eigene Joghurtmarke heraus. Mit diesem Experiment scheiterten sie zwar kläglich (die Jogurtbecher verschwanden binnen 18 Monaten wieder aus den Kühlregalen), aber Cosmopolitan hatte mit anderen Markenexpansionen durchaus Erfolg. So sind sie heute der zweitgrößte Anbieter von Bettwäsche in Großbritannien. Hier ist die Verbindung offensichtlich, nämlich Sex. Es gibt auch Pläne für Cosmopolitan-Cafés, die eventuell zu Cosmopolitans „Sex and the City"-Image passen könnten.

„Mich überrascht das Scheitern des Cosmo-Jogurts nicht", erklärt Jane Wentworth von der Markenberatung Wolff Online. „Jede Markenerweiterung muss sich glaubwürdig mit der Muttermarke vermitteln lassen. Unternehmen erweitern ihr Markenangebot, um neue Kundenkreise zu erreichen und ihre Werbeausgaben bestmöglich zu nutzen – aber wichtig ist vor allem, dass sie ihrer Originalmarke damit nicht den Glanz nehmen."

35. Lynx-Friseursalons

Lever Fabergé, die Unilevertochter, der die Lynxmarke für Männerdeodorants gehört, machte 2000 die ersten Herrenfrisiersalons auf. „Wann immer man junge Männer fragt, was sie an Lynx mögen, hört man, dass sie die Persönlichkeit der Marke schätzen und nicht etwa die Tatsache, dass es sich dabei um ein Deo handelt", rechtfertigt der Projektleiter die Angebotserweiterung. Als „Männerparadies" beworben, setzten die Salons auf eine Kombination von altmodischem Herrenfriseur und Videospielhalle (Spielkonsolen und MTV-Bildschirme wurden installiert, damit sich die Kunden nicht langweilten, während ihnen die Haare geschnitten wurden. Außerdem vertrieben die Salons die gesamte Lynx-Pflegereihe sowie Merchandisingprodukte. Nach vierzehn Monaten wurden sie wieder geschlossen.

„Markenerweiterungen sind für uns nicht etwas, was nebenbei läuft, sondern wir setzen uns bei all unseren Unternehmungen hohe Ziele", erzählte ein Unileversprecher dem *Guardian*. „Die Herrenfriseure haben eine Menge Publicity gewonnen, konnten aber das Ziel nicht erfüllen."

36. Colgate-Fertiggerichte

Eine der bizarrsten Markenerweiterungen war gewiss die Entscheidung von Colgate, seinen Namen für Lebensmittelprodukte zu benutzen, die Colgate's Kitchen Entrees hießen. Wie man sich denken kann, scheiterte das Experiment kläglich und schaffte es nie, amerikanischen Boden zu verlassen. Die Idee muss wohl gewesen sein, dass die Verbraucher ihr Colgate-Mahl aßen, um sich hinterher mit Colgate-Zahnpasta die Zähne zu putzen. Allerdings hatte man dabei nicht bedacht, wie wenig der Name Colgate den Verbrauchergaumen zu kitzeln vermochte. Außerdem versuchte Colgate erfolglos, auf den Badeseifenmarkt zu expandieren. Nicht nur konnten sie damit keine neuen Verbraucher gewinnen, sondern sie büßten auch noch Umsätze auf dem Zahnpastamarkt ein.

37. LifeSavers-Soda

1912 erfunden, zählt LifeSavers bis heute zu den beliebtesten Süßigkeitenmarken der USA. Sie konzentrieren sich auf Bonbonrollen in unterschiedlichen Geschmacksrichtungen und produzieren annähernd 3 Millionen Rollen täglich. Bezeichnend für ihre Beliebtheit ist, dass allein 88 Millionen der Minibonbonrollen jährlich an Halloween verteilt werden. Als das Unternehmen jedoch einen kohlensäurehaltigen Softdrink unter dem Namen „LifeSavers Soda" herausbrachte, fiel das Produkt durch, obwohl es sich in Geschmackstests bewährt hatte. Wie ein Markenkritiker sagte: „Der Name LifeSavers vermittelte den Verbrauchern das Gefühl, sie sollten flüssige Bonbons trinken."

38. Ponds-Zahnpasta

Der beliebte Gesichtscremehersteller Ponds erwies sich als weniger beliebt, als er seinen Namen auf eine Zahnpastatube druckte. In Blindtests hatten die Leute keinen Unterschied zwischen der Ponds-Zahnpasta und der von Colgate ausmachen können. Dennoch war das Interesse an dem Produkt null, sobald der Name und das Logo von Ponds darauf zu sehen war. Ponds war zuvor schon erfolgreich in andere Produktbereiche expandiert (Seife beispielsweise) und all diese Expansionen waren durch dieselbe Duftnote miteinander verbunden. „Das Schlüsselmerkmal der Zahnpasta ist ihr Geschmack, aber bei diesem Produkt wollte der Geschmack nicht zum bekannten Duft passen, was in den Köpfen der Verbraucher die Stimmigkeit der Marke beeinträchtigte", erklärt Dr. M. J. Xavier, Professor für Marketing am Indian Institute of Marketing. „Für die meisten Leute war Ponds etwas, das mit Duft und Frische zu tun hat und nur äußerlich angewandt wird."

39. Frito-Lay-Limonade

Frito Lay ist die führende Marke unter salzigen Snacks in den Vereinigten Staaten. Und was wollen die Leute zu einem salzigen Snack? Ein süßes, durstlöschendes Getränk. Was könnte also eine bessere Idee sein als eine Frito-Lay-Limonade? Aber selbst wenn diese Markenerweiterung auf den ersten Schritt logisch erscheint, scheiterte sie doch kläglich. Schließlich war Frito Lay eine Marke, von der die Leute durstig wurden, und daher das genaue Gegenteil von Limonade. Aus Verbrauchersicht hatte der fruchtig-süße Softdrink nichts mit den anderen Frito-Lay-Produkten gemeinsam.

Früher kannten die Marken ihren Platz. Harley Davidson blieb bei Motorrädern, Coca-Cola bei Softdrinks und Colgate bei der Zahnpflege. Heute herrscht diese klare Ordnung jedoch nicht mehr. Als wäre das moderne Leben nicht schon verwirrend genug, verkomplizieren die Marken es noch zusätzlich, indem sie multiple Identitäten schaffen. Manchmal funktioniert es. So konnte die Caterpillar-Bekleidungsreihe einen phänomenalen Erfolg verbuchen. Normalerweise aber schaden Marken sich eher, wenn sie sich in vollkommen unverwandte Kategorien vorwagen. Markenschizophrenie verärgert und irritiert die Kunden nicht nur, sondern sie entwertet auch die Kernmarke.

Kapitel 5

Gescheiterte PR

Man kann davon ausgehen, dass Marken mindestens eine Krise verkraften müssen. Und ist eine Marke bekannt, wird auch ihre Krise Schlagzeilen machen.

In den meisten Fällen jedoch bringen diese Krisen die Marken nicht um. Agiert das Unternehmen hinter der Marke entsprechend verantwortungsbewusst und sensibel, kann die Krise überwunden werden. Fehlt es allerdings am nötigen Verantwortungsbewusstsein, werden die Verbraucher das eher nicht verzeihen. Gemäß einer amerikaweiten Umfrage nehmen 95 Prozent aller Befragten das Vertuschen einer Krise weit übler als die Krise selbst. Gibt ein Unternehmen die richtigen Informationen heraus, erntet es vom Verbraucher Respekt für seine Ehrlichkeit.

Als Pepsi-Cola mit einer Injektionsnadel in einer ihrer Flaschen konfrontiert war, sorgten sie dafür, dass sämtliche Verkäufer die nötigen Informationen bekamen, die sie ihren Kunden weitergeben konnten. Und das Presseteam informierte umgehend die Medien. Auf diese Weise konnten sie verhindern, dass eine ohnehin schon schwierige Situation noch weiter eskalierte.

Andere Unternehmen verhalten sich im Umgang mit Problemen weniger geschickt. Sie glauben, mit einer Krise würden sie am besten fertig, indem sie ihre Existenz leugnen. „Krise? Welche Krise?", tönen sie öffentlich. Und die Öffentlichkeit hat sich mittlerweile an diese Reaktion gewöhnt. Deshalb schätzen sie besonders solche Unternehmen, die bereit sind, die Wahrheit und nichts als die Wahrheit zu sagen.

Immerhin steht und fällt erfolgreiches Markenmanagement damit, dem Verbraucher zu geben, was er will. Normalerweise ist das ein gutes Produkt oder eine gute Dienstleistung. In Krisenzeiten aber ist es die Wahrheit.

Natürlich freut sich kein Unternehmen über eine Krise, dennoch birgt eine derartige Situation ebenso viele Chancen wie Gefahren. Spricht ein Unternehmen offen über einen negativen Zwischenfall, wird man ihm später eher glauben, wenn es die Verbraucher von der fantastischen Qualität eines neuen Produkts überzeugen will. Und genau das ist PR: Mit der Öffentlichkeit sprechen und sie nicht ignorieren.

Bei Dunkin Donuts' Muttergesellschaft, Allied Domecq, begann man 1999 sich Sorgen über die Verbraucherkritiken zu machen, die auf einer unabhängigen Website im Internet erschienen und zahlenmäßig deutlich über denen auf der firmeneigenen lagen, weshalb die Kritikerseite bei fast allen Suchmaschinen an erster Stelle erschien. Statt die Internetseite zu ignorieren und vergeblich darauf zu hoffen, dass sie irgendwann von selbst wieder verschwindet, beobachtete man bei Allied Domecq und Dunkin Donuts die „Anti-Seite" aufmerksam und äußerte sich hier direkt zu einigen der E-Mail-Beschwerden. Unzufriedenen Kunden wurden Gutscheine, Rabatte und sogar Gesprächstermine mit den Filialleitern angeboten.

Die Website, die ursprünglich von dem entrüsteten Kunden David Felton eingerichtet worden war, der seinem Ärger über den schlechten Kundenservice Luft machen wollte, wurde schon bald zu einer wertvollen Informationsquelle für das Unternehmen. Schließlich kaufte Allied Domecq Felton die Website ab und wandelte sie in eine offizielle Kundenkontaktseite. Felton sagte später, er wäre nur bereit gewesen, die Website zu verkaufen, weil Dunkin Donuts so positiv auf die Kundenbeschwerden und -anregungen eingegangen war. Es gibt diese Internetseite bis heute und sie ist für Unternehmen wie Verbraucher gleichermaßen sinnvoll und informativ.

Dunkin Donuts konnte mit seiner Reaktion nicht nur eine drohende Krise abwenden, sondern hat neue Wege gefunden, mit den Verbrauchern zu kommunizieren. Die Beispiele in diesem Kapitel handeln von Unternehmen, die ihre PR nicht so effektiv einsetzten. Sie kippten eher Öl ins Feuer statt es zu löschen.

40. Exxon

Viele Unternehmen und Organisationen mussten irgendwann in ihrer Geschichte Krisen überwinden. Und die wenigsten von ihnen müssen sich vorwerfen lassen, in einer Krise nichts als Inkompetenz und Verantwortungslosigkeit bewiesen zu haben. Die Ölgesellschaft Exxon aber zählt zu diesen wenigen.

1989 lief der Öltanker „Exxon Valdez" auf Grund und begann, vor der Küste Alaskas Öl zu verlieren. Binnen kürzester Zeit war ein Großteil der über 200.000.000 Liter Öl der Tankerladung ins Meer gelangt. Es war die größte Ölkatastrophe in der amerikanischen Geschichte.

Zum Zeitpunkt der Grundberührung stand der Dritte Offizier, Gregory Cousins, auf der Brücke, der nicht autorisiert war, den Tanker zu steuern. Wo sich zum fraglichen Zeitpunkt der Kapitän, Joseph Hazelwood, aufhielt, wurde zunächst nicht erklärt. Ein Ermittler der Küstenwache nahm vom Kapitän und vom Dritten Offizier Blutproben und testete sie auf Alkohol. Es stellte sich heraus, dass der Blutalkoholspiegel des Kapitäns noch neun Stunden nach dem Unglück weit über der Toleranzgrenze lag. Der Kapitän wurde später zu neunzig Tagen Haft verurteilt – eine Strafe, die gemeinhin als „zu milde" angesehen wurde.

Die Bemühungen, den Schaden möglichst gering zu halten, ließen von Anfang an zu wünschen übrig. „Die ersten Reaktionen waren inadäquat und entsprachen nicht den planmäßigen vorgeschriebenen Maßnahmen, die bei einer Ölleckage ergriffen werden müssen", sagte Dennis Kelso von der Behörde für Umweltschutz in Alaska. „24 Stunden nach dem Unfall gab es immer noch keine angemessenen Maßnahmen zur Eindämmung des auslaufenden Öls." Die meisten Beobachter sind sich einig, dass das Unternehmen zu wenig zu spät unternahm. Sie wurden nicht nur viel zu spät aktiv, was die Eindämmung der Leckage betraf, sondern sie weigerten sich auch noch, der Presse offen Auskunft zu geben. Exxons Vorstandsvorsitzender, Lawrence Rawl, misstraute den Medien zutiefst und verhielt sich dementsprechend.

Innerhalb von Stunden traf eine ganze Armee von Reportern ein, die ausführlich über das Unglück berichteten. Ein Unternehmenssprecher verwies darauf, wie gut Exxon für derlei Eventualitäten gerüstet wäre – die Fernsehbilder straften ihn allerdings Lügen. Als man Rawls fragte, ob er ein Fernsehinterview geben könnte, war seine Antwort, er hätte für „so was" keine Zeit.

Hatte das Unternehmen schon mit den Medien einen denkbar schlechten Start bei der Krisenbewältigung hingelegt, so versagten seine Maßnahmen vor

Ort umso verheerender. Mehr als 38.000.00 Liter Öl waren bereits ins Meer gelaufen, und der Tanker hatte noch eine weitere Million Liter an Bord. Während der ersten beiden Tage, als das Wetter freundlich und die See ruhig waren, wurde praktisch nichts getan, um die Leckage aufzuhalten. Inzwischen hatte sich ein Schlickteppich von 31 Quadratkilometern gebildet.

Dann setzten Regen und starker Wind ein, die alles noch schlimmer und sämtliche Gegenmaßnahmen so gut wie unmöglich machten.

Eine Woche später hielt sich das Unternehmen nach wie vor bedeckt. Auf Präsident Bushs Erklärung hin, dass es sich bei dem Unfall um eine „große Tragödie" handelte, reiste Frank Iarossi, der Direktor von Exxon Shipping, nach Valdez, um eine Pressekonferenz abzuhalten. Sie lief denkbar schlecht. Was immer das Unternehmen an vermeintlich guten Nachrichten bekannt zu geben hatte, wurde von den anwesenden Journalisten und Fischern sofort widerlegt und der Lüge überführt.

John Devens, der Bürgermeister der Stadt Valdez, klagte, die Gemeinde fühle sich von Exxon verraten. „All die Jahre haben sie uns versprochen, sie würden in so einem Fall alles tun, um die Ölverschmutzung möglichst gering zu halten und unsere Lebensqualität zu sichern. Ich denke, heute ist für jedermann erkennbar, dass unser Lebensraum für immer zerstört ist." Der Vizegouverneur von Alaska, Stephen McAlpine, äußerte sich ebenfalls „bitter enttäuscht" angesichts der Reaktion des Unternehmens. „Entgegen sämtlicher anders lautender Erklärungen bin ich der Ansicht, dass sie die Sache von Anfang an nicht im Griff hatten."

Am Ende erklärte sich der Exxon-Boss dann doch bereit, im Fernsehen zu sprechen. In einem Live-Interview wurde er gefragt, wie die aktuellen Pläne für die Reinigung aussähen. Rawl wirkte nervös. Wie sich herausstellte, hatte er versäumt, sich die Berichte durchzulesen. Im Interview selbst verwies er auf die Tatsache, dass es nicht in den Aufgabenbereich eines Vorstandsvorsitzenden fiele, solche Berichte zu studieren. Die Schuld an der Krise gab er den Medien. Damit war Exxons Katastrophe perfekt.

Die Folgen sowohl des Unglücks als auch der erbärmlichen Handhabung durch Exxon waren katastrophal. Die Ölverschmutzung kostete 7 Milliarden Dollar einschließlich der Reinigung. Und das meiste Geld davon stammte aus einer der höchsten Geldstrafen, die jemals gegen ein Unternehmen wegen verantwortungslosen Verhaltens verhängt worden waren.

Der Schaden, den der Ruf des Unternehmens nahm, war noch weit größer, auch wenn man ihn schwerlich in Zahlen fassen kann. Exxon fiel von Platz eins der Ölgesellschaften auf Platz drei, und „Exxon Valdez" wurde zum Synonym für unternehmerische Arroganz. Die Geschichte hielt sich über ein Jahr in den Medien. Und gemäß einer amerikanischen Umfrage gaben 1990 65 Prozent der Befragten an, „die Valdez-Ölverschmutzung hätte wesentlich dazu beigetragen, das öffentliche Bewusstsein in puncto Umweltfragen zu schärfen."

Was das Beispiel Exxon lehrt

- *Man muss zu seinen Versprechen stehen.* Das Unternehmen konnte keine hinreichenden Sicherheitsvorkehrungen für Krisenfälle nachweisen – und schon gar nicht, dass sie in der Lage sind, schnell zu reagieren, sollte ein Problem auftreten.

- *Unternehmen müssen sich wie gute Bürger verhalten.* Exxon reagierte vollkommen gleichgültig auf die maßlose Umweltzerstörung, was die Sache noch schlimmer machte, als sie ohnehin schon war.

41. McDonald's – Der McLibel-Prozess

Was Marken angeht, gehört McDonald's zu den ganze Großen. Neben Coca-Cola und Marlboro sind sie eine der wenigen Marken, die beinahe in jedem Land der Welt bekannt sind. Wie McDonald's selbst sagt, ist ihre Restaurantkette der „erfolgreichste Nahrungsmitteldienstleister der Welt." Weltweit gibt es ungefähr 25.000 McDonald's-Restaurants, die täglich annähernd 40 Millionen Menschen bedienen.

Die Marke konnte diese dominante Position erkämpfen, indem sie ein einfaches Rezept konzipierten und es wirkungsvoll vermarkteten. Wie Des Dearlove und Stuart Crainer in ihrem Buch *The Ultimate Book of Business Brands* schreiben, ist Einfachheit der Schlüssel zum Erfolg der Marke:

> Henry Ford meisterte die Massenproduktion; McDonald's meistert die Massendienstleistung. Das gelingt ihnen, indem sie sich strikt an einfache Grundsätze halten. Qualität, Sauberkeit und Uniformität sind die Grundlagen der McDonald's-Marke. [...] Ein McDonald's Restaurant in Nairobi, Kenia,

sieht genauso aus wie eines Warschau, Polen, oder Battle Creek, Michigan. [...] Mithin ist es die Uniformität der Marke, die sie von allen anderen unterscheidet.

Doch in den Neunzigern traten bei McDonald's Höhenflug die ersten Turbulenzen auf. Sie trugen immer noch die Königskrone unter den Fastfoodanbietern, aber das Unternehmen musste einige Rückschläge verkraften. Neue Produkte waren beim Verbraucher durchgefallen, wie etwa der Arch Deluxe (siehe Kapitel 2), und sie waren mehrfach mit Umweltschützern, Antikapitalisten und anderen Aktivisten aneinander geraten. Eine der berühmtesten und bisher langwierigsten Auseinandersetzungen war der Verleumdungsprozess gegen Helen Steel und Dave Morris.

Obwohl es erst 1994 zur Verhandlung kam, begann der Fall schon 1986 mit einem Pamphlet, das von London Greenpeace – einer Splittergruppe von Greenpeace International – herausgegeben worden war. Darin wurde McDonald's gleich wegen mehrerer umweltpolitischer und sozialer Verstöße angeprangert, wie etwa Grausamkeit gegen Tiere, ausbeuterisches Marketing (weil sich die McDonald's Werbung vornehmlich an Kinder richtete), Zerstörung des Regenwaldes und die gesundheitsschädliche Wirkung der McDonald's-Produkte.

Dennoch wüsste heute kaum noch jemand von alldem, hätte McDonald's die Sache nicht vor Gericht gebracht. Selbst Naomi Klein, die bekannte Markengegnerin und Autorin des Buches *No Logo*, behauptet, dass das Pamphlet von Helen Steel und Dave Morris „Beweismängel" aufweist und die darin geäußerten Befürchtungen „altmodisch" sind:

> Die Kampagne von London Greenpeace gegen das Unternehmen entspringt ganz klar dem Ideengut der Fleisch-ist-Mord-Vegetarier: eine legitime Sichtweise, wenngleich eine, die politisch nur begrenzt konsistent ist. Was McLibel als Kampagne auf ein Niveau mit jenen gegen Nike und Shell hob, war nicht, was das Unternehmen Kühen, Wäldern oder sogar seinen Mitarbeitern antat. Die McLibel-Bewegung konnte nur bezogen auf dass, was McDonald's Helen Steel und David Morris antat, stark werden.

McDonald's klagte erstmals 1990 wegen des Flugblatts gegen die „McLibel two". Ursprünglich reichten sie sogar Verleumdungsklage gegen fünf Aktivisten ein, doch die übrigen drei wiegelten ab und entschuldigten sich. Steel und Morris jedoch erkannten in der Klage eine echte Chance. Sie wussten, dass ein

Prozess ihnen eine weit größere Plattform bieten konnte, ihre Ansichten publik zu machen – eine größere jedenfalls, als wenn sie vor den Restaurants der Kette Flugblätter verteilten.

Wie sich herausstellen sollte, wurde der Verleumdungsprozess mit sage und schreibe 313 Verhandlungstagen einer der langwierigsten in der englischen Geschichte. Und je länger sich die Sache hinzog, umso anhaltender interessierten sich die Medien dafür. Bald wussten Millionen von Menschen, was im Gerichtssaal diskutiert wurde. Jeder einzelne gegen McDonald's erhobene Vorwurf wurde nicht nur vor Gericht diskutiert und auseinander gepflückt, sondern ebenfalls in den Nachrichtenredaktionen rund um den Globus. In *No Logo* beschreibt Naomi Klein die Wirkung des langwierigen Verfahrens:

> Mit den 180 Zeugen, die aufgerufen wurden, musste das Unternehmen eine Erniedrigung nach der anderen hinnehmen. Die Rede war von Lebensmittelvergiftungen, von nicht bezahlten Überstunden, von erfundenen Behauptungen, man würde recyceln, und von Unternehmensspionen, die bei London Greenpeace eingeschleust worden waren. Ein besonders bezeichnender Zwischenfall war, als McDonald's-Manager zur unternehmensseitigen Behauptung befragt wurden, sie würden „nahrhaftes Essen" verkaufen: David Green, Vizepräsident im Bereich Marketing, erklärte daraufhin, er hielte Coca-Cola für nahrhaft, weil „sie Wasser enthält, und ich denke, Wasser gehört zur ausgewogenen Ernährung."

Ganz gleich, auf welcher Seite sie standen, waren sich die meisten Beobachter doch in einem Punkt einig: Je länger der Prozess dauerte, umso größeren Schaden nahm das Image von McDonald's in der Öffentlichkeit. Die eigentlichen Fakten des Falles waren allerdings zu kompliziert, als dass sie von Außenstehenden nachvollzogen werden konnten – die Urteilsbegründung des Richters war über 1.000 Seiten lang.

Als das Urteil am 19. Juni 1997 verkündet wurde, ging McDonald's als Sieger hervor, während Steel und Morris Geldbußen auferlegt bekamen. Die Thesen des Pamphlets, nach welchen ein klarer Zusammenhang zwischen McDonald's und Lebensmittelvergiftungen, Krebs und der Armut in der Dritten Welt stand, wurden vom Richter als unhaltbar eingestuft.

Dennoch konnte McDonald's den Schaden nicht wieder ausbügeln, der ihnen durch den langwierigen Prozess entstanden war. Am 20. Juni 1997 stand in einem Artikel des *Guardian*: „Seit Pyrrhus ist kein Sieger mehr so beschädigt aus einer Schlacht hervorgegangen." Morris und Steel mussten zwar 60.000 Pfund Buße zahlen, doch das war ein eher geringer Preis gemessen an dem, was McDonald's an negativer PR zu verzeichnen hatte (von den hohen Anwaltskosten mal ganz zu schweigen).

Zum einen ist das Originalpamphlet – *Was stimmt nicht mit McDonald's?* – seitdem zu einem Kultsammelobjekt geworden und zirkuliert immer noch in 3-Millionen-facher Ausgabe in Großbritannien. Und zum anderen gibt es bis heute die McSpotlight-Website mit allen 20.000 Seiten des Gerichtsprotokolls. Der Schaden wurde zusätzlich vergrößert durch John Vidals Buch *McLibel: Burger Culture on Trial*. Außerdem gab es zahlreiche Fernsehsendungen, die sich mit dem Prozess befassten, unter anderem die dreistündige dramatische Fassung *McLibel* auf Channel 4.

McDonald's hatte also vor Gericht gewonnen, die Medienschlacht aber verloren. Wie Naomi Klein betont:

> Für Helen Steel, Dave Morris und ihre Mitstreiter ging es bei McLibel nie allein darum, vor Gericht zu gewinnen – sie wollten den Gerichtssaal nutzen, um die Öffentlichkeit zu gewinnen. [...] Wenn sie Samstagnachmittags vor ihrem nächstgelegenen McDonald's in Nordlondon standen, konnten Steel und Morris mit der Nachfrage nach „What's wrong with McDonald's?" kaum mithalten – nach dem Flugblatt, mit dem alles anfing.

Der *Guardian*, jene britische Zeitung, die vom ersten Prozesstag an fortlaufend aus dem Gerichtssaal berichtete, sah ebenfalls, dass sich die Folgen dieses Prozesses weit über die vier Wände des Gerichts hinaus erstrecken würden:

> Betrachten wir allein die Kosten dieses Pyrrhussieges. Erstens hat der Richter diverse Vorwürfe der Aktivisten gegen das Unternehmen als berechtigt anerkannt. [...] Doch weit ernster ist die breite Unterstützung, die die McLibel Two in den weltweiten Medien in dieser epischen Schlacht für sich verbuchen durften, die unter dem Titel „die kleinen Fritten gegen den Burgerriesen" bekannt wurde. [...] Nach außen hin hält sich McDonald's zur Bußgeldeintreibung bei den beiden arbeitslosen und unvermögenden grünen Aktivisten bedeckt, aber irgendwo innerhalb des Imperiums müssen sich die Leute ein paar denkwürdige Fragen stellen. Unter den PR-Fiaskos verdient diese Aktion jedenfalls einen Preis für besondere Fehleinschätzung und unverhältnismäßige Reaktion auf öffentliche Kritik.

Und letztlich ist der McLibel-Prozess ein wertvolles Lehrstück in Sachen „Markenwahrnehmung" für andere Unternehmen. In der Schlussanalyse kam es auf Fakten nicht mehr an. Was zählte, war, inwieweit die Medienwahrnehmung von McDonald's die öffentliche Meinung prägte, und diesbezüglich kann man mit Fug und Recht behaupten, dass der Prozess bis heute einen dunklen Flecken auf der Weste des Unternehmens hinterlassen hat.

Was das Beispiel McLibel lehrt

- *Man unterschätze die Macht des Internets nicht.* Die Mitstreiter der McLibel-Kampagne konnten sich online organisieren. Marken müssen ihre Online-Kritiker genau beobachten und entsprechend positiv auf sie reagieren. „Die Dinge funktionieren heute wechselseitig", erklärt die Internetexpertin Esther Dyson. „Kunden kritisieren die Unternehmen, Angestellte kritisieren ihre Vorgesetzten und Einzelhändler kritisieren ihre Lieferanten." Im Internet können sich verärgerte Verbraucher mit Aktivisten zusammentun, und das in einer Art und Weise, wie sie in Zeiten der Einbahn-Medien gar nicht denkbar war. Um mit Doc Searles, dem Mitbegründer von Silicon-Valleys führender Werbeagentur und Co-Autoren von *The Cluetrain Manifesto* zu sprechen: „Was die leisen Stimmen einst einem einzigen Freund erzählten, ist heute der ganzen Welt zugänglich. Die Geschwindigkeit, mit der sich Meinungen verbreiten, wird allein durch das Tempo vorgegeben, in dem Leute tippen können." Mit anderen Worten: Wollen Menschen ihren Standpunkt deutlich machen, können Unternehmen herzlich wenig tun, um sie davon abzuhalten.

- *Man muss erkennen, dass Geld längst nicht mehr den Einfluss hat, den es früher einmal genoss.* Anknüpfend an den obigen Punkt sollte man sich darüber im Klaren sein, dass mit der wachsenden Macht des Internets finanzielle Mittel zusehends versagen, wenn es um die Unterdrückung von Kritik geht. „Eine der größten Stärken von Pressuregroups", führt Peter Verhille von der PR-Firma Entente International aus, „besteht in ihrer Fähigkeit, die Instrumente der Telekommunikationsrevolution zu nutzen. Der rege Gebrauch globaler Instrumente wie des Internets reduzieren die Vorteile, die Unternehmensbudgets ehedem sicherten."

- *Man muss sich auf die öffentliche Wahrnehmung konzentrieren.* Indem sie versuchten, an den Greenpeace-Aktivisten ein Exempel zu statuieren, hat McDonald's ihnen sogar geholfen, ihr Anliegen ins Scheinwerferlicht zu rücken.

42. Perriers Benzolvergiftung

Egal wie vorsichtig ein Unternehmen agiert, seinen Marken kann trotzdem Schlimmes zustoßen. Aber das Unternehmen ist selbst dafür verantwortlich, wie es mit Krisen umgeht, falls welche eintreten.

Ein für seine Krisenmanagementfähigkeiten besonders respektiertes Unternehmen ist Johnson & Johnson. Taucht ein Problem mit einer Johnson-&-Johnson-Marke auf, kümmert sich das Unternehmen sofort darum und versucht nie, irgendetwas zu vertuschen. Als der Firmenleitung beispielsweise zu Ohren kam, dass mit ihren Tylenol-Schmerzstillern in einem US-Supermarkt herumgepfuscht worden war, reagierte sie prompt, indem sie das Produkt aus sämtlichen Märkten zurückrief, statt sich auf den einen Supermarkt zu beschränken, in welchem der Zwischenfall aufgetreten war.

Sobald die Rückrufaktion erfolgreich durchgeführt war, verkündete Johnson & Johnson, man würde das Produkt erst wieder auf den Markt bringen, wenn weitere Schutzmaßnahmen entwickelt worden wären. Das bedeutete, sie brauchten eine sicherere Verpackung. Also beschloss man, die Pillen einzeln in Folienbläschen zu verpacken. Natürlich kosteten Rückruf und Neuverpackung Johnson & Johnson eine Menge Geld, aber das waren kurzfristige Einbußen, die in keinem Verhältnis zu dem Gewinn standen, der sich aus dem langfristigen Überleben der Tylenol-Marke ergab. Einige Experten gaben sogar an, dass Tylenol von der Krise profitierte, denn die Verbraucher waren hochzufrieden und beruhigt durch die Art, wie das Unternehmen reagiert hatte.

Nicht alle Markenkrisen werden so effektiv gehandhabt. 1990 entdeckte man in Perrier-Flaschen eine hohe Belastung mit toxischem Benzol. Dem Unternehmen blieb keine andere Wahl, als das Produkt zurückzuordern. Innerhalb einer Woche holten sie weltweit 160 Millionen Flaschen aus den Regalen.

Als die Medien auf das Problem aufmerksam wurden, wusste man bei Perrier allerdings nicht, wie man darauf reagieren sollte. Für eine Marke, deren Identität auf dem Grundsatz der „natürlichen Reinheit" aufbaute, war eine Benzolverseuchung eindeutig ein Desaster. Doch obwohl man den Rückruf direkt publik gemacht hatte, herrschte ansonsten ein totales Informationsvakuum, was die Besorgtheit der Verbraucher nur steigerte.

Zudem richtete Perrier zwar in Großbritannien eine 24-Stunden-Hotline ein, weigerte sich aber, die Sache als globale Angelegenheit zu sehen. Das war ein Fehler. Wie Alex Brummer vom *Guardian* schrieb: „Politik ist vielleicht etwas regionales, aber Marken sind global." Die einzelnen Perrier-Niederlassungen äußerten sich nicht kohärent und die französische Muttergesellschaft Source Perrier gab weder klare Verhaltenslinien vor noch koordinierte sie die Reaktionen der einzelnen Unternehmensfilialen. In einigen Fällen gab man den Medien sogar bewusst falsche Informationen. Perrier machte also eine schlimme Sache noch schlimmer und unterschätzte die globalen Implikationen der Krise.

Natürlich sprudelt die Perrier-Quelle nach wie vor. Ja, als die Perrier-Flaschen in die Regalen zurückkehrten, wurden sie sogar von einer erfolgreichen Werbekampagne mit dem Slogan „Eau! Perrier!" begleitet. Dennoch wurde die Groupe Perrier 1992 von Nestlé übernommen und konnte bis heute nicht die Umsatzzahlen zurückgewinnen, die sie vor 1990 hatte.

Was das Beispiel Perrier lehrt

- *Niemals die Wahrheit zurückhalten.* „Bei der Nachrichtenvermittlung in Krisenzeiten, nicht nur in Kriegszeiten, geht es nicht um die Zurückhaltung schlechter Neuigkeiten – damit büßt man seine Glaubwürdigkeit ein", warnt Martin Langford, Geschäftsführer von Burson-Marstellers Unternehmens- und Öffentlichkeitspolitik. „Verbraucher und Journalisten sind viel zu klug. Man muss den Medien gegenüber absolut ehrlich sein – selbst wenn die Firmenleitung es nicht ist, die Mitarbeiter sind es auf jeden Fall."

- *Man missbraucht das Vertrauen der Kunden nicht.* Man bezeichnet eine Marke als den kapitalisierten Wert des Vertrauens zwischen Verbrauchern und Unternehmen. Bricht das Unternehmen dieses Vertrauen, gerät die Marke in ernste Schwierigkeiten.

- *Globale Marken brauchen eine einheitliche Kommunikationspolitik.* Eine globale Marke wie Perrier darf nicht einfach die Tatsache ignorieren, dass Probleme, die sie in den USA hat, sich auf die Verkaufszahlen in Europa auswirken können. Solche Marken brauchen eine einheitliche Politik, die den Umgang mit Krisenfällen koordiniert.

- *Einige Markenkrisen sind schlimmer als andere.* Die Benzolverseuchung war die schlimmstmögliche Krise, die eine mit natürlicher Reinheit assoziierte Marke treffen konnte.

43. Pan Am

Ein tragisches Ende

In den Achtzigern war Pan American World Airways, kurz „Pan Am", eine der bekanntesten Marken in der weltweiten Luftfahrt. Über mehr als sechzig Jahre hatte das Unternehmen Pionierstatus im nationalen wie internationalen Luftverkehr. Sie fingen 1927 mit wenigen Flugzeugen an, die sie auf der damals einzigen Route Key West-Havanna einsetzten. Später sollte Pan Am für die Politik der kommerziellen Luftfahrt der USA schlechthin stehen. Doch in den Achtzigern konnte das Unternehmen seine Geschäftsziele nicht mehr erfüllen und kam ins Schlingern.

1988 ereignete sich das Desaster. Ein Pan-Am-Flugzeug auf dem Weg von London nach New York verschwand über Schottland von den Radarschirmen. Wie im Nachhinein bekannt wurde, war im Frachtraum eine Bombe detoniert und das Flugzeug durch die Explosion in zwei Hälften gebrochen. Der Hauptteil der Maschine flog noch 20 Kilometer, bevor er über dem kleinen schottischen Dorf Lockerbie abstürzte. Das Suchgebiet erstreckte sich über mehr als 2.000 Quadratkilometer, und noch in knapp 130 Kilometer Entfernung von Lockerbie fand man Trümmer. Einschließlich der 11 Opfer am Boden kamen insgesamt 270 Menschen ums Leben. Ein Zeuge beschrieb das schreckliche Ereignis gegenüber einem Fernsehreporter mit den Worten: „Es regnete Flammen."

Das entsetzliche Ausmaß der Tragödie, das Wissen darum, dass es sich bei der Fluglinie um Pan Am handelte sowie der Umstand, dass es sich um einen internationalen Unglücksfall handelte, beschädigte den Namen Pan Am viel zu nachhaltig, als dass sie sich davon jemals hätten erholen können. Obgleich das Unternehmen wiederholt versprach, die Sicherheitsmaßnahmen zu verschärfen, wollte niemand mehr bei Pan Am einsteigen. Nachdem sie drei Jahre mit praktisch leeren Flugzeugen geflogen waren, musste das Unternehmen 1990 Konkurs anmelden.

Was das Beispiel Pan Am lehrt

⊙ *Einige Krisen sind zu schwerwiegend, als dass man sich von ihnen erholen könnte.* Pan Am begegnete der Lockerbie-Katastrophe so gut sie nur konnten, doch das öffentliche Zutrauen in die Linie hatte irreparabel gelitten.

44. Snow Brands Milchprodukte

Eine Marke wird vergiftet

Unter den meistgefürchteten Dingen, die einer Lebensmittelmarke widerfahren können, rangiert die Vergiftung des Produkts ziemlich weit oben. Für Snow Brand, den führenden japanischen Hersteller von Milchprodukten, war das Jahr 2000 jenes, in dem der Albtraum wahr wurde – und das auf schreckliche Weise.

Nach dem Verzehr von Milch und Milchprodukten von Snow Brand erkrankten 14.800 Menschen an einer Lebensmittelvergiftung – hauptsächlich im Westen Japans. Als Ursache ermittelte man eine Bakterienverseuchung in der Produktion in Osaka, wo fettarme Milch hergestellt wurde. Sobald die Nachricht bekannt wurde, geriet die Marke in die Krise. Um die Angelegenheit noch zu verschlimmern, brach das Unternehmen so ziemlich jede PR-Regel und versuchte, den Zwischenfall herunterzuspielen. Nach außen hin erweckten sie damit den Eindruck, mehr um den Ruf des Unternehmen besorgt zu sein als um die Gesundheit der Opfer.

Der wohl ärgste Fehler, den das Unternehmen beging, war sein Bestreben, möglichst wenig Produkte zurückrufen zu müssen. Die Gesundheitsbehörde von Osaka verpflichtete Snow Brand, zwei ihrer Produkte zurückzuordern, riet ihnen aber zugleich, freiwillig weitere zurückzunehmen. Das Unternehmen sträubte sich, bis die Behörden schließlich Druck ausübten. Da erst stimmten sie widerwillig zu, allerdings mit der Maßgabe, dass man es nach außen als freiwillige Rückrufaktion darstellte. Das jedoch geschah nicht. Die Gesundheitsbehörde veröffentlichte sowohl die ursprüngliche Bitte als auch die nachdrückliche Aufforderung.

Hinzu kam, dass man Snow Brand verdächtigte, nicht alle Informationen bezüglich des Zwischenfalls preisgegeben zu haben. In einem Anflug von Verzweiflung hatten sie zunächst behauptet, von den Bakterien wäre lediglich ein Produktionsabschnitt befallen, der nur selten benutzt wurde. Wie man später erfuhr, kam dieser Teil der Anlagen fast täglich zum Einsatz. Außerdem behauptete das Unternehmen, der verseuchte Bereich hätte „ungefähr die Größe einer kleinen Münze" – nachfolgende Untersuchen ergaben, dass er deutlich größer war. In der öffentlichen Wahrnehmung – angestachelt durch die Medienberichte – war die Lebensmittelvergiftung bald eine zwangsläufige Folge bei einem Unternehmen, das vor lauter Arroganz kaum noch aus den Augen gucken konnte.

Um einen Eindruck davon zu gewinnen, wie die Medien auf den Fall reagierten, lohnt es sich, den Artikel der *Japan Times* zu lesen, in dem weitere Rückrufe angekündigt wurden (er erschien übrigens auf der Titelseite):

Japans Snow Brand ruft weitere Milchprodukte zurück, während sich der Skandal ausweitet

Der Skandal um die verseuchte Milch des größten japanischen Herstellers von Milchprodukten, Snow Brand Milk Products Co., eskalierte letzten Donnerstag, als das Unternehmen Produkte zurückrief, die aus einer bisher nicht mit dem Zwischenfall in Verbindung gebrachten Anlage stammen.
Wie ein Unternehmenssprecher mitteilte, wurden in 125.000 Packungen mit Milch und Milchprodukten aus einer Fabrik in Zentraljapan Trockenmilchanteile entdeckt, die in der nordjapanischen Fabrik mit dem Bakterienbefall hergestellt worden waren.
Der Rückruf erfolgte, nachdem Ende Juni über 14.800 Menschen, zumeist in der Region um Osaka, infolge des Verzehrs von Snow-Brand-Milch erkrankten. Es handelt sich hierbei um den größten Fall von Lebensmittelmassenvergiftung in der japanischen Geschichte.
Das Unternehmen gab bekannt, bislang wären keine Fälle von Lebensmittelvergiftung im Zusammenhang mit dem Jogurt, den Milchshakes und den übrigen Milchprodukten aufgetaucht, die nun zurückgerufen wurden. Wie sie hinzufügten, wurden 95.000 der Packungen zurückgenommen, weil das zulässige Verkaufsdatum überschritten war.
Die nordjapanische Anlage, die im Mittelpunkt des Skandals steht, wurde am Sonntag von Snow Brand geschlossen und soll auf Weisung der regionalen Behörden bis auf weiteres außer Betrieb bleiben, da man dort das Gift

der Staphylococcus-Aureus-Bakterie in Proben von Milchpulver nachgewiesen hatte, die im April genommen worden waren.

Ein Sprecher sagte am Mittwoch, das Bakterium kann aufgrund eines dreistündigen Stromausfalls am 31. März in die Milch eingedrungen sein, bei dem die Rohmilch über einen längeren Zeitraum hohen Temperaturen ausgesetzt gewesen war.

Ein Teil dieser Milch war anschließend in die Milchprodukte gelangt, die in der Anlage in Osaka hergestellt wurden und hatte die Lebensmittelmassenvergiftung hervorgerufen.

Snow Brands Aktien fielen infolge des Skandals um annähernd 40 Prozent. Seither haben sie sich wieder ein wenig erholt und schlossen am Donnerstag mit 0,23 Prozent Plus bei 427 Yen.

Wie das Unternehmen letzten Mittwoch mitteilte, veranschlagt die Muttergesellschaft für den Zeitraum April-Juni den durch den Skandal verursachten Reinverlust mit 11,2 Milliarden Yen, da sie zeitweise gezwungen waren, ihre sämtlichen Anlagen in Japan stillzulegen.

Infolge des Zwischenfalls brachen die Verkaufszahlen des Unternehmens ein, und der Präsident von Snow Brand, Tetsuro Ishikawa, schloss acht seiner Fabriken.

Vor der Lebensmittelmassenvergiftung hatte Snow Brand einen Marktanteil von 45 Prozent. Er fiel auf unter 10 Prozent und hat sich bis heute noch nicht wieder auf sein Level von vor 2000 eingependelt. Der Skandal hat Tetsuro Ishikawa auch persönlich angegriffen. Er musste mit stressbedingten Symptomen ins Krankenhaus eingeliefert werden. Später trat er zurück und entschuldigte sich bei den Medien.

Was das Beispiel Snow Brand lehrt

- *Man muss prompt reagieren.* Snow Brands erste Reaktion auf die Krise war zu zögerlich, da sie sich weigerten, einen kompletten Rückruf ihrer Produkte zu starten und die Presse umfassend zu informieren.

- *Man darf niemals selbstsüchtig wirken.* Als Snow Brand schließlich mit den Medien sprach, konzentrierten sie sich vor allem auf die finanziellen Einbußen, die dem Unternehmen entstanden waren, statt sich mit den Leiden der vergifteten Kunden zu befassen.

- *Man muss vorbereitet sein.* Das Unternehmen war auf eine öffentliche Erklärung denkbar schlecht vorbereitet und die Sprecher schlecht informiert.

45. Rely-Tampons

Procter & Gambles toxischer Schock

1980 brachte Procter & Gamble einen hochabsorbierenden Tampon heraus, den sie „Rely" nannten. Nun verdankte das Produkt seine hohe Saugfähigkeit einer synthetischen Substanz namens Carboxymethyl-Cellulose, die bisweilen synthetische Rückstände hinterließ, nachdem die Frauen den Tampon wieder entfernt hatten. „In dem Augenblick, indem der super-absorbierende Tampon auf den Markt kam, war andauernd die Rede von Vaginaleiterungen, -verletzungen und -gewebeveränderungen", schreibt Laurie Garrett in ihrem 1994 erschienen Buch *The Coming Plague*.

Richtig besorgniserregend wurde die Sache allerdings, als man ein Jahr später einen plötzlichen Anstieg von toxischen Schocksyndromen in Wisconsin registrierte. In fast allen Fällen waren die Betroffenen menstruierende Frauen. Nachforschungen der Gesundheitsbehörden ergaben, dass die meisten Opfer den Rely-Tampon benutzt hatten.

Das waren definitiv schlechte Neuigkeiten, nicht nur für die Opfer, sondern auch für Procter & Gamble, ein Unternehmen, das die Tampons 1936 erfunden hatte. Zudem war Rely eines der teuersten Produkte, das sie je entwickelten – mit einer über zwanzigjährigen Forschungsgeschichte und einem gewaltigen Marketing.

In der Krise verhielt sich Procter & Gamble von Anfang an defensiv. Als das Center of Disease Control (CDC – *Gesundheitskontrollzentrum*) in Atlanta prüfte, inwieweit ein Zusammenhang zwischen Rely und dem toxischen Schocksyndrom bestand, stellte Procter & Gamble sogleich eigene Nachforschungen an, mit dem Ergebnis, dass es (Überraschung!) keinerlei Zusammenhang gäbe. Dann veröffentlichte das CDC seine Ergebnisse und belegte sie mit aussagekräftigen Zahlen. Doch Procter & Gamble tat diese Forschungsergebnisse als „unzureichende Daten, die von Bürokraten ausgewertet wurden", ab.

Nichtsdestotrotz hatte das Unternehmen erkannt, dass es diese Schlacht nicht gewinnen konnte, und begann, zu kooperieren und eine Kompromisslösung zu suchen. Procter & Gamble schlug vor, einen Warnhinweis auf die Packung zu drucken. Als die Ergebnisse der CDC-Forschung jedoch von einer unabhängigen Forschungseinrichtung bestätigt wurden, blieb Procter & Gamble keine Wahl, als das Produkt vom Markt zu nehmen.

Die Kosten für die Einstellung der Rely-Produktion wurden mit 75 Millionen Dollar veranschlagt. Dessen ungeachtet hatte Procter & Gamble die Dinge verschlimmert, indem sie zunächst jegliche Verantwortung ablehnten, und so blieb ihnen jetzt nur noch die Schadensbegrenzung.

Sie erarbeiteten mit der CDC gemeinsam ein Übereinkommen, indem CDC dem Unternehmen zugestand, es dürfte Produktfehler oder die Verletzung von Bundesrechten abstreiten, während Procter & Gamble im Gegenzuge versprach, bereits verkaufte Produkte gegen Kaufpreiserstattung zurückzunehmen und seine Forschungseinrichtungen für die weitere Prüfung des Problems zur Verfügung zu stellen. Darüber hinaus startete das Unternehmen eine groß angelegte Aufklärungskampagne.

In einem Artikel des *Canadian Journal of Communication* befasst sich Priscilla Murphy von der Drexel University mit dem Procter-&-Gamble-Verhalten in der Rely-Tampon-Affäre, das sie mit einer „Spieltheorie" vergleicht. Ihrer Meinung nach hat sich Procter & Gambles Spielplan zum Ende hin erheblich verbessert:

> Während der späteren Stadien weist die Procert-&-Gamble-Strategie eine völlig veränderte Herangehensweise an den Konflikt auf. Was als klassisches Eskalationsspiel begonnen hatte, wurde zu einem Verhandlungsunternehmen, bei dem die Wünsche jedes Beteiligten geprüft und koordiniert wurden, damit alle Spieler mit der Vereinbarung leben konnten. Wenn wir über Verhandlungsspiele reden, sehen wir uns an, wie beide Seiten in einem Konflikt Schritt für Schritt zu einer Version und einer Sichtweise der Geschehnisse finden. Heraus kam eine stabile Gleichgewichtung, die zwar nicht ideal war, jedoch für jede der beiden Seiten das bestmögliche Ergebnis darstellte, wenn man berücksichtigt, welchen Druck sie aufeinander ausgeübt hatten.

Auch wenn der Zwischenfall mit dem toxischen Schocksyndrom das Ende der Rely-Marke gewesen war, trug Procter & Gamble kaum bleibenden Schaden davon und produziert bis heute einige der weltweit beliebtesten Tampon-Produkte.

Was das Beispiel Rely lehrt

- *Kooperieren statt attackieren.* Hätte Procter & Gamble von Anfang an mit den Gesundheitsbehörden kooperiert, wäre die Medienreaktion gewiss um einiges positiver ausgefallen.

- *Töte die Marke und rette das Unternehmen.* Für Unternehmen mit zahlreichen Marken ist es oft besser, frühzeitig die Niederlage einzugestehen und eine Marke zugunsten des Unternehmensrufes als Ganzem einzustellen.

46. Gerbers PR-Patzer

1986 leistete sich Gerber, der deutsche Hersteller von Babynahrung, einen gravierenden PR-Fehler. Als man Glasscherben in Gläschen mit Babynahrung fand, hielt sich das Unternehmen bedeckt und startete von sich aus keine Rückrufaktion. Diese Entscheidung stieß auf lautstarke Kritik und die Moral des Unternehmens wurde in *Business Week, Newsweek* und *Time* offen in Frage gestellt. Die Glasstückchen hatten zwar keine Todesfälle zur Folge gehabt, doch einige Babys waren ernsthaft verletzt worden.

Man hatte schon 1984 Glassplitter in Gerber-Produkten gefunden – namentlich in ihren Apfel-Pflaumen- und Apfel-Kirschsäften. In diesen Fällen jedoch hatte Gerber prompt reagiert. Obwohl weder das Unternehmen noch die Behörden Produktionsfehler als Ursache ausmachen konnten, hatte Gerber über eine halbe Million Saftgläser zurückgerufen.

1986 aber wurden USA-weit über 200 Funde von Glasstückchen in Gerber-Babynahrung gemeldet. Und wenngleich die Behörden nichts entdecken konnten, was einen Rückruf zwingend erforderlich machte, verbot der Bundesstaat Maryland den Verkauf bestimmter Sorten von Gerber-Babynahrung. Wie reagierte Gerber? Das Unternehmen verklagte den Bundesstaat Maryland. Sonst tat es nichts. Den Medien gegenüber wurde der Fall überhaupt nicht erwähnt, in der Hoffnung, das ganze Fiasko würde sich von selbst erledigen.

Aus Gerbers Sicht machte man nichts falsch. Schließlich deutete nichts darauf hin, dass die Glassplitter aufgrund von Produktionsfehlern in die Babynahrung gelangt waren. Daher war Gerber der Überzeugung, der Bundesstaat Maryland wäre im Unrecht, und leitete entsprechende rechtliche Schritte ein.

Laut Gerbers Einschätzung würde eine Rückrufaktion nur zusätzliche Medienaufmerksamkeit wecken und sich negativ auf die Verkaufszahlen auswirken. Außerdem war ein Rückruf an sich immer ein kostspieliges Unterfangen. Doch Gerber übersah dabei ein wichtiges Detail. Bei Marken dreht sich alles um die öffentliche Wahrnehmung. Es ging nicht darum, wer im Recht und wer im Unrecht ist. Indem sie schwiegen, verhielt sich Gerber so, als hätten sie etwas zu verbergen.

Für ein Unternehmen, das seine gesamte Identität auf hochwertige Qualität und Sicherheit aufbaut, war dieser Schritt zweifellos ein grober Patzer. Wenn man Babynahrung produziert, muss man der Öffentlichkeit fortlaufend versichern, dass einem das Wohl der Eltern wie der Babys am Herzen liegt. Indem Gerber den Bundesstaat Maryland vor Gericht zerrte, keine Rückrufaktion startete und zu den Vorfällen mit den Glassplittern auch noch schwieg, vermittelte das Unternehmen keinesfalls diese Botschaft.

Obwohl Gerbers Marke die Krise überstand, sind sich heute die meisten Analysten einig, dass der Vorfall schlecht gemanagt worden war und Gerbers Reputation darunter gelitten hat.

Was das Beispiel des Gerber-PR-Patzers lehrt

- *Auf jede Krise sollte eine öffentliche Reaktion folgen.* Sobald sich die Nachricht verbreitete, dass einige Produkte gravierende Mängel aufwiesen, hätte Gerber öffentlich reagieren und bestätigen müssen, dass ihnen das Wohl der Babys am Herzen liegt. Anschließend hätten sie sich offen allen Medienfragen stellen müssen. Und vor allem hätten sie zumindest den Eindruck vermitteln sollen, etwas zu unternehmen – wie beispielsweise die Verpackungen zu verbessern, um weitere Vorkommnisse dieser Art zukünftig auszuschließen.

- *Man muss Informationen herausgeben.* Als die Krise auftrat, brauchten und wollten die Eltern Informationen. Gerber hätte ihnen zum Beispiel erzählen können, wie sich die Gläschen, die möglicherweise Glasstückchen enthalten könnten, von jenen unterschieden, die sie bedenkenlos kaufen konnten.

⊙ *Durchgreifen!* In einer Studie zur ethischen Problematik der beschädigten Gläschennahrung schrieb Dr. Philip Rothschild, er empfehle Gerber, aktiv und öffentlich für härtere Strafen auf mutwillige Produktbeschädigung zu plädieren. „Sie hätten alles versuchen müssen, um jemand anderen als den schwarzen Peter hinzustellen", schlug er vor.

47. R. J. Reynolds' Joe-Camel-Kampagne

R. J. Reynolds' Versuch mit den rauchfreien Zigaretten (siehe Kapitel 3) war nicht der einzige Flop, den sich die Tabakfirma leistete. 1990 gerieten sie angesichts einer Kampagne für ihre führende Zigarettenmarke in beträchtliche Schwierigkeiten – Camel. Die zentrale Figur der Kampagne war ein Cartoon-Kamel namens Joe Camel, trendgemäß gekleidet und mit Sonnenbrille. Im Winkel seines Mauls baumelte eine Zigarette.

1991 wurde das Unternehmen öffentlich im *Journal of the American Medical Association* angeklagt, mit Joe Camel direkt die Kinder anzusprechen. Im selben Jahr erhob Janet Mangini, eine Anwältin für Familienrecht aus San Francisco, offiziell Anklage gegen das Unternehmen. Sie war damit die erste Person, die gerichtlich gegen ein Tabakunternehmen vorging, weil es sich mit seiner Werbung an die Zielgruppe Kinder wandte.

Dennoch überlebte die Joe-Camel-Kampagne bis 1997. Dann schalteten sich diverse kalifornische Behörden ein und kamen Janet Mangini zu Hilfe. Der Prozesstermin wurde für Dezember 1997 angesetzt. Bei ihren Vorbereitungen entdeckten die Anwälte, dass RJR gründliche Nachforschungen darüber angestellt hatte, warum Leute anfingen zu rauchen und welche Rauchgewohnheiten Kinder bereits entwickeln. Die Anklage lautete, dass RJR auf Basis der Resultate aus den geheim gehaltenen Marktforschungen gezielt Werbe- und Promotionskampagnen entworfen hatte, die sich an Kinder richteten und sie anregen sollten, Camel-Zigaretten zu rauchen.

Als der Prozesstermin näher rückte, erkundigte sich RJR, ob die Mangini-Klage fallen gelassen würde, „falls die Kampagne gestoppt wird." Außerdem mussten sie natürlich, um ein Gerichtsverfahren zu vermeiden, sichergehen, dass die vertraulichen internen Dokumente über das Marketing für Jugendliche und die Joe-Camel-Kampagne nicht an die Öffentlichkeit kamen. Sobald eine Einigung erzielt war, veröffentlichte RJR eine Erklärung, in der es hieß, „Die Mangini-Klage [...] gab einen bedeutenden und einzigartigen Anstoß für gerichtliche und soziale Kontroversen bezüglich des Rauchens bei Minderjährigen, der zu der Entscheidung führte, die Joe-Camel-Kampagne einzustellen."

Da die RJR-Dokumente nach wie vor im Web einzusehen sind, war der PR-Schaden allerdings nicht so leicht auszumerzen. Wie Stanton Glantz von der UCSF University, der die Onlineseiten betreut, betont, „die RJR-Information ist für die Öffentlichkeit leicht zugänglich und verständlich. Im Gegensatz zu den jüngsten Veröffentlichungen der Tabakindustrie und des Handelskomitees im Netz, sind die Mangini-Dokumente bewusst in einer Form gehalten, die es den Leuten möglich macht zu verstehen, was dort steht."

Mit anderen Worten: In diesem Fall stammt der unangenehme Nachgeschmack nicht von der Zigarette selbst.

Was das Beispiel Joe Camel lehrt

◉ *Marketing für Jugendliche ist ein sensibler Bereich.* Selbstverständlich macht sich ein Zigaretten- oder Alkoholhersteller, den man dabei ertappt, wie er sein Produkt an Kinder vermarkten will, strafbar. Was das Marketing für Jugendliche angeht, sollten jedoch *alle* Unternehmen besonders vorsichtig sein. Britische Marken wie Walkers oder Tesco's beispielsweise gerieten unter Beschuss, weil sie ihre Markennamen mittels Schulkampagnen bewerben wollten. Außerdem sollte man stets daran denken, dass, nur weil Kinder sich für irgendetwas interessieren, man sie nicht unbedingt auf diesem Wege zu erreichen versuchen sollte. So begeistern sich sehr viele Kinder für Okkultes (gemäß einer MORI-Umfrage über 50 Prozent), doch das heißt ganz sicher nicht, dass Marketingleute dieses Interesse unterstützen sollten.

48. Firestone-Reifen

Bei vielen Marken entscheiden die richtigen Partnerschaften über den Erfolg. Das trifft vor allem immer dann zu, wenn ein Produkt von einem anderen abhängig ist. Softwareentwickler und Computerhersteller brauchen einander und können oft bessere Ergebnisse erzielen, wenn sie sich zusammentun.

Ebenso gilt für einen Reifenhersteller, dass er gute Beziehungen zu Autobauern unterhalten sollte.

Ein Reifenhersteller, der die Ford Motor Company als festen Kunden gewinnt, ist also deutlich im Vorteil gegenüber der Konkurrenz. Im Umkehrschluss bedeutet das natürlich auch, einen solchen Kunden zu *verlieren* könnte als katastrophal angesehen werden und als etwas, das man um jeden Preis vermeidet – zumal wenn man bereits seit beinahe hundert Jahren mit ihm zusammengearbeitet hat. Der amerikanische Reifenhersteller Firestone kündigte am 21. Mai 2001 trotzdem an, sie würden Ford künftig in Nord- und Südamerika nicht mehr mit ihren Originalreifen beliefern. Obwohl Firestone auch weiterhin mit Ford in Europa und Asien kooperieren wollte, entsprach das gerade mal mageren 25 Prozent des bisherigen Gesamtumsatzes mit Ford. Nun fanden drei Viertel aller Reifenkäufe ohnehin auf dem „Anschlussmarkt" statt, aber ein beachtlicher Anteil von Fordbesitzern tauschte seine Reifen gegen solche derselben Marke aus.

Um die Bedeutung dieser willentlichen Kooperationsaufkündigung im vollen Maße begreifen zu können, muss man mit der gemeinsamen Geschichte der beiden Unternehmen vertraut sein. Die Beziehung zwischen Ford und Firestone begann bereits im Jahre 1908, als Harvey Firestone die Reifen für Henry Fords Model T lieferte. Wenngleich die beiden Männer sich längst nicht in allem einig waren, kaufte die Ford Motor Company doch mehr Firestoneprodukte als irgendeine andere Marke, und die Geschäftsbeziehung überlebte beide Gründer.

Selbst als der japanische Reifenhersteller Bridgestone Firestone 1988 kaufte, blieb Ford weiterhin der größte Kunde. In den Neunzigern kaufte Ford noch 40 Prozent aller Reifen bei Firestone, so viel wie bei keinem anderen Hersteller.

Die Firma Firestone musste unterdessen mehr Einbußen aufgrund von Qualitätsmängeln verkraften als irgendeiner ihrer Konkurrenten. 1977 wurden sie von der amerikanischen Regierung gezwungen, 14 Millionen Reifen zurückzurufen, nachdem aufgrund geplatzter Reifen des Typs „500" 41 Menschen gestorben und zahlreiche verletzt worden waren. Infolge der negativen PR musste Firestone seine führende Marktposition an Goodyear abtreten.

Trotz rückläufiger Verkäufe blieb die Geschäftsbeziehung zu Ford intakt. Erst als die Qualität der Firestone-Reifen in den späten Neunzigern erneut in die Schlagzeilen geriet, begann es zwischen den beiden Unternehmen heftig zu kriseln. 1999 erhielt Ford zahlreiche Beschwerden von Kunden aus Thailand und Saudi-Arabien, woraufhin sie ihre Wagen aus diesen Regionen zurückriefen. Sie forderten Firestone auf, diesen Beschwerden nachzugehen. Dort nahm man sich sechs Monate Zeit für die Nachforschungen und erklärte anschließend, mit den Reifen gäbe es kein Problem.

Mittlerweile tauchten in den Vereinigten Staaten dieselben Qualitätsmängel auf, wo eine Serie von Verkehrsunfällen einen texanischen Fernsehsender veranlasste, eine Dokumentation zu dem Thema zu bringen. Zugleich orderte die National Highway Traffic Safety Administration* (NHTSA) eine offizielle Anhörung an, bei der sowohl Ford als auch Firestone Beweise vorzubringen hatten.

Während Firestone sich bereit erklärte, mit der NHTSA zu kooperieren, weigerte sich das Unternehmen zunächst, irgendwelche Informationen über schadhafte Reifen an Ford weiterzugeben. Als sie es schließlich doch taten, prüfte Ford die Daten und legte seine Ergebnisse der NHTSA vor. Danach schien festzustehen, dass sich die Reifenprofile auflösten, sobald die Wagen mit höheren Geschwindigkeiten fuhren. Innerhalb von vier Tagen ordnete die NHTSA einen Rückruf der Reifen an.

Firestone war nach wie vor wild entschlossen, sich zu verteidigen. Als Ford vorschlug, sie sollten ihre sämtlichen Daten über die Reifen doch veröffentlichen, weigerte man sich bei Firestone und beharrte darauf, dass die eigentliche Ursache für die Unfälle das Design und die Konstruktion des Ford Explorer wären. Ihre Argumentation wird von den Redakteuren der just-auto.com-Website erklärt:

Um den Fahrkomfort zu erhöhen, hatte Ford die Empfehlung Firestones ignoriert, den Reifendruck im 30-36-Psi-Bereich zu halten, und stattdessen einen Psi-Wert im untersten Bereich der Skala empfohlen. Vergaßen die Fahrer, den Reifendruck konstant auf dem Mindestlevel zu halten, hatten die Reifen zu wenig Luft, was wiederum bewirkte, dass sie – besonders im Wüstenklima – zu heiß wurden. Die Profile rieben sich ab, die Autos gerieten ins Rutschen und überschlugen sich leicht, weil sie einen höheren Schwerpunkt hatten.

Ob Firestone nun im Recht war oder nicht, die Marke nahm durch die öffentliche Schlammschlacht beträchtlichen Schaden, bei der sie und Ford sich gegenseitig vorwarfen, die alleinige Schuld an den Unfällen zu tragen. Der Konflikt

---

* Bundesbehörde für Verkehrssicherheit

Die 100 größten Marken-Flops

erreichte einen Höhepunkt, als Ford ankündigte, sie würden bis zu 13 Millionen Firestone-Reifen ersetzen. Ford erklärte, „Reifen, die von der Rückrufaktion ausgenommen waren, könnten eine erhöhte Fehlerquote aufweisen." Diese Entscheidung fällten sie einen Tag, nachdem Firestone Ford aus seiner amerikanischen Kundenkartei gestrichen hatte.

Mittlerweile waren über 100 Menschen bei Unfällen mit Ford Explorers ums Leben gekommen und die Nachforschungen liefen auf Hochtouren. Das öffentliche Vertrauen in Firestone sank rapide. In einer Umfrage des *Fortune*-Magazins zu den meistbewunderten Unternehmen landeten sie ganz unten auf der Liste.

„Wenn ich mir die Marke heute ansehe, würde ich sie als hoch gefährdet bezeichnen", sagt Gwen Morrison, eine Markenanalystin der Chicagoer Agentur Frankel. „Reifenmarken stehen in erster Linie für Sicherheit. Man sieht Werbeplakate, in denen ein Baby auf einem Stapel Reifen sitzt; die ganze Branche trug praktisch einen Heiligenschein."

Dass Ford und Firestone außerstande waren, klare und übereinstimmende Informationen herauszugeben und eine verständliche Erklärung für die Unfälle zu liefern, war fraglos ein schwerwiegender Fehler. Natürlich wären die Unfälle auf jeden Fall schlecht für die Unternehmen gewesen, egal wie sie damit umgingen. Doch indem sie auf ihren Informationen hockten und nicht kooperationsbereit waren, hat Firestone seine Zukunft umso stärker gefährdet.

Viele Markenexperten gehen jetzt davon aus, dass die Muttergesellschaft Bridgestone die Firestone-Marke ganz und gar einstellt und sich stattdessen auf seine eigene Reifenmarke konzentriert.

Was das Beispiel Firestone lehrt

- *Dem Kunden gegenüber muss man ehrlich sein.* Die schadhaften Reifen allein haben wahrscheinlich weniger Unheil angerichtet als die erwiesene Tatsache, dass Firestone Informationen über die Probleme bewusst zurückhielt.

- *Schnell handeln.* Im Falle einer Markenkrise, wie beispielsweise einer notwendigen Rückrufaktion, müssen Unternehmen schnell handeln, um das Vertrauen der Kunden wiederherzustellen. Sechs Monate zu warten, ehe man seine Nachforschungsergebnisse publik macht, fördert nur negative Spekulationen.

- *Sensibel sein.* Indem sie sich mit Ford zankten, statt ihr Mitgefühl mit den Unfallopfern auszudrücken, vermittelte Firestone nach außen den Eindruck, sie wären unsensibel.

- *Auf ein Worst-Case-Szenario muss man gemeinsam mit den Partnern vorbereitet sein.* Partner, die eine langfristige Zusammenarbeit planen, sollten gemeinsame Pläne entwickeln, wie die Verantwortlichkeiten aufgeteilt sind und wie die Kommunikation in Problemfällen gehandhabt wird, empfiehlt Robert Desisto, Markenanalyst bei Gartner Research: „Um genauer zu sein: Solche Partnerschaften müssen Methoden vorsehen, wie sie die Kundenbeschwerden ihrer jeweiligen Kundendienstzentren untereinander austauschen, ebenso wie sie einen Weg finden sollten, sich gegenseitig wichtige technische Daten zur Verfügung zu stellen, um Verkaufseinbußen vorzubeugen und auch Verlusten weniger greifbarer Art wie etwa des Wohlwollens der Kunden."

- *Vorausschauendes Handeln schützt.* Jahre bevor die Unfälle in die Schlagzeilen kamen, hatten sich die Kunden über Reifenmängel beschwert. Firestone hätte voraussehen müssen, dass sich das Problem verschärfen würde und es gleich lösen sollen.

- *Immer daran denken: Wahrnehmung ist alles.* Was immer der Grund für das Platzen der Reifen gewesen sein mag, die erbärmliche Reaktion auf die Schwierigkeiten hatte zur Folge, dass Firestone unter Beschuss geriet. Sieht es nach außen hin aus, als hielte man relevante Informationen zurück, wird die öffentliche Wahrnehmung immer negativ sein, ungeachtet dessen, was sich in Wahrheit dahinter verbirgt.

- *An den essentiellen Werten einer Marke muss man festhalten.* Firestones Marketing bemühte sich stets darum, den Verbrauchern „Sicherheit" als wesentliches Merkmal der Reifen zu vermitteln. Als ihnen das aufgrund der schlechten Publicity nicht mehr gelang, steckten sie in großen Schwierigkeiten.

49. Farley's Säuglingsmilch

Der Salmonellenvorfall

Als das UK Central Public Health Laboratory* 1985 einen Zusammenhang zwischen Farley's Säuglingsmilch und Salmonellen nachwies, machte der Vorfall Schlagzeilen. Das Produkt wurde sofort vom Markt genommen, und die Rückrufaktion kostete 8 Millionen Pfund. Farley's Muttergesellschaft, Glaxo SmithKline, musste Farley's liquidieren und verkaufte die beiden Fabriken für 18 Millionen Pfund an die Drogeriekette Boots.

Boots sah sich nun vor der Aufgabe, die Marke wiederaufzubauen, was angesichts der vernichtenden Presse beinahe unmöglich schien. Verseuchte Lebensmittelprodukte sind für Marken immer schädlich, kommen jedoch Babys ins Spiel, wirken sie sich noch katastrophaler, wenn nicht gar tödlich aus.

Zudem hatten Farley's Hauptkonkurrenten – Cow & Gate und Wyeth! – die Zeit genutzt, während derer Farley's aus den Regalen verschwunden war, um ihre Produktionen zu steigern. Entsprechend war kaum noch Platz für Farley's übrig. Obwohl Boots Millionen in das Marketing von Farley's investierte, konnte die Marke nie mehr den Marktanteil zurückgewinnen, den sie vor dem Salmonellenvorfall gehabt hatte. Nachdem sie jahrelang durchgehalten hatten, verkaufte Boots das Unternehmen schließlich 1994 an Heinz.

Was das Beispiel Farley's lehrt

- *Man muss stets interne Bedrohungen im Augen behalten.* Der Salmonellenvorfall wäre vermeidbar gewesen, denn er wurde durch einen Mitarbeiter verursacht, der sich nicht an die Produktionsvorschriften hielt.

- *Die Konkurrenz nutzt jede Schwäche aus.* Als die Farley's Produkte aus den Regalen verschwanden, ergriffen seine zwei Hauptkonkurrenten die Gelegenheit beim Schopfe und machten dem Unternehmen dadurch die Rückkehr auf den Markt umso schwerer.

---

* Forschungsinstitut der britischen Gesundheitsbehörde

Kapitel 6

Kulturell bedingtes Scheitern

Marken operieren global. Markennamen wie Nike, Coca-Cola, McDonald's, Gillette, Adidas, Disney, Marlboro, Sony, Budweiser, Microsoft und Pepsi kennt man heutzutage überall auf der Welt. Der Wegfall von Handelsbeschränkungen im Verein mit globalen Kommunikationstechnologien wie Internet bedeutet für Unternehmen, dass sie schneller denn je in neue Märkte expandieren können.

Allerdings verwechseln viele Unternehmen das Zeitalter der Globalisierung mit einem der Homogenisierung. Haben sie mit einem Produkt auf einem Markt Erfolg, gehen sie einfach davon aus, denselben Erfolg damit auch überall anders wiederholen zu können. Sie meinen, sie bräuchten nur eine Website in der betreffenden Sprache zu entwerfen, eine Werbekampagne zu starten und ein vergleichbares Vertriebssystem aufzuziehen. Was sie dabei vergessen, ist, dass zu einem Land mehr gehört als die eigene Sprache, Währung oder das Bruttosozialprodukt. Kulturelle Unterschiede zwischen, aber auch innerhalb einzelner Länder haben großen Einfluss auf den Erfolg einer Marke.

Um sich durchzusetzen, müssen Marken sich dem spezifischen Geschmack des jeweiligen Marktes anpassen. Und wenn sich dieser Geschmack ändert, muss sich die Marke ebenfalls ändern. Wie der holprige Startversuch von Kellogg's in Indien zeigt (das erste Beispiel dieses Kapitels), scheitern Unternehmen, wenn sie die großen kulturellen Unterschiede nicht wahrnehmen, beziehungsweise sie nicht berücksichtigen. Ihnen blüht ein langer zäher Kampf, wollen sie die heimischen Erfolge in anderen Märkten wiederholen.

Hier geht es keineswegs nur um das Verstehen von kulturellen Unterschieden innerhalb eines internationalen Marktes, sondern auch um die spezifischen kulturellen Implikationen einzelner Marken. Oft begehen Unternehmen, die Marken neu hinzuerwerben und mit ihnen in ausländische Märkte zu expandieren versuchen, ein und denselben Fauxpas – sie interpretieren nicht etwa den Markt falsch, sondern die Marke. So geschehen bei CBS mit dem Kauf des Gitarrenbauers Fender und bei Quaker Oates mit dem Kauf des Softdrinks Snapple. Wenngleich die Firmen Millionen ins Marketing investierten, verloren sie große Marktanteile, weil sie weder genau einzuschätzen wussten, wo ihr Markt war, noch was ihre Kunden wollten. In beiden Fällen schadete der Eigentümerwechsel den Marken.

50. Kellogg's in Indien

Kellogg's ist fraglos ein Markenriese. Sie verkaufen weltweit mehr Frühstücksflocken als irgendeiner ihrer Konkurrenten. Ihre Untermarken Cornflakes, Frosties und Rice-Krispies stehen täglich auf Millionen Frühstückstischen.

In den 1980ern erreichte das Unternehmen einen absoluten Höhepunkt und hielt allein in den USA mit seinen Frühstücksflocken einen Marktanteil von 40 Prozent aller Fertignahrungsprodukte. Zu diesem Zeitpunkt unterhielt Kellogg's über 20 Fabriken in 18 Ländern und erwirtschaftete Jahresumsätze von mehr als 6 Milliarden Dollar.

Trotzdem gerieten die Geschäfte in den Neunzigern ins Schlingern. Der Wettbewerb wurde härter, da der größte Konkurrent, General Mills, mit seinen Cheerios-Marken zunehmend Druck ausübte. In einem Artikel im *Fortune*-Magazin von 1997 wurde dem Kellogg's-Managementteam vorgeworfen, sie wären „einfallslos" und würden „eine der Topmarken der Welt ruinieren".

In den Kernmärkten wie den USA und Großbritannien stagnierte die Frühstücksflockenbranche seit über zehn Jahren, da es kaum noch Raum für weiteres Wachstum gab. Deshalb begann Kellogg's in den Neunzigern, sich auf die Suche nach neuen Frühstücksflockenkunden außerhalb Europas und Amerikas zu machen. Man brauchte nicht lange, bis man sich für Indien als geeigneten Kandidaten entschied. Immerhin lebten dort über 950 Millionen Menschen, von denen 250 Millionen dem Mittelstand angehörten – ein vollkommen ungenutztes Marktpotenzial.

1994, drei Jahre nachdem Indien sich dem internationalen Handel geöffnet hatte, investierte Kellogg's 65 Millionen Dollar in die Markteinführung seiner Topmarke, Cornflakes. Indische Wirtschaftsexperten wie Bhaigrat B. Merchant, der damals der Börse von Bombay vorstand, zeigten sich optimistisch. „Selbst wenn Kellogg's nur einen Marktanteil von zwei Prozent schafft, bedeutet das bei 18 Millionen Verbrauchern, dass sie einen größeren Markt haben werden als in den USA", sagte er.

Dennoch war es auf dem indischen Subkontinent ein Novum, morgens Frühstücksflocken zu essen. Normalerweise begannen die Menschen dort ihren Tag mit einer Schale Gemüse. Das hieß einerseits, Kellogg's würde wenig direkte Konkurrenz haben, andererseits aber auch, dass das Unternehmen nicht bloß sein Produkt, sondern vor allem gänzlich neue Essgewohnheiten bewerben musste.

Die anfänglichen Verkaufszahlen waren viel versprechend und der Verzehr von Frühstücksflocken schien zuzunehmen. Wie sich jedoch schon bald herausstellen sollte, kauften die meisten Verbraucher das Produkt nur einmal, weil es eben neu war. Und selbst wenn sie es mochten, war es ihnen einfach zu teuer. Eine 500-g-Packung Cornflakes kostete ein Drittel mehr als dieselbe Menge Flocken des nächsten Konkurrenten. Kellogg's aber weigerte sich, den Preis zu senken, und brachte stattdessen weitere Produkte auf den Markt, ohne zuvor weitere Marktforschungen durchzuführen. Innerhalb der nächsten fünf Jahre wurden den indischen Frühstücksflockenkäufern Kellogg's Wheat Flakes, Frosties, Rice Flakes, Honey Crunch, All Bran, Special K und Chocos Chocolate Puffs angeboten. Keines der Produkte konnte hier den Erfolg wiederholen, den sie im Westen gehabt hatten.

Hinzu kam, dass Kellogg's mit dem Versuch, seine Produkte zu „indisieren", kläglichst scheiterte. Seine Mazza-Marken mit Mixflocken, die nach Mango, Kokos oder Rose schmeckten, setzten sich nicht durch.

Bei Kellogg's folgerte man daraus, man müsse auf dem indischen Markt eine neue Strategie anwenden, um die Markenpräsenz zu steigern: Konnten sie keine Frühstücksflocken verkaufen, mussten sie eben versuchen, Kekse zu verkaufen. Die Angeboterweiterung stieß auf reichlich Medienresonanz. So schrieb die Zeitung *Indian Express* 2000:

> Quellen zufolge sucht das Unternehmen nach neuen Produktkategorien, mit denen es den eher schlechten Start seiner Frühstücksflockenmarken wettmachen will. Unterdessen bemüht sich das Marketing weiterhin fieberhaft um das Kernprodukt – Frühstücksflocken. Dahinter steht der Gedanke, den Marktanteil der Kellogg's-Marke zu steigern.
>
> „Das Unternehmen konzentriert sich darauf, seinen Markennamen fest zu

etablieren, unabhängig davon, wie gut oder schlecht einzelne Produkte zunächst aufgenommen werden. Im Mittelpunkt steht die Präsenz auf den Einzelhandelsregalen mit einem möglichst vielseitigen Produktsortiment", erklärt ein Unternehmensvertreter.

Hinsichtlich des Einzelhandels hat Kellogg India seinen Händlern bereits verraten, dass sie im kommenden Halbjahr monatlich mindestens ein neues Produkt auf den Markt bringen wollen.

Diese Schnellschusseinführungen sollten durch extensive Sonderofferten gefördert werden. So bot man Testproben davon auf der Hälfte aller Frühstücksflockenpackungen an. Doch obwohl das Keksortiment bei den Kindern durchaus Erfolg hat – was nicht zuletzt am niedrigen Preis liegen mag –, kämpft Kellogg's in der Frühstücksflockenkategorie nach wie vor ums Überleben.

Zwar zeigte sich das Unternehmen sensibler, was die Anforderungen des speziellen Marktes anging, indem sie kleine Geschmacksveränderungen vornahmen, doch beim Preis bleiben sie unerbittlich. Laut einer Studie, die die Marktforschungsfirma PROMAR International unter dem Titel „The Sub-Continent in Transition: A strategic assessment of food, beverage, and agribusiness opportunities in India in 2010"* veröffentlichte, wird der Preisfaktor Kellogg's auch weiterhin im Wachstum einschränken. „Hat Kellogg's einen Wandel der indischen Frühstücksgewohnheiten erreicht, indem sie ihre Flocken einführten und das Geschmacksangebot dem indischen Gaumen anpasste, so wird der Verzehr doch angesichts des Preises auf die städtischen Zentren mit den betuchteren Haushalten beschränkt bleiben", heißt es dort.

Kellogg's holpriger Start in Indien ist durchaus kein Einzelfall. Es gibt andere Beispiele für Marken, die den Markt falsch einschätzen:

- *Mercedes-Benz.* Der deutsche Automobilriese eröffnete 1995 seine erste Fabrik in Indien, um dort ihre E-Klasse-Limousine bauen zu lassen. Das Auto sollte sich gezielt an die wachsende wohlhabende indische Mittelklasse richten, wollte jedoch nicht recht Fuß fassen. Bis 1997 nutzten die Fabrik gerade mal 10 Prozent ihrer Produktionskapazität von 20.000 Wagen. „Die Inder rümpften schlicht die Nase über die Limousine – das Modell war älter als die in Europa verkauften", berichtete *Business Week* seinerzeit. „Nun

---

* sinngemäß „Der Subkontinent im Wandel: Eine strategische Bewertung der Möglichkeiten, die sich 2010 auf dem Nahrungsmittelsektor, dem Getränkesektor und der Landwirtschaft in Indien bieten werden." *d. Übers.*

muss Mercedes seine Fehler wieder ausbügeln und die Wagen nach Afrika oder irgendwo anders hin exportieren."

- *Lufthansa.* Die deutsche Lufthansa tat sich 1993 mit der indischen Fluggesellschaft Modi Group zusammen, um eine neue private Nationallinie zu gründen, ModiLuft. Nach drei Jahre allerdings war ModiLuft am Boden und Lufthansa verklagte die Modi-Brüder, weil sie angeblich Gelder des deutschen Unternehmens in andere Geschäfte investiert hatten. Im Gegenzug warf die Modi Group Lufthansa vor, sie hätten zu hohe Preise gefordert und defekte Flugzeuge geliefert.

- *Coca-Cola.* Coca-Cola erkannte, dass der Schlüssel zum Erfolg einer indischen Marke im Vertrieb lag. Daher beschlossen sie, Indiens erfolgreichstes Softdrink-Unternehmen aufzukaufen, denen die beliebte Getränkemarke „Thumbs Up" gehörte. Nun verfügte Coca-Cola damit zwar gleich über ein Vertriebsnetzwerk, doch über viele Jahre blieb Thumps Up deutlich beliebter als Coke. Die meisten Inder meinten anfangs, das neue Getränk auf dem Markt enthielte nicht genug Kohlensäure.

- *Whirlpool.* Als Whirlpool seine ersten Kühlschränke auf den indischen Markt brachte, mussten sie feststellen, dass die Verbraucher dort nicht willens waren, größere Kühlschränke als den 165-l-Standard zu kaufen.

- *MTV.* Als MTV India startete, war es das Ziel des Senders, westlichen Rock, Rap und Pop auf den Subkontinent zu bringen. Mittlerweile hat sich die Musikpolitik dahingehend geändert, dass auch indische Genres wie Bhangra ins Programm aufgenommen wurden.

- *Domino's Pizza.* Zunächst übertrug Domino's Pizza sein Angebot einfach auf den indischen Markt. Das Unternehmen erkannte allerdings bald, dass es sich am regionalen Geschmack orientieren musste, wie Arvind Nair, CEO von Donimo's Pizza India erklärt. „Am Anfang konzentrierten wir uns ausschließlich auf die Metropolen, aber in den letzten zwei Jahren sahen wir, dass es notwendig war, auch in die „Ministädte" und solche der B-Kategorie zu expandieren. Wir haben auch mit unseren Geschmacksangeboten experimentiert, vor allem als wir in die kleineren Städte vordrangen. Wir konzentrieren uns gegenwärtig vor allem auf regional unterschiedliche Angebote", berichtet er. Im Rahmen der veränderten Strategie brachte Domino's regionale Angebote wie „Peppy Paneer" und „Chicken Chettinad" raus. Diesen Schritt quittierte der indische Hauptkonkurrent, US Pizza, mit einem ironischen Grinsen. Immerhin waren sie als Erste auf die Idee gekommen, ihr Angebot von Region zu Region variieren zu lassen. „Als wir 1995 Tandoori-Hühnchen- und Paneer-Belag anboten, hat sich mancher über uns lustig gemacht und gefragt, warum wir nicht gleich Pizza mit Spaghetti- oder Nudelbelag anboten. Und dasselbe Unternehmen bietet jetzt Chole- und würzige Marsala-Pizzas an", kommentiert Wahid Berenjian, Geschäftsführer von US Pizza. Wie er dem Hindu-Blatt *Business Line* erzählte, begehen US-Marken wie Domino's den schweren Fehler, amerikanischen Geschmack für universal zu halten: „Man kann Geschmäcker, die sich über Jahrtausende entwickelt haben, nicht einfach verändern."

- *Citibank*. Als die Citibank auf den indischen Markt kam, zielte das Unternehmen vor allem auf die hohen Einkommensklassen ab. Sie mussten jedoch bald einsehen, dass es, um mit den Worten von *Business Line* zu sprechen, „in Indien sinnvoller ist, eine Massenbank zu sein als eine Klassenbank."

Einer der Gründe, weshalb die Reise nach Indien für Kellogg's und die anderen Marken alles andere als gut verlief, war der, dass sie sich von Zahlen blenden ließen. Die indische Bevölkerung mag sich der Milliardengrenze nähern, doch davon macht die Mittelschicht gerade mal ein Viertel aus. Hinzu kam, dass einem Bericht des Indian National Council on Applied Economic Research in Delhi zufolge der Anteil der „Verbraucherklasse" sich bei höchstens 100 Millionen Menschen bewegt und die Kaufgewohnheiten und Geschmäcker zwischen den vielen Regionen erheblich variieren. Schließlich hat Indien siebzehn offizielle Sprachen und sechs große Religionsgemeinschaften, die sich über 25 Staaten verteilen.

Entsprechend hatten nur jene Unternehmen eine Chance, die sich auf die kulturelle Komplexität Indiens einlassen konnten. Eines von ihnen ist Unilever. Allerdings genossen sie gegenüber den anderen westlichen Firmen, die nach 1991 in den Markt drangen, einen enormen Vorsprung. Unilevers Seifen- und Zahnpflegeprodukte gibt es schon seit 1887 in Indien, als der Subkontinent noch das Kronjuwel des British Empire war. Das Geheimnis von Unilevers Langlebigkeit in Indien ist der Vertrieb. Hindustan Lever Limited, wie der indische Unternehmenszweig heißt, bietet Produkte allein in zehn Millionen kleinen Geschäften in ländlichen Regionen an.

Was Kellogg's angeht, bleibt fraglich, inwieweit ihre neuen Produktkategorien wie Snacks die Marke zu stärken vermögen. Ein vorstellbares Dilemma, in das sie sich damit manövrieren könnten, wäre, dass ihr Markenname eher mit Keksen als mit Frühstücksflocken in Verbindung gebracht wird und demzufolge ihr Kernprodukt in der indischen Markenwahrnehmung eher zu einem Randprodukt degradiert wird.

„Kellogg's steckt in der Klemme", bemerkte ein indischer Markenanalyst gegenüber *Business Line*. „Sie haben erkannt, dass sie mit Cornflakes nur langfristig Geld verdienen können, also brauchen sie ein Produkt, das ihr Markenwachstum ankurbelt und ihnen die Position sichert, die sie so verzweifelt anstreben. Dennoch ist und bleibt ihre eigentliche Stärke weltweit das Frühstücksflockengeschäft und nicht die Snacks."

Trotzdem betrachten andere unabhängige indische Beobachter Kellogg's Zukunft auf dem Subkontinent mit mehr Optimismus. Einer von jenen, die glauben, Kellogg's werde am Ende erfolgreich sein, ist Jagdeep Kapoor, Geschäftsführer der indischen Marketingfirma Samiska Marketing Consultants. „Mit jedem neuen Produktangebot verbessern sich Kellogg's Chancen, weil sie den indischen Markt immer besser kennen lernen", meint er.

Das wird die Zeit zeigen.

Was das Beispiel Kellogg's lehrt

- *Man mache seine Hausaufgaben.* Warum tut sich Kellogg's in Indien so schwer? „Sie haben ihre Kulturhausaufgaben schlecht gemacht", urteilt Titoo Ahluwalia, Vorstand des Marktforschungsunternehmens ORG MARG in Bombay.

- *Man unterschätze die lokale Konkurrenz nicht.* Die Befürchtungen indischer Marken, mit der Marktöffnung für den internationalen Wettbewerb von 1991 müssten sie sich einer neuen Welle internationaler Konkurrenz stellen, erwies sich als Irrtum. „Multinationale Unternehmen sollten nicht davon ausgehen, in Indien ein bislang nicht beackertes Feld vorzufinden", warnt C. K. Prahalad, Wirtschaftsprofessor an der University of Michigan, in einem Artikel der *Business Week*. „Der Trick besteht darin, nicht zu groß zu sein."

- *Man denke daran, dass eckige Pflöcke nicht in runde Löcher passen.* Als Kellogg's erstmals seine Cornflakes in Indien auf den Markt brachte, führten sie quasi ein westliches Produkt ein, das den indischen Geschmack treffen sollte. Nun mag Globalisierung ein zunehmender Trend sein, doch regionale Identitäten, Gebräuche und Geschmäcker sind so unterschiedlich, wie sie immer waren. Markenmanager globaler Marken sehen die Welt vielleicht als homogenes Gefüge, in welchem die Verbraucherbedürfnisse überall dieselben sind, doch die Wirklichkeit sieht anders aus. „Man hat mehr Möglichkeiten, wenn man sein Angebot den lokalen Gegebenheiten anpasst, und die klugen Unternehmen haben das bereits erkannt", kommentiert Ramanujan Sridhar, CEO der indischen Marketing- und Werbeagentur Brand Comm.

- *Man versuche nie, die Verbraucher ihrer eigenen Kultur zu entfremden.* „Die Regeln sind ganz klar", erklärt Wahid Berenjian, der Geschäftsführer von US Pizza (die eine Auswahl von Pizzen mit indischem Belag eingeführt haben) in einem Artikel der Hindu-Zeitung *Business Line*. „Man kann mich ein bisschen von meiner Kultur entfremden, aber man kann mich nicht zu einem Fremden in ihr machen. Die Gesellschaft ist viel stärker als irgendein Unternehmen oder Produkt." Marken, die in Indien und anderen kulturell unterschiedlichen Märkten Erfolg haben wollen, sollten das stets im Kopf haben.

51. Hallmark in Frankreich

Hallmark-Grußkarten erfreuen sich in Großbritannien wie den USA ausgesprochen großer Beliebtheit. Sie bieten etwas für jedes besondere Ereignis – von Geburtstagen bis Hochzeiten und vom Muttertag bis zum bestandenen Führerschein. Tausende von Menschen verschicken täglich Hallmark-Karten.

Das besondere Kennzeichen (oder, wie es im Englischen heißt, „Hallmark") sind die „besonderen Botschaften". Der Vorteil beim Kauf einer Hallmark-Karte ist, dass man sich nicht selbst etwas ausdenken muss, was man zum speziellen Anlass schreiben kann – das hat der Kartenverlag übernommen. „Ich danke dir dafür, dass du so eine großartige Tochter bist", „Diese Geburtstagswünsche sind ganz allein für dich" oder Ähnliches steht auf dem Deckblatt, innen meistens ergänzt durch ein relativ sentimentales Gedicht.

Doch obwohl sich dieses Rezept in vielen Ländern erfolgreich bewähren konnte, hat es sich nicht als universell verwendbar erwiesen. So versuchte Hallmark beispielsweise, seine Karten in Frankreich anzubieten, wo sie jedoch niemand kaufte, weil Franzosen es in der Regel vorziehen, selbst den Kartentext zu schreiben. Zudem traf der süßlich-sentimentale Ton der Karten nicht den französischen Geschmack. Nach wenigen Monaten musste Hallmark aufgeben und nahm seine Marke wieder aus den Geschäften.

Was das Beispiel Hallmark lehrt

- *Marken müssen kulturelle Unterschiede akzeptieren.* Die wenigsten Marken waren imstande, ohne Änderung ihres Konzepts in andere kulturelle Räume vorzudringen. Selbst Coca-Cola und McDonald's variieren ihre Produkte je nach Markt.

Übersetzungsprobleme

Häufig hängen Schwierigkeiten, denen Marken in internationalen Märkten begegnen, mit Übersetzungsproblemen zusammen. Die Sprache des Geschäftsverkehrs mag von so ziemlich jedermann verstanden werden, doch viele Marken begingen schwerwiegende Marketingfehler, indem sie versuchten, ihre Werbekampagnen in Märkte zu übertragen, in denen ihre Muttersprache nicht gesprochen wurde.

Im Folgenden zeigen wir nur einige der größten Fehltritte, die das internationale Marketing sich bisher leistete.

52. Pepsi in Taiwan

Um weltweit eine einheitliche Identität zu vermitteln, kopieren viele Unternehmen ihre Werbekampagnen und Markenbotschaften, indem sie diese einfach übersetzen. Das kann gelegentliche enorme Schwierigkeiten nach sich ziehen. So wurde der Pepsi-Slogan „Come alive with the Pepsi-Generation" (sinngemäß „Lass dich von der Pepsi-Generation zum Leben erwecken", *d. Übers.*)

für den taiwanesischen Markt mit „Pepsi bringt deine Vorfahren von den Toten zurück" übersetzt.

53. Schweppes in Italien

In Italien wurde die Werbekampagne für Schweppes Tonic Water zum Rohrkrepierer, weil der Produktname als „Schweppes Toilettenwasser" übersetzt worden war. Bei den Folgekampagnen konnte man bessere Resultate erzielen.

54. Chevy Nova und andere

Von allen Produkten erwiesen sich Autos als diejenigen mit den größten Übersetzungsproblemen. Als ganz Lateinamerika über den Chevy Nova kicherte, wunderte man sich bei General Motors. Das heißt: Man wunderte sich so lange, bis jemand sie darauf hinwies, dass „no va" im Spanischen „geht nicht" bedeutet. Dann war da der Mitsubishi Pajero, der in Spanien Massenverlegenheit hervorrief, weil „pajero" dort ein Slangausdruck für „Masturbierer" ist. Toyotas Fiera löste in Puerto Rico eine Kontroverse aus, da in der Landessprache „fiera" die Bezeichnung für eine „hässliche alte Frau" ist. Ähnlich erging es den Deutschen, die sich wenig dafür begeistern konnten, einen Rolls-Royce zu fahren, der „Silver Mist" hieß. In der englischsprachigen Welt bedeutet der Name des Modells weit romantischer „Silbernebel", was sich allerdings nicht ohne weiteres ins Deutsche übertragen lässt. Und schließlich war da noch der Ford, dessen Modell „Pinto" in Brasilien entgegen sämtlicher Unternehmensprognosen floppte. Auch sie entdeckten erst im Nachhinein, was sie falsch gemacht hatten. „Pinto" steht im brasilianischen Portugiesisch für „kleiner Penis".

55. Electrolux in den Vereinigten Staaten

Der skandinavische Staubsaugerhersteller Electrolux sorgte in den USA mit dem Slogan „Nothing sucks like an Electrolux" für einiges Erstaunen. Nun kann der Satz zwar sehr wohl mit „Nichts saugt wie ein Electrolux" übersetzt werden – in England –, im amerikanischen Englisch allerdings bedeutet er „Nichts ist so Scheiße wie ein Electrolux." Der Hersteller änderte den Slogan dann.

56. Gerber in Afrika

Als Gerber, der Hersteller für Babynahrung, begann, seine Produkte in Afrika anzubieten, benutzen sie dieselbe Verpackung wie für die westlichen Märkte. Auf dem Etikett war ein Baby abgebildet. Als sie sich über die niedrigen Verkaufszahlen wunderten, musste Gerber sich sagen lassen, dass die meisten Verbraucher in Afrika kein Englisch lesen können, weshalb westliche Unternehmen normalerweise Bilder des Packungsinhalts auf die Etiketten druckten.

57. Coors in Spanien

Coors-Bier hatte in Spanien Pech mit der Übersetzung seines Slogans „Turn it loose". Die spanische Fassung dort lautete sinngemäß nicht etwa „Werd mal locker", sondern „Du kriegst Durchfall."

58. Frank Perdues Hühnchen in Spanien

Um beim Spanischen zu bleiben: Die amerikanische Nahrungsmittelmarke Frank Perdue sorgte mit ihrer Hühnchenkampagne für reichlich Verwirrung, als sie ihren Slogan „It takes a strong man to make a tender chicken" (sinngemäß „Es braucht einen starken Mann, um ein zartes Hühnchen zuzubereiten") übersetzen ließen und herauskam: „Es braucht einen erregten Mann, um ein Hühnchen zärtlich zu machen."

59. Clairols „Mist Stick" in Deutschland

Als Clairol seinen „Mist Stick"-Lockenstab in Deutschland auf den Markt brachte, hatte man beim Unternehmen offenbar keine Ahnung davon, dass „Mist" deutsche Umgangssprache für „Tierexkremente" ist. Das Unternehmen musste dann feststellen, wie wenige Frauen wild auf einen Dungstab im Haar waren.

60. Parker Pens in Mexiko

Parker Pens versetzte den mexikanischen Markt in Angst und Schrecken, als sie mit einem Werbeslogan warben, der eigentlich hätte lauten sollen „Er wird nicht in Ihre Tasche tropfen und Sie in Verlegenheit bringen", dann aber im Spanischen zu „Er wird nicht in Ihre Tasche tropfen und Sie schwängern" wurde. Das Unternehmen hatte es geschafft, das englische Verb „embarrass" (in Verlegenheit bringen) ins Spanische „embraza", also „schwängern", zu übersetzen.

61. American Airlines in Mexiko

Als American Airlines sich anschickten, ihren mexikanischen Kunden die luxuriösen Aspekte des Business-Class-Fliegens nahe zu bringen, hielten sie es für eine gute Idee, in der Werbung die Ledersitze in den Mittelpunkt zu rücken. Also kamen sie auf den Slogan „In Leder fliegen", den sie mit „Vuelo en Cuero" ins Spanische übertrugen. Leider enthielt ihr Wörterbuch keinen Eintrag, der sie darauf hinwies, dass „en cuero" im spanischen Slang „nackt" bedeutet. Es stellte sich bald heraus, dass mexikanische Business-Flieger sich nicht recht mit dem Gedanken anfreunden mochten, im Adamskostüm zu fliegen.

62. Vicks in Deutschland

Vicks, der Hersteller für Erkältungsbalsam, konnte in Deutschland kaum Kunden für seine Produkte gewinnen. Das Problem war, dass man in Deutschland das „V" meist wie ein „F" ausspricht, wodurch der Name in gefährliche phonetische Nähe zu dem „F"-Wort geriet.

63. Kentucky Fried Chicken in Hongkong

KFCs „finger lickin' good"-Slogan („zum Fingerabschlecken lecker") wurde weltweit eingesetzt, um den hervorragenden Geschmack des Produkts zu betonen. Als er allerdings für den Hongkonger Markt ins Chinesische übersetzt wurde, kam „friss deine Finger auf" dabei heraus. Es bedarf wohl kaum der Erwähnung, dass die Verbraucher sich dann doch lieber für die Fritten entschieden.

64. CBS-Fender

Die Geschichte zweier Kulturen

Unter Gitarrenfans ist die Fendermarke eine Ikone. Fender-Gitarren wie Stratocaster und Telecaster gehörten schon in den Fünfzigern fest zur Rock'n'Roll-Szene und wurden von zahlreichen berühmten Musikern gespielt. John Lennon und George Harrison besaßen Stratocasters, und auch Jimi Hendrix verhalf diesem speziellem E-Gitarren-Modell zu legendärem Ruhm.

Dann traf Leo Fender irgendwann in den frühen Sechzigern die beinahe fatale Entscheidung, sein Unternehmen zu verkaufen. In CBS fand er 1965 einen Käufer, der schon damals zu den Größten im Musikgeschäft zählte und dessen Plattenverlage wie Radiosender extrem beliebt und erfolgreich waren. Beide Parteien betrachteten den Abschluss als vollkommen logischen Schritt. Schließlich war CBS im Musikgeschäft und Fender baute Musikinstrumente. Was, wenn nicht das wäre perfekte Synergie?

Zunächst schien der Verkauf ein Erfolg zu sein. Während die E-Gitarre die Rockmusik der späten Sechziger und frühen Siebziger revolutionierte, blieb CBS-Fender der größte Hersteller des Instruments. Eric Clapton, Mark Knopfler und so ziemlich alle übrigen Gitarrenlegenden der Zeit spielten Fender-Gitarren.

1975 begann das Unternehmen dann allerdings, Marktanteile zu verlieren. „Das Problem war, dass CBS über den Gitarrenbau nicht wirklich gut Bescheid wusste", sagt Morgan Ringwald, der heutige PR-Chef der Fender Musical Instruments Corporation. „Nach ungefähr zehn Jahren hatten sie die Qualitätskontrolle aus den Augen verloren, ihre Patente verfallen lassen und vergessen, weiter Geld in Forschung und Entwicklung zu investieren. Sehr bald waren dann die asiatischen Hersteller imstande, billigere und bessere Kopien des Fender-Designs zu bauen."

Das Flaggschiff des Unternehmen – die Stratocaster – war vernachlässigt worden. Wie auf der Website der Fender-Liebhaber, Fender-strat.com, zu lesen ist, war das ein folgenschwerer Fehler:

> Der Konzern schaffte schließlich, was kein anderer jemals geschafft hätte: Sie schwächten die Strat. Mit der Zeit kauften unerfahrenere Gitarristen noch neue Fender, aber die erfahreneren wandten sich den alten Strats zu, wegen ihres brillanten Designs und ihrer beachtlichen Vielseitigkeit [...] Bis 1985 war die Strat vielfach kopiert, vereinfacht und anderweitig entstellt worden.

1981 hatte CBS ein neues Managementteam rekrutiert, das die Fendermarke „neu erfinden" sollte. Sie stellten einen Fünf-Jahres-Plan zur Qualitätsverbesserung der Fenderprodukte auf. Die eigentliche Wende jedoch trat erst 1985 ein, als CBS entschied, sich von allen Geschäftszweigen zu trennen, die nichts mit Radio oder Fernsehen zu tun hatten. Fender wurde von einer Gruppe aus Mitarbeitern und Investoren unter der Führung von William Schultz gekauft.

Das Fender-Unternehmen, das aus dieser „Wiedergeburt" (wie es Fender-Fans gern nennen) hervorging, war zweifellos deutlich kleiner, als CBS-Fender jemals gewesen war. Immerhin hatte CBS lediglich die Fender-Namenspatente und die noch am Lager befindlichen Teile verkauft. Der Vertrag sah weder einen Verkauf der Gebäude noch der Maschinen vor. Was das neue Fender-Unternehmen jedoch vorzuweisen hatte, war ein Team von Mitarbeitern, die genau wussten, worauf es bei der Fendermarke wirklich ankommt. Einige von ihnen waren schon dabei gewesen, als Leo Fender in den Vierzigern die ersten Gitarren und Verstärker zu bauen begann. Mithin dauerte es nicht lange, bis die Marke ihren Platz in den Herzen der Gitarrenfans überall auf der Welt zurückerobert hatte.

In den Neunzigern kletterten Fenders Umsätze rasant nach oben, und das Unternehmen erweiterte sein Angebot, um den wachsenden Bedürfnissen der Gitarristen gerecht zu werden. Sie stellten nun nicht mehr nur E-Gitarren und die dazugehörigen Saiten her, sondern auch Audio-Produkte wie Verstärker und Mischpulte. Das Geheimnis des fortgesetzten Erfolgs von Fender lag in ihrem Wissen um die Werte, welche die Marke überhaupt erst so beliebt gemacht hatten – nämlich handwerkliche Perfektion und eine genaue Kenntnis der zeitgenössischen Gitarristen. Unter CBS, zwischen 1965 und 1985, waren diese Werte zeitweilig verloren gegangen, und die Marke hatte entsprechend gelitten.

Heute ist Fender wieder obenauf und die Kunden schätzen sie mehr denn je. So verkündet die Fender-strat.com-Website enthusiastisch: „Fender hat seinen festen Platz in den Herzen, Köpfen und Fingern aller Gitarristen weltweit mittels überragender Qualität und einigen der besten Forscher und Entwickler der gesamten Branche wiedererlangt."

Diese Ansicht teilt auch eine andere inoffizielle Gitarren-Website, harmony-central.com, auf der Fender-Liebhaber Richard Smith der Marke zum Überleben der CBS-Jahre und zur Rückkehr zu ihren zentralen Werten gratuliert: „Fender bestimmt nach wie vor maßgeblich, wie Musik gespielt und gehört wird, und macht den Gitarristen das Leben schöner."

Was das Beispiel Fender lehrt

- *Man muss das Produkt verstehen.* Eines der größten Probleme von CBS war, dass sie das Besondere an Fender nicht begriffen. „Die meisten Unternehmen machen ihre Hausaufgaben nicht", urteilt Howard Moskowitz, Präsident der New Yorker Marktforschungsagentur Moskowitz Jacobs. „Sie kennen sich mit der Dynamik ihres Produkts nicht aus, mit dem, was an dem Produkt geschätzt wird, auf das sie sich einlassen."

- *Man muss sich auf das konzentrieren, was die Marke aufgebaut hat.* CBS vernachlässigte Qualität und handwerkliches Können, die die Fendermarke überhaupt erst zu dem werden ließen, was sie ist.

65. Quaker Oats' Snapple

Wenn man den Kern der Marke verfehlt

1994 kaufte der Nahrungsmittelgigant Quaker Oats Company für 1,7 Milliarden Dollar die eigenwillige Softdrinkmarke Snapple. Man war sicher, dass die Getränkemarke den Preis wert war, da man mit dem Kauf des Sportlergetränks Gatorade bereits erstaunliche Erfolge verbucht hatte.

Die beiden Softdrinks hätten allerdings unterschiedlicher kaum sein können. Gatorade stand für Sport und ein Image von Energiegeladenheit und Athletik. Snapple hingegen war von Anfang an als das Getränk des New Age beworben worden, das eine modische Alternative zu den Standard-Softdrinks bieten sollte.

Wie zahlreiche Kommentatoren seinerzeit bemerkten, begriff Quaker Oats einfach nicht, wofür Snapple stand. Vor allem zwei Gründe waren verantwortlich dafür, dass die Marke Snapple in den drei Jahren unter Oats erhebliche Einbußen erlitt.

Der erste hatte mit dem Vertrieb zu tun. Vor 1994 war Snapple vornehmlich in kleinen Geschäften und an Tankstellen verkauft worden. Quaker jedoch wandte seine klassische Massenmarketingtechnik an und platzierte die Marke in Supermärkten und an anderen unpassenden Standorten.

Der zweite Grund war die Art und Weise, wie Quaker für das Produkt warb, nämlich indem sie die vorherigen exzentrischen Kampagnen zugunsten einer konservativeren aufgaben. Am Tage nach Quakers Verlautbarung, sie würden Snapple für 300 Millionen Dollar verkaufen (also für nicht mal ein Fünftel des Kaufpreises), legte die *New York Times* den Finger auf die Wunde, die die fehlgeleitete Marketingpolitik Quakers gerissen hatte: „Quaker gab die eigenwillige Werbung mit einer Snapple-Angestellten namens Wendy Kaufman auf, um sie durch eine zu ersetzen, in der sie erklärten, Snapple wäre froh, an dritter Stelle auf Coca-Cola und Pepsi zu folgen." Die „echte" amerikanische Snapple-Werbung mit Wendy Kaufman als am Empfang sitzende Mitarbeiterin, die Fanpost von Kunden verlas, war ein richtiger Hit gewesen, doch Quaker entschied sich für eine Kampagne, die sie von derselben Agentur produzieren ließ, die auch schon ihre Gatorade-Werbung gemacht hatte. Heraus kam eine kontraproduktive Kampagne, die es schaffte, das ehedem eigenwillige Image Snapples zu „normalisieren".

Als die Verkaufszahlen zurückgingen, glaubte Quaker zunächst, eine Lösung dafür in den Händen zu halten – sie schickten Verkaufsrepräsentanten auf die Straßen, um den Leuten Gratisproben des Produkts anzubieten. Anschließend überarbeiteten sie ihre neue Werbestrategie für das neue Snapple und brachten kunstvollere Werbung, die eher zur Marke passten. Doch das funktionierte nicht. Snapple verlor sein innovatives Image genauso schnell wie seine Stammkunden.

Als Quaker Snapple an Michael Weinstein und seine Kollegen verkaufte, steckte die Marke in immensen Schwierigkeiten:

> Wir haben eine Marke mit enorm rückläufigen Verkaufszahlen übernommen, die jährlich 20 Prozent verlor, sowie ein demoralisiertes Unternehmen. Zu der Zeit war Snapple sechsmal so groß wie unsere Firma, doch nur zwei der Snapple-Führungskräfte aus der Chicagoer Zentrale wollten sich unserem Team in New York anschließen. Die wenigsten außenstehenden Beobachter glaubten daran, dass eine kleine Getränkefirma gegen die Konkurrenz von Coke und Pepsi bestehen und mit einem neuen Team Snapple wieder nach vorn bringen könnte, aber wir haben eine Strategie und eine Erfolgsvision, die vom gesamten Unternehmen getragen werden.

2001 gab Michael dem Blatt *Fast Company* ein Interview, in welchem er erklärte, wie sein Unternehmen Triarc es schaffte, die Marketing- und Werbefehler unter Quaker wieder wettzumachen. „Wir versuchten, eine Atmosphäre herzustellen, in der Spaß und Spontaneität vorherrschten", sagte er. „Wir haben unser erstes neues Produkt schon zwei Wochen nach dem Kauf des Unternehmens vorgestellt. Das ist schnell." Teil der neuen Strategie war auch, die Werbung mit Wendy Kaufman wieder aufleben zu lassen.

Allmählich kehrten die ursprünglichen Snapple-Kunden wieder zurück und die Marke gewann an Wert. 2000 dann kaufte Cadbury Schweppes Snapple für 1 Milliarde Dollar und Michael Weinstein ging mit. Gegenwärtig ist er Leiter für „globale Innovation" bei Cadbury und Snapples Gesundheit ist vollständig wiederhergestellt.

Was das Beispiel Snapple lehrt

⊙ *Man akzeptiere die Tatsache, dass unterschiedliche Marken unterschiedlich vertrieben werden müssen.* Quaker dachte, Snapple könnte durch dasselbe

System wie Gatorade vertrieben werden. „Wie sich herausstellte, ließen sich Quakers Vertriebskompetenzen schlecht mit Snapple vereinbaren, da beide Marken viel zu unterschiedlich waren", resümiert Sanjay Goel, Assistenzprofessor am Fachbereich Management Studies der University of Minnesota. Snapples New-Age-Image stützte sich zu einem wesentlichen Teil darauf, dass der Softdrink von Tausenden kleiner und unabhängiger Einzelhändler angeboten wurde, doch Quaker hielt es für das Beste, Supermärkte und große Händler mit dem Verkauf zu betrauen.

- *Die Marke verstehen.* Letztlich gelang es Quaker nicht, den Wert der Marke zu erhalten, weil sie nicht verstanden, wofür sie wirklich stand.

Kapitel 7

Menschliches Scheitern

Die Menschen hinter einer Marke sind ihre wichtigsten Botschafter. Wenn sie miteinander in Streit geraten, gegen Gesetze verstoßen oder negative Erklärungen zu ihren Produkten abgeben, kann es schnell zu einer Krise kommen. Das trifft besonders auf jene Fälle zu, in denen die Menschen die Marke *sind*, wie im Falle von Popgruppen oder Fernsehpersönlichkeiten. Das Gleiche gilt, wenn Personen, die an der Spitze eines Unternehmens stehen, dabei ertappt werden, verantwortungslos zu handeln.

Einer der derzeit bekanntesten Fälle menschlichen Scheiterns dürfte der Enron-Skandal sein, der durch das betrügerische Verhalten von Topmanagern hervorgerufen wurde. Korruption ist allerdings nur ein Extrem und eine besonders dramatische Äußerungsform menschlichen Scheitern.

Manchmal können Marken durch Worte vernichtet werden, die aus den Mündern ihrer Manager kommen. So verlor die Schmuckmarke Ratner über Nacht ihren Marktwert, nachdem Gerald Ratner verkündet hatte, seine Produkte wären „Schund". Ob diese Behauptung nun zutraf oder nicht, ist unerheblich. Allein dass er es sagte, genügte, um die Marke zu zerstören.

Was jedermann im Markengeschäft begreifen muss, ist, egal wie viel Zeit, Geld und Energie man in eine Marke oder eine Unternehmensstrategie investiert, letztlich steht und fällt jede Strategie mit dem Verhalten von Individuen. Und je höher diese Individuen in der Hierarchie stehen, umso mehr werden sie als Repräsentanten der Marke gesehen. Um es mit einem sehr treffenden Satz von John Karolefski, dem ehemaligen Chefredakteur von *Brand Marketing*, auszudrücken: „Der Fisch stinkt immer zuerst am Kopf." In anderen Worten: Diejenigen mit der größten Verantwortung müssen auch am verantwortungsvollsten handeln. „Der CEO muss sich einer Strategie von Anfang an mit Haut und

Haaren verschreiben", so Karolefskis Maßregel. „Der Kopf des Unternehmens gibt den Ton für das gesamte Unternehmen vor. Er oder sie ist der erste Sprecher des Unternehmen und muss deshalb glaubwürdig sein."

Karolefski hat auch einiges Erhellendes zu Enron und den damit verbunden Skandalen um Arthur Andersen geschrieben. „Ein wesentliches Element dieser Fälle bestand darin, dass die Krise und der aus ihr resultierende Schaden nicht von einem fehlerhaften Produkt verursacht wurden", teilte er den *Brand Marketing*-Lesern mit. „Sämtliche Fehler, Probleme, Fehlverhalten, Diebstähle kamen aus dem Inneren des Unternehmens und in vielen oder den meisten Fällen aus den Managementetagen oder dem Büro des CEOs."

Oberflächlich betrachtet mögen Enron und Planet Hollywood oder Arthur Andersen und die erste Reality-TV-Popgruppe nicht allzu viel gemein haben, aber ein gemeinsamer Nenner lässt sich doch finden. Im Enron-Fall war Korruption im Spiel, bei Planet Hollywood blinde Selbstüberschätzung von Berühmtheiten, doch in beiden Fällen haben die Markenbotschaften letztlich ihre Marke verraten.

66. Enron

Die Wahrheit unterschlagen

Der Geschichte vom Aufstieg und skandalösen Fall des texanischen Energiegiganten Enron bleibt kaum noch etwas hinzuzufügen. In einer relativ kurzen Spanne von fünfzehn Jahren ist Enron aus dem Nichts zum siebtgrößten Unternehmen der USA und dem weltweit bekanntesten Energielieferanten gewachsen. Sie beschäftigten sage und schreibe 21.000 Mitarbeiter und waren in über vierzig Ländern vertreten.

Und sie erzeugten nicht nur Energie, sondern auch das Bild einer ziemlich gesunden Marke. Sechs Jahre hintereinander wurden sie vom *Fortune*-Magazin als „Innovativstes Unternehmen Amerikas" ausgezeichnet und rangierten ganz oben in dessen Liste der „Besten Arbeitgeber". Das Unternehmen vermittelte nach außen den Eindruck unternehmerischer Anständigkeit und veröffentlichte Sozial- wie Umweltberichte, in denen die ökologischen Folgen ihrer Geschäfte thematisiert wurden, sowie ihre Personalpolitik und (der Gipfel der Ironie) ihre Anti-Korruptions- und Anti-Betrugspolitik.

Über die Jahre stellte sich Enron konsequent als hoch profitables und wachsendes Unternehmen dar. Bekanntermaßen wurden sie diesbezüglich 2001-2002 der Lüge überführt – einer der größten Lügen der Wirtschaftsgeschichte. Die Bilanzen erwiesen sich als manipuliert, und man fand heraus, dass gewaltige Schulden unerwähnt geblieben waren und nicht in den Büchern auftauchten. Je mehr das Ausmaß des Betrugs zutage gefördert wurde, umso eiliger zogen sich Investoren und Gläubiger zurück und zwangen das Unternehmen, im Dezember 2001 ein Vergleichsverfahren zur Konkursabwendung zu beantragen. Als die Fakten ans Licht kamen, verschlimmerten die Enron-Manager die Sache noch, indem sie die Aussage verweigerten und behaupteten, man gäbe ihnen keine Chance auf ein faires Verfahren.

Der Enron-Skandal hatte zudem politische Folgen, da das Unternehmen eng mit dem Weißen Haus verbandelt war. Im Jahr 2000 hatte Enron Millionen von Dollar in die Wahlkampagne von George W. Bush gesteckt. Obwohl Bush mit dem Enron-CEO Kenneth Lay persönlich befreundet war, distanzierte er sich sofort von ihm und meinte, er hätte mit dem Unternehmen nichts zu tun.

Die langfristigen Auswirkungen des Skandals werden noch über Jahre spürbar sein, aber schon jetzt ist der Enron-Name irreparabel zerstört und wird zukünftig wohl als Synonym für „unternehmerische Verantwortungslosigkeit" stehen.

Was das Beispiel Enron lehrt

- *Nicht lügen.* Die Image des gesamten Unternehmens Enron erwies sich als gigantischer Betrug. Und sobald die erste Lüge enttarnt worden war, dauerte es nicht lange, bis auch die restlichen ans Licht kamen.

- *Legal bleiben.* Eine ziemlich einleuchtende Lehre, aber auch eine, der nach wie vor auf allen Ebenen der unternehmerischen Gemeinschaft zuwidergehandelt wird.

- *Offen sein.* Enron schaffte es, eine ohnehin schon fürchterliche Situation noch zu verschlimmern, indem sie sich selbst nach Bekanntwerden der Fakten weigerten, ihre Fehler einzugestehen.

67. Arthur Andersen

Wie man einen Ruf durch den Schredder jagt

Wenn der Enron-Skandal eines bewiesen hat, dann ist es die Tatsache, dass in der modernen Geschäftswelt einer mit dem anderen verbandelt ist. So unterhielt Enron eine Menge Geschäftsbeziehungen insbesondere in seinem Heimatstaat Texas. „Über ein oder zwei Zwischenstufen war buchstäblich jeder mit Enron verbunden", erklärte Richard Murray, Direktor des Centre for Public Policy der University of Houston.*

Doch wenngleich sich Enron-Verbindungen negativ auf die gesamte texanische Unternehmenslandschaft auswirkten, waren die Folgen für Firmen, die direkt mit Enron zusammengearbeitet hatten, katastrophal. Für Enrons Wirtschaftsprüfungsgesellschaft, Arthur Andersen, war der Skandal tödlich.

Schließlich ging es bei dem Skandal in erster Linie um manipulierte Buchführung und im Besonderen um Dokumente im Zusammenhang mit Enrons Konten und massiven Schulden, die im Papiervernichter gelandet waren. Als diese Tatsache bekannt wurde, war der Schluss nahe liegend, dass die Wirtschaftsprüfungsgesellschaft in den Betrug verwickelt gewesen war. Der Verdacht der Komplizenschaft erhärtete sich noch, als David Duncan, Enrons oberster Buchprüfer bei Andersen, gezwungen werden musste, bei den ersten behördlichen Nachforschungen dabei zu sein, und dort die Aussage mit der Begründung verweigerte, er wolle sich nicht selbst belasten. Zwar schaltete sich der Andersen-Chef Joseph Berardino ein und verteidigte seine Firma und deren Rolle in der Affäre, doch damit konnte er den Schaden auch nicht wiedergutmachen. Sobald sie für schuldig befunden wurden, willentlich Dokumente vernichtet zu haben, war der Ruf des Unternehmens zerstört, und die Nachbeben erschütterten die gesamte Wirtschaftsprüfungsbranche.

Was das Beispiel Arthur Andersen lehrt

⊙ *Alle Unternehmen haben irgendwie miteinander zu tun.* Kein Unternehmen steht allein auf weiter Flur und genießt einen Immunschutz gegen die Ver-

---

* Zentrum für Öffentlichkeitspolitik in Houston

fehlungen anderer. Andersen und Enrons Vorgehen waren unmöglich voneinander zu trennen, zumindest nicht in den Augen der Öffentlichkeit.

- *Widersprüchliche Botschaften auszusenden kann tödlich sein.* Je weiter die Nachforschungen voranschritten, umso mehr unterschiedliche Versionen der Vorfälle hörte man von Andersen.

68. Ratner's

Wann Ehrlichkeit nicht die beste Politik ist

Eines der bekanntesten und einflussreichsten Bücher, die über das Marketing geschrieben wurden, ist *The 22 Immutable Laws of Marketing** von Al Ries und Jack Trout, das 1993 erschien. Ihr fünfzehntes „Gebot" ist „das Gebot der Offenheit". Darin heißt es, wenn ein Unternehmen einen negativen Aspekt seiner Marke offen eingesteht, werden die Verbraucher es wegen ihrer Offenheit mehr achten.

Wie Ries und Trout sagen, ist es wider die unternehmerische wie menschliche Natur, ein Problem oder eine Schwäche zuzugeben. „Zunächst einmal", schreiben sie, „ist Offenheit sehr entwaffnend. Jede negative Behauptung, die man über sich selbst abgibt, wird sofort als Wahrheit akzeptiert. Positive Behauptungen hingegen werden bestenfalls als fraglich aufgenommen. Das gilt besonders für die Werbung."

Die Autoren fahren damit fort, eine Liste aller Unternehmen zusammenzustellen, die mit großer Wirkung Ehrlichkeit als Strategie einsetzten. Sie bewundern beispielsweise den Slogan „Avis ist nur Nummer zwei unter den Autoverleihern." Und sie erklären außerdem, dass „positives Denken reichlich überbewertet wurde":

Die explosive Zunahme von Kommunikation in unserer Gesellschaft hat die Leute defensiv und vorsichtig gemacht gegenüber Unternehmen, die ihnen

---

* Deutsch unter dem Titel „Die zweiundzwanzig (22) unumstößlichen Gebote im Marketing" bei Econ erschienen; Zitate frei aus dem Amerikanischen irgendetwas verkaufen wollen. Ein Problem einzugestehen ist etwas, das nur sehr wenige Unternehmen fertig bringen.

Sobald ein Unternehmen seine Botschaft damit beginnt, ein Problem zuzugeben, neigen die Leute beinahe instinktiv dazu, die Ohren aufzusperren. Denken wir nur daran, als das letzte Mal jemand mit einem Problem zu uns kam – wie schnell waren wir da bei der Sache und wollten helfen. Und erinnern wir uns dann daran, als zuletzt jemand ein Gespräch mit uns begann, indem er uns von den wunderbaren Dingen erzählte, die er tat. Wahrscheinlich hörten wir ihm weit weniger interessiert zu.

Eines der Beispiele, die sie geben, ist Listerine-Mundspülung, eine Marke, die erfolgreich mit dem Slogan warb: „Ein Geschmack, den Sie zweimal täglich hassen."

Trotz der vielen Beispiele, in denen unverblümte Offenheit erfolgreich eingesetzt werden konnte, gibt es Zeiten, in denen Ehrlichkeit nicht die beste Politik ist. Zweifellos müssen ernste und unstrittige Produktfehler von Markenmanagern erkannt und direkt angesprochen werden, damit sie von da ab wieder zu positiveren Botschaften übergehen können. Aber wenn es sich lediglich um eine ehrliche, jedoch negative *Meinung* handelt, die ausgesprochen wird, schadet sie der Marke im Allgemeinen.

Wie Ries und Trout postulieren, „sollte das Gebot der Offenheit mit Vorsicht und großem Geschick angewendet werden." Wer verstehen will, was bei ungeschickter Vorgehensweise passieren kann, liegt kaum falsch, wenn er sich entschließt, Gerald Ratner zu fragen.

Während der Achtziger baute er sein Ratner's-Unternehmen mittels einer Serie von Publicity-Kunststücken und Aufkäufen zu einer der weltweit größten Schmuckmarken aus. Doch 1991 schaffte Ratner es, seine Marke mit einem einzigen Satz niederzustrecken. In einer Rede vor dem Institute of Directors in London sagte er, das Geheimnis von Ratner's Erfolg läge darin, dass große Teile der Schmuckkollektionen „totaler Schund" wären. Er scherzte auch noch darüber, dass ein Paar Ratner's-Ohrringe normalerweise nicht einmal so lange hielten wie ein Marks-&-Spencer-Sandwich. Obwohl er damit im Publikum jede Menge Gelächter erntete, waren die Investoren und Kunden wenig amüsiert. Kurz darauf nahm er alles zurück, meinte, er hätte sich nur auf einige wenige Teile der Kollektionen bezogen, doch der Schaden war angerichtet.

Der Markenname Ratner's wurde über Nacht zum Synonym für „Schund" und für mangelnden Respekt gegenüber den Kunden. Der Aktienkurs rauschte von 2 Pfund pro Aktie auf weniger als 8 Pence herunter und das Kundenvertrauen sank in Untiefen. Das Jahresergebnis fiel von 112 Millionen Pfund Gewinn im Jahr 1991 auf 122 Millionen Pfund Verlust im Folgejahr. „Für die Verbraucher war es schlicht peinlich und beschämend, die Produkte zu kaufen. Es wurde einfach unmöglich", erinnert sich Tom Blackett, stellvertretender Abteilungsleiter der Londoner Markenberatungsagentur Interbrand.

Gerald Ratner und die nach ihm benannte Schmuckmarke waren genötigt, den Rückzug aus der Branche anzutreten. Kurze Zeit nachdem er dem Schmuckhandel den Rücken gekehrt hatte, gab er ein Interview, in welchem er die Situation auf seine Art zu nehmen schien. „Irgendwer hat mal gesagt, er hätte Komiker gesehen, die Millionäre werden wollten, aber ich war wohl der einzige Millionär, der ein Komiker sein wollte", witzelte er in dem Interview. Nichtsdestotrotz meldete sich Ratner 2002 zurück, diesmal mit der Mission, den Ratner's-Namen wieder zum Leben zu erwecken und eine Online-Version der Marke zu schaffen, die unter dem schlichten Namen Ratners-Online firmierte.

„Ich wollte den Namen eigentlich nicht benutzen, aber die Marktforschungen haben gezeigt, dass er nach wie vor der bekannteste in der Schmuckbranche ist, obwohl es seit Jahren kein Geschäft mehr mit diesem Namen gibt", erzählte Gerald damals dem *Evening Standard*. In einem anderen Interview, das er dem *Guardian* gab, sagte er, der Name würde die Neugier der Internetnutzer wecken. „Wir wollten es erst anders nennen, dachten aber, dieser Name könnte mehr Clicks bringen – schon aus Neugier."

Ob sich diese Neugier in langfristige Verkaufserfolge verwandeln lässt, bleibt abzuwarten. Diesmal allerdings sollte Gerald auf jeden Fall seine Zunge im Zaum halten. „Mir fällt es immer schwer, einen Scherz zu unterdrücken, selbst wenn ich der Einzige bin, der ihn witzig findet", kichert er. „Aber ich werde mich bemühen."

Was das Beispiel Ratner's lehrt

- *Bevor man den Mund aufmacht, sollte man überlegen, was man sagt.* Oft braucht es Jahre, bis man das Vertrauen der Kunden gewonnen hat. Doch dieses Vertrauen lässt sich, wie Gerald Ratner bewies, mit ein paar Worten zerstören.

- *Man denke immer daran, dass die größte Gefahr von innen kommt.* Markenschäden entstehen meist nicht durch fehlerhafte Produkte oder Vertriebsprobleme. In der Regel werden sie durch Mitarbeiter oder Manager verursacht, die in ihrer Rolle als Botschafter der Marke versagen. In der Dienstleistungsindustrie, wo die meisten Mitarbeiter regelmäßig mit der Öffentlichkeit in Kontakt sind, ist es besonders wichtig, eine positive Einstellung beizubehalten.

69. Planet Hollywood

Große Egos, schwache Marke

Die Einbindung von Berühmtheiten kann enorm hilfreich sein, will man den Verkauf eines Produkts oder einer Dienstleistung ankurbeln. Empfahl beispielsweise Oprah Winfrey Bücher in dem nach ihr benannten Buchclub, wurden diese prompt zum Bestseller. Einige Marken profitieren auch davon, dass ihre Gründer zu Berühmtheiten werden – à la Richard Branson.

Und dann sind da die Fälle, in denen Berühmtheiten sich selbst als Geschäftsleute versuchen. David Bowie lieh seinen Namen an USABancshares.com aus, einer Internetbank, in der man ein Bowie-Scheckheft und Bowie-Kreditkarten bekam. Sir Alex Ferguson von Manchester United war Anteilseigner von toptable.co.uk, einem Restaurant-Informations- und -buchungsservice. U2 besitzen ein Hotel und einen Nachtclub. Bill Wyman führt sein eigenes Restaurant.

Eine der berühmtesten von Stars gestützten Unternehmungen dürften wohl die thematisch an Hollywood ausgerichteten Esslokale „Planet Hollywood" sein. Mit hochrangigen Investoren wie Bruce Willis, Demi Moore, Whoopi Goldberg, Arnold Schwarzenegger und Sylvester Stallone konnte die Kette auf größtmögliche Medienpräsenz bauen, als sie 1991 eröffnete. Trotzdem ging das Unternehmen 1999 pleite und musste zahlreiche Restaurants schließen.

„Planet Hollywood schwimmt mit dem Bauch nach oben", erklärte der Weinkritiker Malcolm Gluck im *Guardian*. „Kühe, Vegetarier, Restaurantkritiker und sämtliche eifersüchtigen Restaurantbetreiber werden angesichts der Nachricht jubilieren, dass die in den Medien am größten angekündigte Restaurantkette der Geschichte bei lebendigem Leib gegrillt wird." Sobald die Nachricht bekannt wurde, verlor Planet Hollywood noch mehr Kunden und hielt sich lediglich an wenigen der Originalstandorte – und das auch bloß dank der Hilfe von saudi-arabischen Investoren, die relativ bescheidene Beträge in das Unternehmen steckten.

Wie aber konnte eine Marke, die solche Medienpräsenz genoss, binnen weniger als zehn Jahren zum Flop werden?

Zunächst einmal expandierte das Unternehmen zu schnell und eröffnete neue Restaurants, bevor sich überhaupt die Umsätze der ersten abschätzen ließen. Der ursprüngliche Plan war gewesen, bis 2003 300 Filialen zu gründen.

Ein weiterer Punkt war das Essen. Die meisten Leute gehen in Restaurants wegen des Essens, doch dieser Aspekt kam in der Planet-Hollywood-Werbung überhaupt nicht vor. Wer allerdings mit einem Restaurant langfristig Erfolg haben will, sollte das Essen und Trinken thematisieren. Selbst McDonald's wirbt mit seinem Essen, auch wenn es dabei eher um die Kosten und die Bequemlichkeit geht als um den Geschmack.

Planet Hollywood konnte also bestenfalls Einmal-Kunden anlocken, die dem Reiz des Neuen folgten. „Was die Leute anzog, war nichts als dass sie dort gesehen werden wollten und selbst sehen wollten, welche Szenegestalten auch da waren", schrieb Malcolm Gluck. „Allein die Hoffnung, man könnte einen Blick auf die Star-Investoren oder auf ihre Freunde oder auf ihren Anhang werfen (der in Scharen zur Eröffnung auftauchte, um die Chance auf Gratis-Publicity, freies Essen und Getränke zu nutzen und danach nicht mehr gesehen wurde), zog die Leute magisch an." Das jedoch schafft keine Grundlage, auf der man ein langfristiges Geschäft mit konstantem Kundenstamm aufbauen kann. Und den wiederum braucht jedes Restaurant, um zu überleben, vom Expandieren ganz zu schweigen. „Für Touristen ist es toll", erklärt Richard Harden, Mitherausgeber der Harden's-London-Restaurantführer. „Oder für Leute, die mit ihren Kids ausgehen. Aber es ist etwas Einmaliges. Ein klassischer Fall von ‚Da waren wir schon, das haben wir schon gemacht.' Für die meisten gibt es keinen Grund, noch einmal wiederzukommen."

Was das Beispiel Planet Hollywood lehrt

- *Berühmtheit allein reicht nicht.* „Diese Primitivlinge glaubten zynischerweise, es reicht, wenn sie auf ihre Hollywood-Karrieren setzten. Ganz schlechter Schachzug, Leute", schrieb Malcolm Gluck.

- *Mundpropaganda ist wichtig.* Wenn es ums Essengehen geht, ist gute Mundpropaganda weit wichtiger als Werbung oder Medienpräsenz.

- *Das Thema sollte an das Produkt gebunden sein.* Das Thema in diesem Fall hätte „Essen" sein sollen, anstatt einer abstrakten Vorstellung von „Hollywood" zu huldigen.

70. Fashion Café

Vom Catwalk zum Katzenjammer

Obwohl sich die Restaurantkette als Flop erwies, fand das Konzept von Planet Hollywood mehrere Nachahmer. David Hasselhoff versuchte sich mit einer Baywatch-Café-Kette, in der die Kellnerinnen rote Badeanzüge trugen. Der Magier David Copperfield steckte Millionen in eine Magie-Restaurant-Kette, die sich in Rauch auflöste. Steven Spielberg investierte in Dive, einem Restaurant in Los Angeles, dessen Inneres einem U-Boot nachempfunden und mit einer riesigen Leinwand ausgestattet war, die die Gäste auf Unterwasserreisen entführen sollte. Es versank spurlos.

Einer der spektakulärsten Flops, die von Planet Hollywood inspiriert wurden, war das Fashion Café, das 1995 von den Supermodels Naomi Campbell, Christy Turlington, Claudia Schiffer und Elle MacPherson eröffnet wurde. Zunächst gab es Niederlassungen in London und New York, doch die Kette kämpfte von Anfang an ums Überleben. Die Verbindung von Models zu Essen ließ sich einfach nicht herstellen, und „Mode" war nun mal kein Thema, bei dem die Leute Appetit bekamen.

Als die ersten enttäuschenden Zahlen da waren, ging der Ärger erst richtig los. Elle MacPherson und Naomi Campbell warfen dem Gründer Tomasso Buti öffentlich vor, er hätte sie zu Investitionen ermutigt, dann aber 25 Millionen Dollar aus den Büchern „verschwinden" lassen. Anschließend zog sich Claudia Schiffer aus dem Unternehmen zurück und begründete den Schritt mit „alten Differenzen" mit Naomi. „Statt für unsere Cafés zu werben, sammelt Naomi weiter Liebhaber", erklärte Claudia gegenüber der italienischen Zeitung *Il Messaggero*. „Wir waren uns einig, dass wir alle uns mehr für die Gruppe einsetzen sollten, doch Naomi ist dauernd mit irgendeinem Freund auf irgendeiner Yacht unterwegs." Naomi konterte sofort in einem Interview mit *The Sun*. „Neid ist ein schlechter Ratgeber", bemerkte sie. „Claudia macht einen Fehler, das Geschäft zu verlassen. Und es ist nicht wahr, dass ich die Werbung vernachlässige."

Die internen Kämpfe mögen für reichlich Presse gesorgt haben, der Marke jedoch nützten sie nichts. Obwohl einige Filialen kostendeckend arbeiteten, brachten die meisten nicht einmal ihre Startkosten wieder ein. 1998, drei Jahre nach Eröffnung, war die Zeit gekommen, den Konkursverwalter zu rufen.

Was das Beispiel Fashion Café lehrt

- *Ein gescheitertes Konzept kopiert man nicht.* Planet Hollywood steckte schon in ernsten Schwierigkeiten, als Fashion Café 1995 eröffnete.
- *Man braucht eine logische Markenassoziation.* Models und Essen passen nicht wirklich gut zusammen.
- *Man fällt nicht über seine Kollegen her.* Damit erntet man nur die falsche Sorte Schlagzeilen.

71. Hear'Say

Vom Pop zum Flop

Die britische Reality-TV-Show *Popstars* war die erste Fernsehshow, die den Weg einer Band aus dem Nichts zum Superstarruhm dokumentierte. Ziel der Show war, eine Pop-„Marke" zu schaffen, mit der sich nicht nur Albums und Singles verkaufen ließen, sondern auch ein breites Angebot an Merchandising-Artikeln.

Das Endprodukt war Hear'Say – eine Marke, bestehend aus den Mitgliedern Noel Sullivan, Danny Foster, Suzanne Shaw, Myleene Klass und Kym Marsh. Ihr erster Hit war „Pure and Simple" und wurde nach Erscheinen im März 2001 mit über 1,2 Millionen verkauften CDs zur schnellstverkauften Single in der britischen Musikgeschichte. Ihr zweites Album war ein totaler Flop und brachte ihnen bei öffentlichen Auftritten eine Menge Buhrufe ein.

Da die Band ein komplettes Kunstprodukt war (die Mitglieder hatten sich vor der Show nicht gekannt), begann es innerhalb der Gruppe bald zu kriseln. Infolge der ständigen Reibereien verließ Kym Marsh die Band Anfang 2002.

Nach ihrem Fortgang machte die Band den Fehler, eine vermeintlich „öffentliche" Suche nach einem Ersatz für sie zu starten, die allerdings damit endete, dass sie einen ihrer Tänzer, Johnny Shentall, als Sänger verpflichteten. Daraufhin gab es noch mehr schlechte Schlagzeilen.

Am 1. Oktober 2002 dann gab die Plattenfirma Polydor offiziell bekannt, dass die Gruppe sich trennte. In der Erklärung hieß es, „sie fühlten, dass sie die Unterstützung des Publikums verloren hätten, und damit hat Hear'Say ein natürliches Ende gefunden." Die Bandmitglieder beklagten sich außerdem, sie wären es leid, vom Publikum beschimpft zu werden, denn das machte ihr Leben „zur Hölle". Suzanne Shaw erzählte der Zeitung *The Sun*, ihre Popmarke wäre den Modeschwankungen zum Opfer gefallen: „Das ist wie mit Turnschuhen: Erst sind sie in und im nächsten Moment sind wieder out."

Während das Phänomen *Popstars* weiterhin ein voller Erfolg blieb und Nachahmer wie *Pop Idol* und *Popstars: The Rivals* in Großbritannien, *Deutschland sucht den Superstar* in Deutschland und *American Idol* in den USA inspirierte, war die Popmarke, die es geschaffen hatte, praktisch von Anfang an ein untergehender Stern gewesen.

Was das Beispiel Hear'Say lehrt

⊙ *Der Medienrummel kann sich jederzeit gegen dich richten.* Anfang 2001 war Hear'Say die meistgerühmte Band, obwohl sie noch nicht eine einzige Single herausgebracht hatten. Das gewaltige Medieninteresse richtete sich allerdings schon bald gegen sie und vernichtete sie schließlich.

⊙ *Man braucht etwas, dass die Marke eint.* Die Spice Girls überlebten Geri Halliwells Fortgang (zumindest kurzfristig), indem sie ihrem „Girl Power"-Slogan treu blieben, doch, wie der *Guardian* berichtete, „die armen Hear'Say, die nichts als Ruhm wollten, hatten nicht einmal einen Slogan, auf den sie sich stützen konnten."

72. Guiltless Gourmet

Wenn man der Konkurrenz hilft ...

Menschliches Scheitern ist meist Folge skrupelloser Entscheidungen oder böser persönlicher Zwistigkeiten, doch in einigen seltenen Fällen ruinieren Leute auch ihre Marke, obwohl sie nur das Beste für sie im Sinn hatten. So geschehen mit Michael P. Schalls Marke, Guiltless Gourmet, als er das Geheimnis seines Erfolgs seinem Hauptkonkurrenten preisgab.

In den Neunzigern sorgte die Erfolgsgeschichte des kleinen Unternehmens Guiltless Gourmet besonders im heimatlichen Texas für große Aufmerksamkeit. Das Unternehmen, das fettarme Tortillas buk, hatte sich innerhalb von fünf Jahren von einer kleinen Bäckerei zu einem 23-Millionen-Dollar-Geschäft mit einer riesigen Fabrik gemausert.

Neben der Medienunterstützung konnte sich das Unternehmen der Förderung so erhabener US-Gesundheitsbehörden wie des Center for Science in the Public Interest* sicher sein, die bestätigten, dass das Guiltless-Gourmet-Angebot eine gesunde – eben „guiltless"/"unschuldige" – Alternative zu anderen Snack-Marken darstellte.

Wie so häufig zu beobachten ist, wurde auch Guiltless Gourmet schon bald Opfer des eigenen Erfolges. Frito-Lay, einer der größten Snack-Produzenten der USA, dessen Angebot gemeinhin nicht als „gesund" gelten kann, hatte das phänomenale Wachstum der kleinen texanischen Firma misstrauisch beäugt und wollte ebenfalls ein Stück vom Kuchen ergattern.

Schall, der Besitzer von Guiltless Gourmet, hatte als Berater für Frito-Lay gearbeitet und ihnen die Marke sogar zum Kauf angeboten. Doch Frito-Lay hatte abgewunken und stattdessen eine vollkommen neue Tortilla-Marke geschaffen, mit der sie Guiltless Gourmet Konkurrenz machten. Angesichts ihres überlegenen Vertriebssystems dauerte es nicht lange, bis ihr neues Produkt – fettreduzierte Baked Tostitos – in sämtlichen Supermärkten der USA angeboten wurden. Sogleich machten sie Guiltless Gourmet wesentliche Marktanteile abspenstig und binnen eines Jahres war der Umsatz von Guiltless Gourmet auf 9 Millionen Dollar zurückgefallen. Das Unternehmen war gezwungen, seine

---

* Zentrum für Forschung im öffentlichen Interesse

Fabrik zu schließen und die Produktion auszulagern. Die Mitarbeiterzahl schrumpfte von 125 auf 10.

Wenngleich der Schluss nahe liegt, Guiltless Gourmet hätte an der Situation praktisch nichts ändern können, sollte man nie vergessen, dass es immer Wege gibt, wie sich eine Marke gegen äußere Bedrohungen schützen kann. Im Nachhinein sagten manche Kommentatoren, Guiltless hätte seine Produktpalette in andere relevante Kategorien ausweiten oder schon früher beginnen sollen, die Produktion nach außen zu verlegen.

Außerdem war da noch Schalls Entscheidung, als Berater für Frito-Lay zu arbeiten. Auf Anfragen von *Business Week* hin wollte Frito-Lay sich weder zum abgelehnten Kaufangebot äußern noch dazu, ob sie die Zusammenarbeit mit Schall vielleicht nur nutzen, um die Konkurrenz auszuspionieren. Natürlich sollten wir zunächst einmal davon ausgehen, dass Frito-Lay „unschuldig" ist, doch sie geben selbst zu, dass die Informationen, die sie von Guiltless Gourmet erhielten, hilfreich waren. „Guiltless Gourmet hat uns wesentliche Anhaltspunkte gegeben, wie wir unser Produkt im Geschmack verbessern können", gestand die Frito-Lay-Sprecherin Lynn Markley.

Guiltless Gourmets Tortillachips sind zwar immer noch auf dem Markt, aber die Zukunft der Marke bleibt fraglich. Schall hält einen Verkauf nach wie vor für die beste Lösung. „Unsere Marke hat einen hohen Wert", sagte er gegenüber *Business Week*. „Es wäre gut, wenn sie Teil eines Unternehmens würde, in dem die Marke wachsen kann."

Was das Beispiel Guiltless Gourmet lehrt

- *Erfolg weckt den Neid der Konkurrenz.* Der Erfolg, den Guiltless Gourmet in einer Nischenkategorie verzeichnete, musste zwangsläufig die größeren Konkurrenten auf den Plan rufen.

- *Man braucht einen Plan B.* Marken müssen auf solche Eventualitäten vorbereitet sein und einen Plan parat haben, wie sie darauf reagieren.

Kapitel 8

Gescheiterte Markenneugestaltungen

Marken haben – wie Menschen – Angst vor dem Altern. Sie wollen nicht alt werden, denn alt zu sein bedeutet schal zu werden, und ist eine Marke erst alt und schal, ist sie auch schon so gut wie tot.

Wie aber halten Marken den Alterungsprozess auf? Wie Menschen in derselben Situation greifen Marken in ihrer Midlife-Crisis zu drastischen Maßnahmen, um jung und bedeutend zu bleiben. Typische Methoden sind Namensänderungen, Veränderungen des Aussehens und sogar Veränderungen der Marken-„Philosophie". Um nicht alt und müde auszusehen, leiten viele Unternehmen aufwändige Neugestaltungsmaßnahmen ein. Damit wollen sie ihrer Zielgruppe den Eindruck vermitteln, auf der Höhe der Zeit zu sein.

Ein weiterer Grund, weshalb Produkte neu gestaltet werden, ist die Absicht, ihnen eine globale Identität zu verpassen. So taufte beispielsweise die britische Mars-Tochter ihre Produkte Opal Fruits und Marathon um, damit sie in Großbritannien genauso hießen wie in dem Rest der Welt. Also wurden sie zu Starbust und Snickers. Obwohl die Verbraucher zunächst wenig begeistert auf die Umbenennung reagierten, hat keines der Produkte deshalb finanziell verloren.

Manchmal jedoch müssen Entscheidungen wieder rückgängig gemacht werden. Als Coco Pops in Choco Krispies umbenannt wurden, ergab eine nationale Umfrage, dass 92 Prozent aller Briten darüber unglücklich waren. Die Coco Pops kehrten zurück und fanden größeren Anklang denn je.

Doch wenngleich die Risiken bei einer Markenneugestaltung enorm sind, ist diese Methode heute so beliebt wie nie zuvor. In den Vereinigten Staaten wechseln derzeit an die 3.000 Unternehmen jährlich die Markennamen. 1990 waren es nur knapp 1.000 gewesen. Um mit der Nase vorn zu bleiben, sind immer mehr Unternehmen bereit, ihre Geschichte und ihr Erbe über Bord zu werden, weil sie hoffen, sich so zukünftige Profite zu sichern.

„Was immer einen in der Vergangenheit erfolgreich gemacht hat, wird es in der Zukunft nicht tun", waren die weisen Worte von Leo Platt, CEO von Hewlett Packard. Das Motto scheint zu sein: Wer stehen bleibt, fällt zurück. Und tatsächlich gewinnt man den Eindruck, dass erfolgreiche Marken heute ihre Vorrangstellung nur beibehalten, indem sie ihre Identität stets verändern und erneuern.

Doch obwohl sich Markentrends heute fraglos schneller entwickeln als jemals zuvor, riskieren Unternehmen, die es bei der Neugestaltung an der gebotenen Sorgfalt missen lassen, ihre sämtlichen bisherigen Bemühungen damit zunichte zu machen. „Man braucht eine gründliche Marktforschung, mit der man die Kunden direkt befragt, denn die Marketingleute sind oft zu nah an der Marke und vermuten Probleme, wo gar keine sind", sagt Richard Duncan, leitender Geschäftsführer der südafrikanischen Beratungsfirma TBWA. „Was immer man macht, man sollte sich davor hüten, die fundamentalen Werte und Stärken einer Marke anzugreifen, und stets darauf achten, dass sich die Maßnahmen mit den Geschäftsinteressen und -zielen vereinbaren lassen."

Das klingt mehr als einleuchtend, und dennoch gibt es hinreichend Beispiele von desaströsen Neugestaltungen, die beweisen, dass es nicht so einfach ist, wie es sich anhört. Immerhin schaffen Marken eine emotionelle Verbindung zwischen Produkt und Verbraucher. Seit der legendäre Werbefachmann Bruce Batman General Motors während der Zwanziger in „etwas Persönliches, Warmes und Menschliches" verwandelte, geht es in der Markengestaltung vor allem darum, diese emotionelle Bindung herzustellen. Ein Unternehmen glaubt vielleicht an seine eigene Marke, doch ihm gehören die Gefühle nicht, die diese Marke hervorrufen kann.

Nun gut, die Leute brechen nicht gleich reihenweise zusammen, weil ihre Lieblingsfrühstücksflocken plötzlich anders heißen. Aber der neue Name gefällt ihnen eventuell nicht, es sei denn, sie haben selbst nach ihm verlangt. Entsprechend bleiben Unternehmen zwei Möglichkeiten. Entweder sie nehmen die Veränderung so geschickt und unauffällig vor, dass der Verbraucher es kaum bemerkt (das Shell-Logo ist beispielsweise über zwanzig Jahre immer wieder leicht verändert worden, doch immer nur so wenig, dass die Identität des Unternehmens davon unberührt blieb), oder sie haben sich vorher die Gewissheit verschafft, dass die Veränderungen mit den Kundenwünschen übereinstimmen.

Ist weder das eine noch das andere gegeben und werden Veränderungen einfach veranlasst, weil sie dem Unternehmen sinnvoll erscheinen, können sie so enden, wie es die in diesem Kapitel aufgeführten Beispiele illustrieren.

73. Consignia

Ein Postamt unter einem anderen Namen

Als die staatseigene britische Post Office Group beschloss, ihre Markenidentität zu ändern, stand der neue Name ganz oben auf ihrer Einkaufsliste. Einer der Gründe für den Markenumbau bestand darin, dass die 300 Jahre alte Post Office Group kein reines Postversandunternehmen mehr war. Sie arbeiteten inzwischen auch als Logistiker, betrieben eigene Call-Center und planten eine Anzahl von Aufkäufen im Ausland. Außerdem wuchs die öffentliche Verwirrung, angesichts der drei Unternehmenszweige – Postämter, Parcel Force und Royal Mail –, und die Verbraucher fragten sich immer lauter, was diese Unterteilung sollte.

„Wir haben gründlich erforscht, was auf das Unternehmen namens Post Office zukam", erklärte Heith Wells gegenüber BBC Online. Wells gehörte zu Dragon Brands, einer Markenberatungsagentur, die an der Neugestaltung beteiligt war. „Was wir brauchten, war etwas, womit wir die verschiedenen Teile unter einen Hut bringen konnten."

Die Beratungsfirma sah sich die Namen der einzelnen Unternehmenszweige an und kam zu dem Schluss, dass keiner von ihnen mehr recht passen wollte. „Post Office" wurde verworfen, weil er zu sehr nach Oberbegriff klang. „Parcel Force" wurde ebenfalls für unpassend befunden. Und was war mit „Royal Mail"? „Damit hätten wir ein Problem, wenn wir in Ländern arbeiten, die ihre eigene Königsfamilie haben, beziehungsweise ihre Könige vor langem köpfen ließen", erkannte Wells. Also machte sich Dragon Brands daran, einen neuen Schirmbegriff für das gesamte Unternehmen auszudenken. Sie suchten nach einem Namen, der nicht zu spezifisch war, der sich überall in Europa und nicht nur in Großbritannien verwenden ließ und der vor allem nicht nur an den bloßen Briefverkehr denken ließ.

Hinter diesem Gedankengang verbarg sich eine weise Logik. Immerhin waren schon einige Unternehmen ins Schwimmen geraten, weil sich die Zeiten änderten und ihre Namen an Relevanz einbüßten. So hatte Carphone Warehouse sich bestimmt seinerzeit eine Welt vorgestellt, in der jede Menge Verbraucher darauf warteten, ihre Autotelefone gegen modernere Modelle auszutauschen. Die Wahrheit allerdings ist, dass heute niemand mehr ein Autotelefon erkennen würde, selbst wenn man ihm damit über den Kopf schlüge. Andere Marken kreierten wiederum erfolgreich Markenidentitäten, indem sie Namen benutzten, die mit ihren Produkten wenig zu tun hatten – oder mit überhaupt irgendwelchen Produkten. Das gilt besonders für das Internet. Während selbst beschreibende Marken wie Letsbuyit.com oder Pets.com floppten, funktionierten vage und geheimnisvolle Namen wie Amazon, Google und Yahoo! außergewöhnlich gut. Um ein besonders augenfälliges Beispiel zu wählen: Niemand, der sein Geld in Richard Bransons Unternehmen ausgibt, erwartet, mit einer echten Jungfrau nach Hause zu gehen, ebenso wie kein Kunde, der seine Bücher bei Amazon kauft, sich davon eine Reise in den tropischen Regenwald verspricht. Bei den Namen geht es ausschließlich um Klangassoziationen. Sie stehen für die Identität der Marke, nicht der Produkte.

Vor der Post Office haben schon andere britische Unternehmen versucht, sich für das neue Millenium fitzumachen. British Steel wurde nach der Fusion mit Koninklijke Hoogovens zu „Corus"; „Centrica" war ehedem eine Tochter von British Gas; „Thus" lautete der neue Name des Telecom-Zweiges von Scottish Power; die Liste lässt sich beinahe unbegrenzt fortsetzen.

Wie also lautete der Name, den die Post Office bekam? Am 9. Januar 2002 stellte sich der CEO der Gruppe, John Roberts, vor die Eingangstür der Unternehmenszentrale und verkündete, das Unternehmen hieße fortan Consignia. Der Name, fügte er hinzu, wäre „modern, bedeutungsvoll und absolut passend" für ein rapide wachsendes Unternehmen.

Auch Keith Wells von Dragon Brands war mit Consignia glücklich. „Darin kommt ‚consign' (versenden) ebenso vor wie die Andeutung von ‚Insignia', wodurch eine Verbindung zum Königshaus in den Hinterköpfen erhalten bleibt", erklärte er dem BBC. „Und dann gibt es natürlich noch die wunderbare Definition von ‚Konsignation' als ‚jemandem etwas anvertrauen'. Damit sind wir wieder bei Vertrauen schaffen, und das ist sehr, sehr wichtig." Zudem wurde die Namensänderung von dem streitbaren Regierungsmitglied Stephen Byers abgesegnet, der zur fraglichen Zeit Wirtschaftsminister war.

Die Reaktion der Medien und der Öffentlichkeit fiel jedoch weniger positiv aus. Einige Leute meinten, der Name klänge wie eine neue Aftershave- oder

Deodorantmarke. Andere hielten ihn für den Namen einer Elektrizitätsgesellschaft. Auf der BBC-Website war die Rede vom „größten Postraub der Geschichte – dem Raub des Namen." Außerdem forderte der BBC auf seiner Website die britische Öffentlichkeit auf, ihre Meinung zum Namen per E-Mail an sie zu schicken. Was zurückkam, war fast durchgängig Kritik.

> „Consignia klingt nicht nach einer nationalen Institution wie es Royal Mail tut. Stattdessen erinnerte der Name mich an die Deo-Marke Insignia", hieß es in einer E-Mail.
>
> „Es ist eine erbärmliche Ausrede zu behaupten, Royal Mail klänge verwirrend, wenn man einen ganzen Absatz braucht, um zu erklären, was Consignia heißt", lautete ein anderer Kommentar.
>
> Ein Schreiber bemerkte besonders spitz, „angesichts der gegenwärtigen Krise innerhalb der Post Office, scheint Consignia Plc. als Name perfekt – als Anspielung auf Panic Closing (*Panikschließung*)."

Es wurde ziemlich schnell klar, dass die Namensänderung keine positive Wirkung hervorrief. Obwohl die Post Office zu einem Plc, also einer Aktiengesellschaft, geworden war, hatte die Öffentlichkeit nach wie vor das Gefühl, sie gehörte ihr. Und sie hielten es entsprechend für ihr gutes Recht, verärgert zu sein, weil ihnen der Name missfiel.

Als das Unternehmen dann auch noch zunehmend schlechtere Arbeit leistete, wurde der Name umso harscher kritisiert. „Der Name wurde durch die Kommentare zur miserablen Geschäftslage beschmutzt – die Leute dachten, nichts wäre mehr wie es war, seit der Name geändert worden war. Er bot sich nun mal als Zielscheibe an", sagte Wells.

Zielscheibe oder nicht, im Mai 2002 fand eine 180-Grad-Wendung statt, als der neue Consignia-Vorstand Allan Leighton bestätigte, dass der Name wieder verschwinden sollte – „voraussichtlich in weniger als zwei Jahren." Er gab auch zu, dass er den Namen hasste. „Es gibt keinen kommerziellen Grund für die Änderung, aber durchaus einen, was die Glaubwürdigkeit betrifft", erklärte er im Frühstücksfernsehen der BBC, „Breakfast with Frost". Er gab zu, die Namenswahl sei „unglücklich" gewesen und dazu noch in einer Phase erfolgt, als das Unternehmen unter Standard arbeitete (sie verloren innerhalb eines Monats im Jahre 2001 über eine Million Pfund täglich).

Nichtsdestotrotz waren diese Neuigkeiten an diverse Verbraucher verschwendet, denn Consignia hatte sich als Haushaltsname ohnehin nicht durchsetzen können. „Ich wusste gar nicht, dass die Post Office nicht mehr Post Office heißt", wunderte sich seinerzeit ein Passant in einer Radioumfrage unmittelbar nach der Ankündigung. „Alle, die ich kenne, sagen Post Office."

Was das Beispiel Consignia lehrt

- *Veränderungen sollten nie allein um der Veränderung willen vorgenommen werden.* In der öffentlichen Wahrnehmung war die ganze Neugestaltung vollkommen sinnlos. Und dieser Eindruck wurde von dem Mangel an Werbung noch bestärkt. „Wir dachten, Werbung hätte keinen Sinn, wenn wir darin lediglich sagen könnten, dass sich zwar der Name, für den Kunden sonst aber nichts ändert", rechtfertigte Keith Wells von Dragon Brands die fehlenden Maßnahmen.

- *Man muss sich darüber im Klaren sein, dass geschäftliche Entwicklungen nie folgenlos bleiben.* Die neue Marke litt unter der Tatsache, dass sie mit einer schlechten Geschäftsphase zusammenfiel.

74. Tommy Hilfiger

Die Macht des Logos

Tommy Hilfiger ist eine der weltweit beliebtesten Marken für Designermode. In den 1990ern wandelte sich Tommy Hilfiger von einer kleinen Nischenmarke, die sich gezielt an wohlhabende amerikanische Verbraucher richtete, in ein globales Riesenunternehmen, das auf breiter Ebene die Jugend ansprach.

Im Jahre 2000 geriet die Marke dann plötzlich in Schwierigkeiten. Die Aktienkurse fielen von 40 Dollar pro Aktie im Mai 1999 auf 22,62 Dollar am Neujahrstag 2000 und halbierten sich bis zum Jahresende noch einmal. Die Umsatzzahlen waren rückläufig und bezeichnenderweise mussten die Flaggschiff-Boutiquen in London und Beverly Hills schließen. Die Teilnahme an diversen Modenschauen weltweit wurde kurzerhand abgesagt.

Was war schief gegangen? Laut Tommy Hilfiger selbst liegt die Ursache in seiner Entscheidung, sich mit seiner Marke auf Abenteuer einzulassen. In einem Interview mit dem *New York*-Magazin 2001 bekannte er:

> Irgendwann sagte ich meinen Leuten, ‚Wir müssen die Ersten sein, wenn es um neue Trends geht', also rannten wir los und versuchten, die coolsten und neuesten Kleider zu machen. Wir haben unsere Jeans nicht nur bestickt, sondern sie geschmückt, sie regelrecht übersät mit allem Möglichen. Wir haben es wirklich zu bunt getrieben, weil wir glaubten, den Kunden gefiele es. Aber die Kunden waren nicht besonders angetan, und entsprechend litt unser Geschäft – mit Männer-, Frauen- und Kinderkleidung – im letzten Jahr.

Ein Teil des „zu bunt Treibens" bestand darin, das berühmte Bild der Marke zu überarbeiten. Tommy Hilfiger baut mehr als irgendeine Modemarke auf das Logo. Zu den erfolgreichsten Produkten des Unternehmens gehörten T-Shirts mit einem großen Aufdruck des rot-weiß-blauen Logos. Alles an diesem Logo, von den Primärfarben bis hin zu den Großbuchstaben, die praktisch TOMMY HILFIGER schrieen, vermittelte den Eindruck einer kühnen, aufdringlichen und durch und durch amerikanischen Identität. Trug man ein Tommy-Hilfiger-T-Shirt, wusste es jeder sofort, der des Lesens mächtig war.

Natürlich gab es auch andere logo-zentrierte US-Modemarken – Calvin Klein und Ralph Lauren zählen fraglos dazu –, aber Tommy Hilfiger übertraf sie noch. 1999 mutmaßte Hilfiger dann, dass er vielleicht zu weit gegangen war. „Als das Geschäft 1999 stagnierte", erklärte er, „dachten wir, die Kunden wollten das Tommy-Logo nicht mehr. Also ließen wir es auf den meisten Sachen weg. Wir machten es winzig klein. Wir wurden unsicher, ob wir als die rot-weiß-blaue Marke weiterbestehen könnten. Wir glaubten, wir müssten mehr Chic haben, uns mehr den europäischen Häusern wie Gucci und Prada angleichen."

Mit anderen Worten: Tommy Hilfiger gab die Werte auf, die die Marke geschaffen hatten. Selbstverständlich war die Marke in vielerlei Hinsicht in den höheren Modekreisen glaubwürdiger geworden, doch ihr Ansehen gründete zumindest teilweise in ihrem großstädtischen Flair. In *No Logo* (das erschien, bevor Tommy Hilfigers Glück zu schwinden begann) sieht sich Naomi Klein die Zwillingsidentität der Tommy-Marke genauer an: „Tommy Hilfiger, mehr noch als Nike oder Adidas, hat das Aufgreifen des Ghetto-Stils zu einer Massenmarketingwissenschaft erhoben. Hilfiger hat ein Rezept gefunden, das seither von Polo, Nautica, Munsingwear und zahlreichen anderen Modefirmen kopiert wurde, die versuchen, möglichst ohne Umwege in den Boutiquen der Vororte mit dem Innenstadt-Look Geschäfte zu machen."

Dabei war es eher zufällig zu dieser Zwillingsidentität (Vorort trifft Innenstadt) gekommen. Anfangs produzierte Tommy Hilfiger Kleidung für den „Popper"-Markt und ordnete sich damit irgendwo zwischen Gap und Ralph Lauren ein. Sehr bald jedoch stürzte sich die Hip-Hop-Gemeinde auf das Label und das Hilfiger-Logo tauchte plötzlich in jedem zweiten Rap-Video auf. Erst da begann Hilfiger, Kleidung bewusst für diesen Markt zu designen. Genau genommen akzentuierten sie damit nur, was bereits da war – sie machten ein prominentes Logo noch prominenter und die schlabberigen T-Shirts noch schlabberiger.

Die Strategie war erfolgreich, weil sie lediglich ein Rezept weiterführte, nach dem sie sowieso schon vorgingen. 1999 allerdings warfen sie alles über den Haufen und wichen von ihrem ursprünglichen Popper-Stil ab, mit dem die Marke so stark geworden war. Hilfiger brachte unter anderem eine Untermarke, „Red Label", heraus, die sich an die Spitze des Marktes wandte. Diese logofreie Kleidung enthielt Stücke wie Patchworkhosen aus Pythonhaut für 7.000 Dollar. Natürlich kamen solche Artikel für den durchschnittlichen Hilfiger-Kunden überhaupt nicht in Betracht. Ein weiterer Fehltritt war die Entscheidung, Läden an exklusiven Standorten wie der Londoner Bond Street oder dem Rodeo Drive in Beverly Hills zu eröffnen. „Der Londoner Laden war nicht mal ein Jahr auf, da erkannten wir schon, dass wir einen Fehler gemacht hatten", erinnert sich Hilfiger in einem Interview mit dem Magazin *New York*. „Und das Durchschnittsalter der Leute auf dem Rodeo Drive lag bei 50 Jahren. Meine Kunden sind aber deutlich jünger. Wir hatten gedacht, alle coolen Leute in L. A. kamen zum Rodeo. Taten sie jedoch nicht."

Seit 2001 hat Tommy Hilfiger aus seinen Fehlern gelernt und sich wieder den ursprünglichen Erfolgsrezepten angenähert. „Wir lernten aus unseren Fehlern und besannen uns wieder auf unsere Wurzeln: Klassiker mit Pepp. Wir stehen für Farben, für Poppiges, für Klassiker, eben für Amerika!" Und infolge der Umkehr fühlten sich Kunden wie Investoren gleichermaßen wohler mit der Tommy-Hilfiger-Marke. „Sie werden nie wieder die heiße, sexy, auffällige, verrückte, rapide wachsende Marke in aller Munde sein, die sie einmal waren, aber dafür ein verdammt nettes Unternehmen mit einer Menge Geld", bemerkte ein Wall-Street-Analyst anlässlich der Rückverwandlung. „Was man jetzt sieht, ist ein Unternehmen, das sich von einer Eins-plus auf eine Fünf-minus verschlechtert hatte. Und nun sind sie wieder bei Zwei. Und als Zweier-Kandidat sind sie verteufelt gut."

Was das Beispiel Tommy Hilfiger lehrt

- *Man weiche nicht von seinem Rezept ab.* Bekannt als die Marke, die „Klassisches mit Pepp" produzierte, konzentrierte sich Hilfiger zu sehr auf den „Pepp" und zu wenig auf das „Klassische".
- *Man konkurriere nie mit ungeeigneten Konkurrenten.* Es war ein Fehler von Tommy Hilfiger, mit erfolgreichen europäischen Edeldesignern wie Gucci und Prada konkurrieren zu wollen – was Hilfiger schließlich selbst einsah.
- *Eine Marke sollte nie überstrapaziert werden.* In seiner schlechten Phase versuchte sich Tommy Hilfiger in zahlreichen neuen Produktkategorien, die nicht zur Marke passten.
- *Keine Angst vor dem Logo!* Das Logo war es, das Tommy Hilfiger zu dem machte, was die Marke heute ist. Genau genommen ist die Marke pures Logo. Als es verschwand oder zumindest winzig klein wurde, geriet die Marke in Schwierigkeiten.

75. BT Cellnet wird O?

Eine Marke wird vernichtet

Im September 2001 verkündete der britische Mobilfunkanbieter BT Cellnet, der Markenname solle zugunsten einer neuen internationalen Identität abgeschafft werden. Die Entscheidung erfolgte in Reaktion auf anhaltende Einbußen an Marktanteilen auf dem Telefonsektor. Zudem legten die Umsätze des Erzrivalen – Orange, die für ihren Markennamen weithin bewundert wurden – kontinuierlich zu, so dass sie BT Cellnet an die dritte Stelle hinter Orange und Vodafone geboxt hatten. Cellnets erste Muttergesellschaft, British Telecom, hatte die Mobilfunksparte verkauft, und die neuen Eigentümer sahen keinen Grund, weshalb sie der notleidenden Identität treu bleiben sollten.

Als die Namensabschaffung angekündigt wurde, hielten Analysten diesen Schritt zunächst für den richtigen. „Cellnet hat als Teil von BT einen Spitzenstart hingelegt, sich dann aber offenbar auf seinen Lorbeeren ausgeruht", urteilte Louisa Greenacre, Telecom-Analystin bei ING Barings. „Orange war aggressiver, während Cellnet einfach keine richtige Markenstrategie zustande brachte, insbesondere da die Marke Genie, BTs Handy-Internetportal, sich nicht wirklich gut anlässt." Sie fügte noch hinzu, dass BT Cellnets Strategie, wie die vieler Mobilfunkanbieter, wäre, sich schnellstmöglich einen großen Kundenstamm aufbauen. Der Schlüssel zur echten Markenloyalität aber bestünde eben darin, den Umsatz, den man mit dieser Kundenbasis erzielte, beständig zu steigern.

Der neue Markenname war O_2, das chemische Symbol für Sauerstoff. „Wir haben einen Namen gewählt, der modern und universell verständlich ist", sagte Peter Erskine, Leiter des Mobilfunkgeschäfts. Und der Name läutete das Ende einer ganzen Reihe von Marken ein, die durch die BT Wireless Group getragen worden waren. Dazu hatten unter anderem Cellnet in Großbritannien, VIAG Interkom in Deutschland, Telfort in den Niederlanden und Digifone in der Republik Irland gehört. Das Internetportal Genie sollte ebenfalls umbenannt werden.

Warum O_2? „Sauerstoff ist Grundlage allen Lebens, und man muss den Leute nicht beibringen, wie es geschrieben wird", erklärte Peter Erskine. „Zuerst hatten wir Hunderte von Namen, aber O_2 erschien uns ziemlich schnell die beste Wahl. Es ist ein universeller Begriff. Wir wollten etwas, das einfach, klar und frisch war."

Die Markennamenswahl wurde sowohl innerhalb wie außerhalb des Unternehmens als eine überaus wichtige Aufgabe angesehen. „Marken werden heute auf eine Art bemessen, wie sie es nie zuvor wurden", sagte ein Analyst dem *Telegraph*. „Man sieht sie nicht mehr als nettes Accessoire, sondern als wesentlichen Teil des Unternehmens."

BT Cellnet war eine verwirrende Marke, die durch die andere BT-Markenidentität in Großbritannien, Genie, zusätzlich verkompliziert wurde. Als die British Telecom die Mobilfunksparte verkaufte, waren die neuen Eigentümer der Auffassung, eine Namensänderung würde helfen, eine klarere und passendere Identität zu schaffen. Tat sie das?

Die ersten Anzeichen sprachen dagegen. Trotz einer massiven Marketingkampagne, einschließlich des Sponsorings der TV-Show *Big Brother*, ist der Name längst nicht allen vertraut. Einer Umfrage der Continental Research zufolge, die sie für ihren „Summer 2002 Mobile Report" durchführten, hatten fast acht von zehn BT-Cellnet-Abonnenten noch gar nicht bemerkt, dass der Service in O_2 umbenannt worden war. „Die Entscheidung der neuen Eigner, die Marke aufzugeben, blieb bei den Verbrauchern – von denen viele ältere Geschäftsleute sind, die zu den ersten Handykäufern zählten – größtenteils unbemerkt", berichtete der *Guardian*. „Das deutet darauf hin, dass der Namenswechsel den bereits vorhandenen Kunden des O?-Netzwerks nicht richtig vermittelt wurde", pflichtete Colin Shaddick, Direktor von Continental Research, bei.

Was das Beispiel BT Cellnet lehrt

- *Überlappende Markenidentitäten sind schädlich.* Als BT verschiedene Mobilfunkunternehmen mit unterschiedlichen Namen aufzog – wie Cellnet und Genie –, schufen sie damit bei den Verbrauchern nur Verwirrung.

- *Markennamen lassen sich nicht „über Nacht" abschaffen.* Obwohl Millionen in den Namenswechsel investiert wurden, bleibt O? den meisten Mobilfunknutzern fremd.

76. ONdigital wird ITV Digital

Wie ein „süßer Traum" sauer wird

1998 wurde in Großbritannien ein neuer digitaler Fernsehkanal eingeführt, der sich zum Ziel setzte, es mit Rupert Murdochs BSkyB aufzunehmen und Millionen Zuschauer in Mittelengland mit einer neuen Plattform, die über Aufsatzboxen zugänglich war, zum Pay-TV zu bekehren – digitales, terrestrisches Fernsehen. 2002 verschwanden sie wieder.

„Wir dachten, wir könnten es mit Sky aufnehmen, indem wir ihre Achillesferse nutzten: Das Publikum vertraute ihnen von allen Sendern am wenigsten", erinnert sich Marc Sands, der erste Marketingleiter von ONdigital. „Wir wollten uns durch unser Verhalten, unsere Offenheit und die Transparenz unserer Preise abheben. Das war ein wunderschöner Traum. Einstöpseln und gucken."

Bald schon stellte sich allerdings heraus, dass es problematisch war, die spezielle Software und die Aufsatzboxen zu liefern, vor allem aber mit der ungleichmäßigen Auslastung auf dem Land zurechtzukommen. „Im Sommer

1999 war mir klar, dass die Probleme unheilbar waren", erkannte Sands. „Diejenigen, bei denen es nicht funktionierte und die Bilder dauernd gefroren, meinten, wir hätten unser Versprechen nicht eingehalten. Wir haben es nie geschafft, über die erste Stufe hinauszugelangen."

Dann erhöhte der Erzrivale BSkyB den Druck, indem sie den Einzelhändlern Geld dafür zahlten, dass sie ihr System empfahlen. BSkyB's Entscheidung, Gratis-Aufsatzboxen anzubieten, hieß für ONdigital, es ihnen zwangsläufig nachzumachen, was sie weitere 100 Millionen Dollar jährlich kostete. „Ich denke, ONdigitals Entschlossenheit, sich auf ein Kopf-an-Kopf-Rennen mit BSkyB einzulassen, war wohl ein Fehler", sagte Chris Smith, ehemaliger Minister für Kultur, Medien und Sport (der bis Juni 2001 die staatlichen Digitalpläne überwachte), in einem Interview mit dem *Guardian*. „Sie hätten sich einen anderen Teil des Marktes vornehmen sollen."

2001 wurde ONdigital zu ITV Digital, wodurch sie sich einer etablierten und vertrauten Marke anschlossen (ITV war und ist einer der beliebtesten terrestrischen Kanäle in Großbritannien). Dennoch blieb das Problem dasselbe. Die Zuschauer mussten sich eine vollkommen neue Ausrüstung kaufen, die dann wiederum nur mit einer Schüssel funktionierte. Mit anderen Worten: Sie brauchten eine komplett neue Plattform.

Die technischen Probleme waren ebenfalls nicht ohne. Die Software, die in den Aufsatzboxen verwandt wurde, hatte nicht genug Speicherkapazität und stürzte immer wieder ab. Wie die ehemalige Kundin Bridget Furst erklärt:

> Ich habe mich im November 1999 bei ONdigital angemeldet, weil wir in einem denkmalgeschützten Viertel wohnen und keine Satellitenschüssel montieren dürfen. Aber die technischen Ausfälle machten uns wahnsinnig. Das Bild fror immer wieder ohne Vorwarnung ein, drei- bis viermal die Woche. Dann musste man den Service anrufen, sein Sicherheitspasswort durchgeben, sich in die Warteschleife hängen lassen, bis ein Techniker frei wurde, und dann brauchte man mindestens fünfzehn Finger, um alles wieder einzustellen. Mir erzählten sie, ihre Software käme nicht mit den BBC-Kanälen auf der Plattform zurecht.

Graham Simrock, der das Unternehmen bis 2001 leitete, erkannte, dass die technischen Probleme ein echtes Hindernis darstellten: „Das Unternehmen nahm die zahlreichen technischen Probleme nicht ernst genug: das dauernde Verschwinden des Bilds und die mangelnde Leistungsstärke. Die Kunden ärgerten sich darüber. Und dann gab es Häuser, die angeblich im Empfangsbereich lagen und trotzdem noch Probleme hatten."

Ein weiterer Faktor war der fehlende Anreiz, ITV Digital zu kaufen. Auch wenn ITVs Hauptnetzwerke Carlton und Granada hinter dem Unternehmen standen, sorgten sie nicht für genügend exklusiven Zugang zu ihren Hauptprogrammen. „Ich denke, Carlton und Granada haben es nicht genug unterstützt", sagt der ehemalige Verkaufsdirektor von ITV Digital, Matthew Seaman. „Sie hätten uns mehr exklusive Programme geben sollen, Erstausstrahlungen von *Coronation Street* zum Beispiel. Warum nicht? Pay-TV ist nichts, was einfach so geschieht. Es brauchte einen kühnen Schritt, vergleichbar mit Skys Premier-League. Aber die Anteilseigner meinten immer, sie könnten ihre ITV-Kronjuwelen nicht aufs Spiel setzen."

Nur wenige verstanden, worum genau es bei dem Netzwerk ging. Zunächst hatte es sich klar von BSkyB abzusetzen versucht. Stephen Grabiner, ITV Digitals erster Geschäftsführer, bezog sich einmal auf Murdochs Multi-Kanal-Vision für das digitale Fernsehen als etwas, das nur für „traurige Leute, die in Lofts leben" interessant wäre. Dennoch kopierte ITV Digital späterhin die BSkyB-fußballzentrierte Strategie, indem sie 315 Millionen Pfund für die Rechte an den Spielen der nationalen Football-League erwarben. Am Ende kauften sie sogar Filme von der Satellitenfirma. „Die Widersprüche, die das Unternehmen von der Spitze bis nach unten durchzogen, verwirrten die Zuschauer", vermutete *The Observer*.

The Observer wies auch mit dem Finger auf Charles Allen und Michael Green, die Vorsitzenden der beiden Anteilseigner Granada und Carlton, sowie die übrigen Mitglieder des Managements:

> In der City [dem Banken- und Börsenviertel von London, *d. Übers.*] gehen viele davon aus, dass, selbst wenn Allen und Green es schaffen sollten, auf ihren Posten zu bleiben, um zum Jahresende einen entspannteren Abgang zu machen, einige ihrer Statthalter schon bald über die Klinge springen werden. Fragezeichen schweben über dem Kopf von Steve Morrison, dem Granada-Chef, der auf der Höhe der Verhandlungen mit der Football League zu einem Urlaub nach Neuseeland entschwand. Und es lässt sich schwerlich erahnen, wie Stuart Prebble, ein ehemaliger Journalist, der es trotz seiner Unerfahrenheit in der Pay-TV-Arena zum Chef bei ITV und ITV Digital gebracht hat, sich länger bei ITV wird halten können.

Doch neben den Verfehlungen des Managements gab es auch einige Dinge, die sich der Kontrolle des Unternehmens entzogen. So geschah beispielsweise trotz der Zusagen der Independent Television Commission (ITC), die Leistungsstärke der ITV-Digital-Sendesignale zu verstärken, überhaupt nichts. Die Signalstärke reichte gerade mal für ungefähr die Hälfte Großbritanniens. Zudem bedeutete der ITC-Entschluss, Sky aus dem ursprünglichen Konsortium zu verbannen – laut *The Observer* aus „Furcht vor Murdoch-dominierten Medien" –, dass nun keines der darin vertretenen Unternehmen über eine solide Kenntnis des Pay-TV-Marktes verfügte.

„Die ITC schloss Sky aus. Hätte Sky bleiben dürfen, wäre ITV Digital mittlerweile auf drei Millionen Abonnenten gekommen", war sich Dermont Nolan von der Medienberatung TBS im April 2002 sicher. Im selben Monat musste ITV Digital aufgeben und die Verwalter von Deloitte and Touche hinzuziehen. Zwar gab es über hundert Kaufanfragen, doch die meisten interessierten sich vor allem für das Firmenmaskottchen, den ITV-Digital-Affen, der durch eine Reihe von Werbespots mit dem Komiker Johnny Vegas berühmt geworden war. Leider färbte vom Ruhm des Affen nichts auf die Plattform ab, für die er warb.

Was das Beispiel ONdigital/ITV Digital lehrt

- *Man muss erreichbar sein.* Technische Probleme führten dazu, dass die Plattform in nicht allzu vielen Teilen Großbritanniens zu erreichen war.

- *Verlässlichkeit.* Dieselben Probleme brachten dem Unternehmen den Ruf ein, unzuverlässig zu sein.

- *Einen starken Anreiz bieten.* ITV Digital hat von den Zuschauern nicht einfach verlangt, die Kanäle zu wechseln. Sie mussten losgehen und sich eine komplett neue Technik zulegen, die sie oben auf ihre Fernseher stellten. Um das zu tun, brauchten sie einen starken Anreiz – die Möglichkeit, zu sehen, was sie liebten und nirgends sonst geboten bekamen.

- *Zu seinen Versprechen stehen.* „ITV Digitals Versprechen gingen weit über das hinaus, was sie tatsächlich leisten konnten, es war ein komplett neues System", sagt Marc Sands, der erste Direktor für Markenmarketing bei der Plattform.

- *Man beschädigt keine verwandten Marken.* „Der größte Fehler war, es in ITV

Digital umzubenennen und damit ITV, eine der stärksten Verbrauchermarken, in Misskredit zu bringen", urteilt Sands.

- *Realistisch sein.* „Ich weiß, was es kostet, Digitaltransmitter zu installieren", sagt Gerald H. David, Vorsitzender von Aerial Facilities und Experte für Digitaltechnologie. „ITV Digitals Untergang ist allein auf einen ziemlich unrealistischen Plan zurückzuführen. Die ITC hat den Karren vor das Pferd gespannt, als sie sie lizensierten."

- *Die Konkurrenz verstehen.* „Carlton und Granada haben nicht mit einem so hart umkämpften Markt gerechnet", bekennt John Egan, bis 1999 Leiter für Operations und Strategie bei der Plattform.

77. Windscale wird Sellafield

Dieselbe Identität, ein anderer Name

Selbst auf die Gefahr hin, maßlos zu untertreiben, würde ich sagen, Nuklearenergie hatte immer schon ein gewisses Imageproblem. Kommt es jedoch zu Zwischenfällen in Kernkraftwerken, werden die „Probleme" zu einem Albtraum.

So geschehen beispielsweise, als 1957 infolge eines Großbrandes riesige Mengen radioaktiven Materials aus den Atomkraftwerken von Windscale in Großbritannien austraten. Es war eine Desaster. Die Bevölkerung von Cumbria befand sich in Angst und Schrecken darüber, welche gesundheitlichen Folgen die unkontrollierte Strahlung haben würde, was nur zu verständlich ist.

Statt die Anlagen zu schließen, hielt die Regierung es für die beste Lösung, die gedankliche Verbindung zwischen dem Desaster und der Nuklearanlage zu kappen, indem sie den Namen von Windscale in Sellafield änderten. Nun wusste natürlich jeder, dass die Anlage grundsätzlich dieselbe war, weshalb die negativen Assoziationen direkt auf den neuen Namen übertragen wurden. Und die Namensänderung richtete rein gar nichts aus, was die Zunahme der gesundheitlichen Probleme in der Gegend betraf, die in einem Artikel eines dortigen Blattes 1999 dargestellt werden:

Während nach wie vor in den Laboratorien weltweit Tiere radioaktiv verseucht werden, um die Auswirkungen zu „studieren", haben Dr. Martin Gardner und seine Kollegen vom Medical Research Council in Southampton die Erfahrung gemacht, dass Kinder von Vätern, die in den Sellafield-Anlagen arbeiteten, ein sechsfach erhöhtes Risiko tragen, an Leukämie zu erkranken, als solche jener Väter, die nie in der Nuklearanlage arbeiteten. Sellafield, ehedem unter dem Namen Windscale bekannt, hat so viele radioaktive Lecks gehabt, dass die Regierung den Namen änderte, um die Anlage von ihrer Geschichte reinzuwaschen. In dem Gebiet um die Aufbereitungsanlage wurde eine ungewöhnliche hohe Rate an Kinderleukämie festgestellt. Dr. Gardners Studie scheint zu belegen, dass sie durch schadhafte Spermien verursacht wird, die den Vater zwar nicht gesundheitlich beeinträchtigen, die ungeborenen Kinder aber sehr wohl unter den Regierungssünden leiden lässt.

Die neue Bezeichnung konnte die Vorbehalte der Menschen gegenüber der Anlage nicht ausräumen. Julian Gorham, Kreativdirektor der Brand Naming Company, meint, Namensänderungen ohne spürbare organisatorische Veränderungen wären sinnlos. „Windscale, Sellafield, das ist doch dasselbe, oder nicht? Nichts hat sich geändert."

Was das Beispiel Windscale/Sellafield lehrt

- *Veränderungen sollten grundlegend sein.* Durch eine Namensänderung lässt sich niemand täuschen, solange die Abläufe dieselben bleiben.

- *Niemand kann seine Geschichte verstecken.* Jeder in Cumbria wusste von dem Zwischenfall 1957 ungeachtet des neuen Namens, denn die Folgen waren noch über Jahre existent.

78. Payless Drug Store wird Rite Aid

1998 änderte Payless Drug Store, eine regionale Drogeriekette, die im Westen der USA ihre Geschäfte unterhielt, ihren Namen in Rite Aid Corporation. Für den Namenswechsel mussten mehrere Millionen Dollar in Werbung investiert werden, damit der Bekanntheitsgrad dem des vorherigen Namens gleich wurde. Der Grund für die Änderung war der Kauf durch die Rite Aid Corporation, die in den gesamten USA eigene Drogeriemärkte betrieb. Daher schien ihnen die Marken-Neubenennung ein logischer Schritt. Doch was geschah? Kurz nach dem Kauf durch Rite Aid und der Markenumbenennung büßten die meisten der ehemaligen Payless-Geschäfte zehn Prozent ihrer Umsätze ein. Schließlich verkaufte Rite Aid 38 seiner Geschäfte in Kalifornien, reduzierte die Zahl der Arbeitnehmer und strukturierte den Westküstenvertrieb vollkommen um.

79. British Airways

Als British Airways 1996 eine umfangreiche Markenneugestaltung durchmachte, hätten sie kaum einen schlechteren Zeitpunkt wählen können. Die Medien stellten die enormen Kosten den „Kostensparmaßnahmen" gegenüber, die kurz darauf eingeläutet wurden.

Außerdem wurde Kritik an der neuen Identität laut. Die Fluglinie hatte den Union Jack auf der Heckflosse abgeschafft und ersetzte ihn durch eine Reihe unterschiedlicher Bilder, die einen internationaleren Touch bringen sollten. Viele fanden diesen Schritt unpatriotisch, und Richard Branson, Boss des Erzrivalen Virgin Atlantic, hatte es eilig, Salz in die Wunde zu streuen, indem er den Union Jack auf seine Flugzeuge malen ließ und sich des ehemaligen British-Airways-Slogans „Fly the Flag" bediente. Es dauerte nicht lange, bis British Airways das neue und teure Heckflossendesign wieder aufgab. Ironischerweise waren es gerade die US-Kunden und solche anderer Nationalitäten gewesen, die sich als Erste darüber beschwerten, dass die britische Flaggschifflinie nicht mehr britisch aussah.

80. MicroPro

Erinnert sich jemand an MicroPro? In den Achtzigern und sogar noch zu Beginn der Neunziger lieferte MicroPro eine führende Textverarbeitungssoftware – WordStar. Das Programm wurde von dem weithin respektierten Technologieexperten John C. Dvorak sogar als „eine der bestentwickeltsten Einzelsoftwares der Computergeschichte" gerühmt.

Wegen der Beliebtheit des WordStar-Produkts benannte sich MicroPro in WordStar International um. Dieser Schritt erwies sich als gewaltiger Fehltritt. „Die neue Markenidentität bedeutete eine massive Selbsteinschränkung", erklärt der Werbe-Copywriter John Kuraoka in einer Studie über Markengestaltung. „Als WordStar International war das Unternehmen in einer denkbar schlechten Ausgangsposition, wollten sie mit den Veränderung in der Computerindustrie Schritt halten – wie etwa der Zunahme von Softwarepaketen, die die Vorgänger des heutigen Microsoft Office waren. Man bedenke, dass Microsoft niemals ‚Windows International' wurde." Der WordStar-Name entpuppte sich schnell als Mühlstein am Hals des Unternehmens. Zwischen 1988 und 1993 mühte sich das Unternehmen, neue Wege zu finden, um weiterhin Variationen des WordStar-Produkts zu verkaufen. Das Aufkommen von Konkurrenten wie Word Perfect und später Microsoft Word führte WordStar in den Untergang.

Kapitel 9

Scheitern am Internet und an den neuen Technologien

Im Internet ist Markenscheitern faktisch zur Norm geworden. Unternehmen, die es schaffen, hier irgendwie noch Gewinne zu erwirtschaften, gelten als „Freaks", wohingegen diejenigen, die sich Monat für Monat abstrampeln, um zu überleben, von allen Seiten Beifall ernten.

Das sind die Langzeitauswirkungen der dot.com-Seifenblase, die zur Jahrtausendwende jäh zerplatzte. Seither scheint es eine erwiesene Tatsache, dass Marken ihren Wert am schnellsten und gründlichsten ruinieren können, indem sie ihrem Namen ein „.com" anhängen. Paradoxerweise jedoch bringen Firmen, die das Internet ignorieren, ihren Ruf gleichermaßen in Gefahr.

So wie das Internet fester Bestandteil unseres Lebens geworden ist, muss es auch fester Bestandteil der Markengestaltung sein. Das Risiko verbirgt sich darin, dass das Internet von vielen als separates Ganzes betrachtet wird, statt als eines von mehreren Kommunikationsmedien und Verkaufskanälen. Natürlich weist das Internet einzigartige Merkmale auf, die berücksichtigt werden sollten. Es ermöglicht den direkten Austausch und öffnet somit auch jenen Verbrauchern Tür und Tor, die sich über Marken ärgern und diesem Ärger Luft machen wollen. Ihre Anti-Markenbotschaften haben Reichweiten, die früher nie denkbar gewesen wären. Doch vor allem definiert das Internet die Spielregeln neu. Große wie kleine Konkurrenten sind gleichermaßen präsent, ganz gleich von wo aus auf dem Erdball sie operieren.

Angesichts der demokratischen Strukturen des Internets haben selbst die kleinsten Spieler eine Chance, am Ende zu den größten Marken zu werden. Ein außergewöhnlicher Internetauftritt kann wirkungsvoller sein als Abermillionen, die in Online- und Offlinewerbung investiert werden. Zudem bietet die

Unmittelbarkeit des Mediums die Möglichkeiten, gute Konzepte binnen Minuten global zu verbreiten.

Bedeutete Auswahl im industriellen Zeitalter noch, „man kann jede Farbe kriegen, Hauptsache es ist Schwarz", so sehen sich die Internetnutzer einem wahren Kaleidoskop von Möglichkeiten gegenüber. Kann Marke X nicht liefern, geht man einen Click weiter zu Marke Y. Gelangt jemand von einer Suchmaschine aus auf eine Internetseite (was zumeist der Fall ist), hat er wahrscheinlich noch mindestens 10 alternative Adressen, die er sich ansehen kann. Markengestaltung ist also wichtiger denn je, will man sich von der Konkurrenz abheben.

Je weiter das Internet voranschreitet, umso klarer wird die Abwendung von der „Blickfang"-Strategie hin zu einer Konzentration auf Beziehungen. Viele führende E-Business-Experten gehen heute davon aus, dass Markenentwicklung vollkommen neu bemessen werden sollte, nämlich nicht mehr danach, wie schnell eine Internetseite ihre Kundenbasis vergrößern kann, sondern wie oft die bereits vorhandenen Kunden wiederkommen. Rory Sutherland von Ogilvy One drückte es einmal folgendermaßen aus: „Im Internet geht es um Markentiefe, nicht Reichweite. Marktanteilen hinterherzujagen lohnt sich nicht, denn was wirklich zählt, sind Brieftaschenanteile. Hat man erst einmal eine loyale Gemeinschaft gewonnen, öffnen sich fantastische Möglichkeiten für vermittelnden Handel, personalisierten Service und dem Bedienen der vielfältigen Bedürfnisse einer bestimmten Verbrauchergruppe."

Und das Internet eröffnet Unternehmen und Verbrauchern nicht nur die direkte Kommunikation, sondern versetzt Kunden in die Lage, mit anderen Kunden über Unternehmen zu reden. Wie auf der Cluetrain-Website steht, „Märkte sind Kommunikation. Mit dem Internet entdecken und erfinden die Leute neue Wege, themenbezogenes Wissen in atemberaubender Geschwindigkeit untereinander auszutauschen. Eine unmittelbare Folge dessen ist, dass Märkte schlauer werden – und zwar schneller schlauer als die meisten Unternehmen."

Erfolgreiche E-Marken wie Amazon, eBay, Yahoo! und MSN haben gelernt, dass, wenn Besucher miteinander kommunizieren, dadurch zum einen ihre Loyalität gegenüber einer Seite gefördert wird (und mithin ihr „lebenslanger Wert"), zum anderen aber auch die Marken sich direkt auf die Wünsche der Verbraucher einstellen können, indem sie ihnen eine Plattform zur Verfügung stellen, um ihre Meinungen zur Marke zu äußern. In manchen Fällen haben die in Gemeinschaftsforen geäußerten Meinungen E-Unternehmen zum radikalen Ändern ihrer Marketingstrategien bewegt.

Als Amazon beispielsweise mit der Idee der variablen Preisgestaltung liebäugelte, entschlossen sie sich zu einem einwöchigen Probelauf bei ihren DVD-Produkten. Dann beobachteten sie ihr DVD-Chat-Foren und werteten die Kundenreaktionen aus. Als sie eine Handvoll negativer Kommentare ausmachten, kündete Amazon sofort an, die neuen Preise wieder abzuschaffen. Wie Jeff Bezos, CEO von Amazon, sagte, „hat es die Kunden eher verunsichert als ihnen das Leben erleichtert." Amazon konnte prompt handeln und vermied so heftigere Kritik, die sich ihrem Namen zwangsläufig eingebrannt hätte.

Allerdings bedeutet all das nicht, dass der grundsätzliche Zweck der Markengestaltung sich verändert hätte. Daniel Letts, einer der führenden Berater der Markenstrategen Wolff Olins (zu deren Kunden unter anderem BT und Unilever gehören), hält es für falsch, anzunehmen, Online- und Offline-Markengestaltung wären inkompatibel. „Die Tatsache, dass die Leute es am Anfang als zwei vollkommen unterschiedliche Sachen angesehen haben, ist einer der Gründe dafür, weshalb so viele Online-Marken Schwierigkeiten bekamen. Wir reden ja schließlich auch nicht von „TV-Marken" oder behandeln Sky völlig anders, weil deren primärer Kanal das Fernsehen ist, oder?"

Da viele Kunden erstmals über das Internet mit einer Marke bekannt werden, sollte die Online-Markengestaltung eine Bestätigung der gesamte Markenidentität sein, statt wie ein schrulliger Ableger der Marke dazustehen. Außerdem sollte man nicht verkennen, welchen Markenschaden das Internet anrichten kann.

Im Internet sind Markenbotschaften weniger kontrollierbar. Versäumt ein Unternehmen, die Verbraucher über Produktfehler oder -schwächen zu informieren, werden sie sich sehr schnell gegenseitig darüber unterrichten. Sie können dafür einen Chatroom nutzen, Nachrichten an Diskussionsforen schicken oder sogar ihre eigene Website einrichten. Jeder steht mit jedem in Verbindung und kann dafür sorgen, dass seine Meinung zur Kenntnis genommen wird. Die Wahrnehmung der Marke war der Wirklichkeit des Produkts oder der Dienstleistung nie näher als heute. Dem Zielmarkt kann man nichts mehr vormachen.

Der Grund für das Scheitern vieler Online-Marken liegt darin, dass sie sich von der Technologie blenden ließen und darüber ihre Zielgruppen aus den Augen verloren. Als im März 2000 an der New Yorker Hightech-Börse Nasdaq der Crash begann, waren viele Online-Marken zu schwach, um ihn zu überleben. Den meisten nämlich schien es schon ausreichend, ein Teil der Online-„Revolution" zu sein. Der Erfolg schien praktisch garantiert. Hier tat sich nicht nur ein neuer Kanal auf, über den Geschäfte gemacht werden konnten, sondern die Welt sollte sich vollkommen verändern.

Doch wie die Beispiele in diesem Kapitel zeigen werden, waren die harten Realitäten der Geschäftswelt ganz und gar nicht so weit entfernt, wie die dot.com-Jungunternehmer gern glauben wollten. Technologiemarken aufzubauen ist nicht schwieriger als jede andere Form der Markengestaltung, vorausgesetzt die betreffenden Unternehmen haben von denen gelernt, die untergingen. Werden diese Lektionen beherzigt, kann Scheitern zur Ausnahme anstatt zur Regel für Technologiemarken werden.

81. Pets.com

Als man Mitte der Neunziger begann, das kommerzielle Potenzial des Internets zu erkennen, ließen die Leute ohne jedwede Nutzungsabsicht Internet-Adressen registrieren. Diese Grundbesitzsicherung wurde vor allem durch die Idee befeuert, man könne die Adressen später verkaufen.

Tatsächlich erwiesen sich Namen wie business.com und sex.com als so attraktiv, dass bestimmte Unternehmen Millionen für die Rechte an diesen Adressen zahlten. Sie handelten in dem Glauben, jemand, der nach Geschäftsinformationen oder Pornografie suchte, würde einen möglichst allgemeinen Begriff eintippen, der ihn zu den relevanten, wenn nicht gar relevantesten Seiten führen sollte. Außerdem ging man davon aus, diese Namen könnten sich die Internetnutzer am leichtesten merken.

Einer von denen, die sich daran machten, Adressen registrieren zu lassen, war der in Pasadena ansässige Unternehmer Greg McLemore. Unter den Hunderten von Namen, die er aussuchte, befand sich auch Pets.com. Allerdings verkaufte er die Adresse nicht, sondern beschloss, ihn selbst zu benutzen, um im äußerst lukrativen Markt für Haustierbedarf in den USA Fuß zu fassen.

Und er wollte nicht irgendein Internetfirma gründen. Pets.com sollte riesig werden. Gleich nach der Unternehmensgründung übersiedelte McLemore nach San Francisco und begab sich auf die Suche nach Investoren. Er fand sie im Frühjahr 1999 in Gestalt der hoch angesehenen Venture-Capital-Firma Hummer Winblad Venture Partners in Silicon Valley. Ihnen gefiel die Geschäftsidee, und so beschlossen sie, das Unternehmen zu finanzieren.

Auch Jeff Bezos, Besitzer eines gelben Labrador-Retrievers und eines gewissen Online-Buchladens namens Amazon.com fand am Pets.com-Konzept Gefallen und erwarb 50 Prozent der Eigentumsanteile. In einer Presseerklärung im März 1999 gab Bezos sich enthusiastisch: „Wir investieren nur in Unternehmen, die unsere Leidenschaft für die Verbraucher teilen. Pets.com hat eine führende Stellung am Markt und das erfahrene Managementteam verschreibt sich ganz und gar dem Verbraucher, ob sie nun ein Produkt wie ein Frettchengehege auftreiben oder helfen, ein haustierfreundliches Hotel zu finden."

Julie Wainwright, CEO von Pets.com und diejenige, die den Vertrag aushandelte, war gleichfalls glücklich: „Dies ist eine Ehe, die im Himmel geschlossen wurde, und die uns ganz klar als Online-Branchenführer positioniert. Die erfolgreichen Investmentbiografien von Amazon.com und Hummer Winblad machen das Unternehmen zum Dreamteam eines jeden CEOs."

Die Presseerklärung enthielt auch eine Statistik des Pet Industry Joint Advisory Council*, in dem der Wert der Haustierartikelbranche der USA für 1998 mit 23 Milliarden Dollar angegeben wird. Als Online-Pionier in dieser Branche war der Erfolg für Pets.com praktisch vorprogrammiert. Schließlich hatten die Internetnutzer bereits bewiesen, dass sie Bücher, CDs und Software gern via Internet kauften, warum also keine Haustierartikel?

Wie sich jedoch bald herausstellen sollte, blieb Pets.com als großer Online-Spieler der Branche nicht lang allein. Petopia.com, ein anderes Unternehmen mit Sitz in San Francisco, konnte sich ebenfalls Investmentkapital von einer angesehenen Venture-Capital-Firma, Technology Crossover, sichern, und zwar in Höhe von 9 Millionen Dollar. Auch sie glaubten an das große Potenzial des Online-Haustiermarktes. Zudem wurde Petopia.com von einer der führenden „richtigen" Haustierartikelfirmen finanziell unterstützt, von Petco. Petcos langjähriger Erzrivale, PetsMart, war natürlich auch wild darauf, sich ein Stück vom Kuchen zu holen, und gründete PetsMart.com.. Außerdem gab es noch Petstore.com, die vom Animal-Planet-Kabelnetzwerk Rückendeckung erhielten.

Trotzdem hatte Pets.com 1999 durchweg die Nase vorn und bekam weitere 50 Millionen Dollar Investorenkapital. Um seinen Vorsprung gegenüber den drei Hauptkonkurrenten auszubauen, beschlossen sie, ihre Preise fast zu halbieren. Aber Wettbewerb über den Preis allein reicht niemals aus. Wollte Pets.com seine Konkurrenz langfristig in Schach halten, mussten sie eine starke Markenidentität kreieren. Also holten sie sich Hilfe von einer der größten

---

* Ratgeberverband der Haustierindustrie, *d. Übers.*

Werbeagenturen der USA, TBWA/Chiat Day, die eine landesweite Werbekampagne entwerfen sollten.

Im Mittelpunkt der Kampagne stand die liebenswerte, aus einem Strumpf bestehende Handpuppe eines Welpen, der als „Sprechhund" für die Pets.com-Marke geplant war. Es gab eine umfangreiche PR-Geschichte über die Erschaffung der Handpuppe, zu der auch eine sechsseitige Biografie für die Figur gehörte. Die Werbespots zeigten den Strumpfwelpen in einer Reihe unterschiedlicher Situationen, wie beispielsweise beim Flirten mit einer Hauskatze oder beim Demonstrieren gegen die Benutzung von Strümpfen als Behältnis für Weihnachtsgeschenke. Außerdem führte die Kampagne einen neuen Slogan ein: „Weil Haustiere nicht fahren können." (Niemand wies darauf hin, dass die meisten Haustiere ebenso wenig einen Computer bedienen können.) Um ein Maximum an öffentlicher Wahrnehmung zu gewährleisten, wurden die Werbespots während des Superbowl ausgestrahlt, wegen der hohen Zuschauerzahlen eines der begehrtesten und somit teuersten Foren für Werbeeinblendungen.

Der Strumpfwelpe wurde über Nacht zum Riesenerfolg. Er trat bei *Good Morning America* auf und wurde vom *People*-Magazin interviewt. Bei Macy's Thanksgiving-Parade fuhr er durch die Straßen New Yorks und war der Star einer eigenen Serie lizensierter Merchandising-Artikel. Da war er schon kein Markenmaskottchen mehr, sondern eine absolute Berühmtheit.

Doch obwohl der Strumpfwelpe das Publikum im Sturm nahm, wirkte sich seine Beliebtheit nicht auf die Umsätze aus. Anfang 2000 konnte Pets.com keine Million Besucher mehr monatlich auf die Website locken.

Die Strategie der extremen Preisnachlässe funktionierte einfach nicht. Laut Dan Janal, dem Autoren von *Branding the Net*, beliefen sich die Kosten für die Akquisition eines Kunden bei Pets.com auf 80 Dollar. „Die kann man nicht wieder reinholen, wenn man die Produkte mit einer hauchdünnen Marge verkauft – und zehn Konkurrenten hat, die dasselbe tun." Aber die Discount-Politik war nicht das einzige Problem von Pets.com. Sie hatten zusätzlich einen versandkostenfreien Handel eingeführt – der das Unternehmen zusehends teurer kam, besonders wenn die Kunden schwere Säcke mit Katzenstreu orderten.

Wie viele scheiternde dot.coms investierte auch Pets.com zu viel Geld in die Steigerung der Markenpräsenz und zu wenig Zeit darauf, sich zu fragen, ob die Internetseite langfristig ein lohnendes Geschäft sein kann. Infolgedessen gab das Unternehmen für jeden Dollar, den es einnahm, über 3,50 Dollar für Marketing und Verkaufsnebenkosten aus.

Viele Kritiker sind der Ansicht, Pets.com wäre zu sehr auf den Börsengang fixiert gewesen, darauf, Aktien an Investoren ausgeben zu können. Wie John Cassidy in *Dot.com* erklärt, ist Pets.com ein klassisches Beispiel dafür, wie der Internet-Boom die traditionellen Abläufe der Wirtschaft verkehrt hat:

> Statt den Aktienmarkt zu nutzen, um Unternehmen aufzubauen, benutzten nun Venture-Capital- und Jungunternehmer Unternehmen, um Aktien aufzubauen. Kostspielige Marketingkampagnen sollten nicht mehr nur Kunden anlocken, sondern vor allem potenzielle Aktienkäufer. Das Unternehmen aufzubauen schien zweitrangig – eine Pflichtübung, die man vor dem Börsengang absolviert haben musste.

Vielleicht war das Hauptproblem das, dass die Internetnutzer noch nicht so weit waren, ihre Haustiernahrung online zu bestellen. Anders als Amazon, bei denen die Kunden Titel ordern konnten, die sie bei ihrem Buchhändler oder in ihrem Plattenladen vor Ort nicht bekamen, hatte Pets.com produktbezogen keinen echten Mehrwert zu bieten. Hundefutter bleibt nun einmal Hundefutter, und es gab offenbar nicht genug Leute, die online nach Frettchengehegen und anderen seltenen Haustierartikel suchten, die sie bei sich um die Ecke nicht fanden. Die einzige Methode, wie das Unternehmen Kunden anlocken konnte, war, die Produkte unter Preis zu verkaufen.

Am 7. November 2000 gab Pets.com bekannt, dass sie als Unternehmen nicht länger bestehen könnten, und wurde damit das erste dot.com-Unternehmen an der Börse, das schließen musste. In einer Presseerklärung gleichen Datums erläuterte CEO Julie Wainwright die Situation: „Es ist allgemein bekannt, dass dies ein sehr, sehr schwieriges Umfeld für den Internet-Einzelhandel ist. Da wir keine besseren Angebote bekommen und unsere Mittel erschöpft sind, hielten wir es für das Beste, das Unternehmen ordentlich abzuwickeln und so zumindest zu versuchen, den Aktionären etwas zurückzugeben."

Pets.com hat – wie boo.com – gezeigt, dass eine erfolgreiche Marke mit einem soliden Businessplan steht und fällt. Egal wie wirkungsvoll die Werbung und PR sein mag, solange eine Marke sich nicht über die Produkte und Leistungen von anderen unterscheidet und einen echten Zugewinn bieten kann, kann sie sich nicht halten.

Darüber hinaus gab es von Anfang an Zweifel an der Effektivität der Werbung. Andrea Reisman, CEO des Pets.com-Rivalen Petopia.com, meinte, Pets.com spräche das falsche Publikum an. „Wir werben nicht beim Superbowl", sagte sie. „Dort sind unsere Kunden nicht."

Es lässt sich allerdings nicht leugnen, dass die Werbung einen bleibenden Eindruck hinterlassen hat. Der Strumpfwelpe gehörte sogar zu den beliebtesten Artikeln, die über die Website verkauft wurden. Ironischerweise war das Maskottchen, das die Marke hatte aufbauen sollen, größer geworden als sie selbst. Noch nachdem Pets.com öffentlich gemacht hatte, dass sie die Tore schließen, war das Interesse an dem Strumpfwelpen groß genug, um ihm eine weitere Einladung zu *Good Morning America* zu bescheren. Gegen Ende des Interviews fragte der Moderator den Welpen, ob er einen Rat für die Investmentwelt hätte. Und was antwortete er? „Investieren Sie nicht in dot.coms."

Was das Beispiel Pets.com lehrt

- *Man muss seine Marke anders machen.* Kein Markt hält Dutzende von Marken aus, die alle nach demselben Businessplan operieren.

- *Man braucht einen zusätzlichen Wert.* „In einem Produktsegment, in dem der Einzelhändler keinen zusätzlichen Wert anbieten kann, war Pets.com an dem Tag zum Scheitern verurteilt, als die erste Welle von Konkurrenten hereinbrach", urteilt E-Marketing-Experte und Autor Dan Janal.

- *Konkurriere niemals über den Preis.* Da der Kaufanreiz des Unternehmens hauptsächlich über Discountangebote erfolgte, schrumpften die Gewinnmargen von Pets.com am Ende gegen null.

- *Man stütze sich nicht auf Spielereien.* Strumpfwelpen mögen beliebt sein, aber sie allein können keine Marke stützen. Wer's nicht glaubt, braucht bloß ITV Digital zu fragen.

- *Nur Gefühle reichen nicht.* Der Vizepräsident des Marketings bei Pets.com, John Hommeyer, war sehr stolz darauf, welche Verbundenheit sie zwischen Unternehmen und Kunden geschaffen hatten. „Es ist eines der wenigen dot.coms, die wirklich eine Marke aufgebaut haben und eine emotionelle Bindung zum Kunden schaffen konnten", schwärmte er, kurz bevor das Unternehmen schließen musste. Hat man es jedoch mit einer Online-Marke zu tun, reichen Emotionen nicht unbedingt aus, um die Kunden auch zum Online-Kauf zu bewegen.

- *Ohne Strategie geht's nicht.* Michael Dunn, CEO der Markenberatungsagentur Prophet Brand Strategy, wies damals besonders auf die unzulängliche Strategie von Pets.com hin. „Die meisten Leute haben einen spielerischen, spaßorientierten Bezug zu dem Strumpfwelpen, doch die muss in eine spannende Markenstory übersetzt werden, damit sie in den Verbrauchern den Wunsch weckt, mit dem Unternehmen Geschäfte zu machen. Eine Marke ohne eine klare Geschäftsstrategie aufzubauen führt mit Sicherheit zum Scheitern dieser Marke." Und kam es dann ja auch.

82. VoicePod

Ungehört bleiben

Das Technologieunternehmen Altec Lansing lernte durch das Scheitern seiner VoicePod-Digitalrecorder, wie wichtig Marketing ist. Als führender Hersteller von Computerlautsprechern war Altec sicher, mit ihrem innovativen Recorder, der Audionachrichten mit E-Mails verknüpfte, einen Hit in den Händen zu halten.

Die Zeitschrift *PC World* schrieb, VoicePod sähe aus wie „eine Maus auf Steroiden – einer Menge Steroiden – und versprach, die Stimme zu einem enorm nützlichen Instrument am PC zu machen." Vorbei wären laut Altec die Tage des unnötigen Eintippens und Hantierens mit Multimedia-Bedienungen, da dieses Gerät den Vorzug hätte, dass es sich besonders leicht installieren und anwenden ließe. Mit VoicePod konnten die Benutzer Tondateien aufnehmen, die sie mit wenigen einfachen Tastaturbefehlen an Dokumente und E-Mails anhängten. Und VoicePod brachte noch ein anderes praktisches Werkzeug mit: eine persönliche Zu-erledigen-Liste. Benutzer konnten sich kurze Nachrichten diktieren und abspeichern.

Außerdem war der Recorder technisch fortgeschritten, nutzte er doch die firmeneigene „Signalübermittlungstechnologie", die wiederum über Klangfilter und andere technische Merkmale verfügte, mit denen Hintergrundgeräusche auf ein Minimum reduziert und klare Aufnahmen ermöglicht wurden. „Mit dieser Ausstattung kann VoicePod eine solide Investition sein", meinte *PC World*. Leider schlossen sich zu wenige Computerbenutzer ihrer Meinung an.

Das Problem bestand darin, dass es dem Recorder infolge erbärmlichen Marketings an der nötigen Bekanntheit und somit dem Interesse der Öffentlichkeit fehlte. Im Unternehmen war man sicher gewesen, die Verbraucher würden die Geräte praktisch aus den Regalen reißen, und hatte deshalb kaum Geld und Energie in die Vermarktung gesteckt. Infolgedessen waren die Umsätze so niederschmetternd, dass das Unternehmen VoicePod nach nur einem Monat wieder vom Markt nahm.

Was das Beispiel VoicePod lehrt

⊙ *Niemand ignoriert ungestraft das Marketing.* „Nächstes Mal", bekräftigte Altec-Präsident und CEO Mark Lucas hinterher gegenüber dem Magazin *Business 2.0*, „werden wir eine gewaltige Marketingaktion starten."

83. Excite@Home

Schlechte Markengestaltung in Bestform

Es gab eine Zeit, in der Excite@Home als einer der „sicheren Tipps" der Internet-Revolution galt. Das Serviceangebot war simpel – Hochgeschwindigkeitsinternetzugang – und die Investoren sahen sogleich ein enormes Potenzial. Kaum verfügten sie über ein dickes Polster an Investmentkapital, beschlossen die Leute bei Excite@Home, dass sie etwas Größeres sein wollten, und kauften eine Vielzahl von Online-Medien hinzu, einschließlich dem Excite-Webportal und Blue Mountain Arts – mit der Absicht, ein Imperium im AOL-Stil aufzubauen.

Obwohl das Unternehmen einmal zu den führenden Anbietern für den Internetzugang per Kabel zählte, fiel es hinter die Konkurrenz zurück, sobald es seine Ziele neuer und weiter steckte. Laut dem CNET-Journalisten Ben Haskett „grenzte es an eine griechische Tragödie", was dann mit Excite@Home geschah. Die Geschichte ist gespickt mit Vorstandsintrigen, unklugen Aufkäufen und Managern, die den Betrieb aus der Ferne leiteten. „Excite@Home fiel größtenteils den eigenen großen Ambitionen zum Opfer, wie auch der verschlungenen Eigentumsstruktur, die zu viele Köche den Brei verderben ließ", schrieb Haskett in seinem Nachruf auf das Unternehmen.

Die Fusion von Excite und @Home (das ursprünglich nur so hieß), wurde als Fehltritt angesehen, obwohl die Motive vollkommen klar waren. William Hearst III., einer der Venture-Capital-Geber aus Silicon Valley, der die Unternehmensgründung mit ermöglichte, sagte:

> Ich hielt die Fusion seinerzeit für eine gute Idee, weil ich dachte, wenn man einen Verbrauchermarkt aufbaut, braucht man direkte Einkaufsangebote. Eines der Versprechen hinter der @Home-Idee war, dass man eine nationale Marke hat und nicht in jedem Markt eine andere. Und AOL hat bewiesen, wer ein E-Mail-Produkt und ein Content-Produkt und ein Telekommunikationsprodukt und ein Software-Produkt unter einem Dach zusammenbringt, kann ein sehr großes Unternehmen aufbauen. Ich denke, das war das Motiv für die Excite-Fusion: ein Unternehmen zu bauen, das ein einheitliches Verbrauchererlebnis produziert, nur eben auf Breitband statt per Einwahl.

Die Fusion funktionierte allerdings nicht. Streitereien zwischen der Telekommunikations- und der Medienabteilung führten dazu, dass viele Führungskräfte kündigten. Hinzu kam, dass der CEO das Unternehmen von Boston aus leitete, also mehr als 3.000 Meilen entfernt vom Betrieb in Silicon Valley, was zwangsläufig Reibungsverluste mit sich brachte. Und man darf nicht vergessen, dass Excite@Home zwar einen Kabelzugang zum Internet anbot, aber über die Kabel eines anderen Unternehmens, AT&T. Ja, AT&T hielt sogar die Aktienmehrheit, was weitere Schwierigkeiten und Interessenskonflikte hervorrief. Laut Hearst teilte AT&T beispielsweise „die Content-Vision nicht". Und dann war da noch das Problem des Timings. Das dot.com-Unternehmen brach zusammen, sobald man zu diversifizieren begann. „Als sie Excite abzustoßen planten, hatte sich der Markt verschlechtert", erklärt Hearst. „Und mittlerweile wuchs die Nachfrage nach Breitband so rapide, dass das Kapital gebraucht wurde, um die Qualität des bereits vorhandenen Servicegeschäfts zu halten."

Das vielleicht größte Problem aber war das Marketing. Nach der Fusion war Excite@Home einfach nicht imstande, sich von anderen Anbietern abzuheben oder den Internetnutzern einen hinreichenden Anreiz zu bieten, den Anbieter zu wechseln. Im Januar 2000 rekapitulierte das *Red Herring*-Magazin:

Excite@Home ist seinem Namen eigentlich nie gerecht geworden. Kontinuierliche Wechsel von Werbung und Botschaften haben die Markenidentität des Portals in komplettes Dunkel gehüllt. Das Unternehmen hatte mit „anyone can do it" („Jeder kann's") eine witzige Fernsehwerbekampagne, doch im nächsten Augenblick war sie schon wieder verschwunden. Yahoo! ist unser verrückter Internetführer; Infoseek ist unser allwissender Wahrsager. Excite@Home ist eher wie ein zaudernder Politiker.

Was das Beispiel Excite@Home lehrt

- *Zu viele Köche verderben den Brei.* Dazu noch einmal Hearst:

    Eine der Lehren ist die, dass man einen gewaltigen Vorteil gewinnen kann, indem man sich mit großen, gut etablierten Unternehmen zusammentut und das machen die Leute ja auch immer noch. Aber diese Unternehmen werden sich schwer damit tun, ihr neues Start-up-Unternehmen über ihre eigenen Unternehmensinteresse zu stellen. Wenn man also ein Start-up hat, das von großen, etablierten Unternehmen kontrolliert wird, ist es ein bisschen anders als bei einem echten, eigenständigen Start-up.

- *Man darf sich nicht übernehmen.* Excite@Homes Ambition, das nächste AOL zu werden, war eindeutig zu hoch gegriffen. Sie gaben Geld aus, das auszugeben sie sich nicht leisten konnten.

- *Marken müssen anders sein.* Im Grunde hatten die Verbraucher keine klare Vorstellung davon, wofür die Excite@Home-Marke stand. Es konnte alles und nichts sein und daran scheiterte sie.

84. WAP

Wozu noch ein Protokoll?

Um die Aufmerksamkeit der Öffentlichkeit zu gewinnen, werden neue Technologien heute als Marken beworben – von Technologieunternehmen wie Organisationen. Allerdings sterben oft gerade die besonders laut angekündigten technischen Neuerungen einen frühen Tod, während solche, die ohne Fanfarenklang eingeführt wurden, es unerwartet zu Massenakzeptanz bringen.

Auf keinen Bereich trifft das so sehr zu wie auf die mobile Telefontechnologie. In Europa waren die großen Mobiltelefonanbieter außerstande, den Erfolg der Kommunikation per SMS vorauszusehen. Einige vergaßen sogar, bei der Bedienungsanleitung für ihre Handys die SMS-Fähigkeit überhaupt zu erwähnen. So blieb es den Handynutzern selbst überlassen, SMS für sich zu entdecken – und, fürwahr, das taten sie. Allein in Großbritannien werden jeden Monat über 1 Milliarde Textnachrichten versandt und empfangen.

In meinem Buch *Mobile Marketing* beschrieb ich die Beliebtheit dieser Technologie in groben Zügen:

> SMS, oder Short Messaging Service, war die erste Mainstream-Technologie, die es ermöglichte, kurze Textnachrichten von einem Mobilgerät zum anderen zu schicken. Ohne Farben, Grafiken, Audio oder Video und beschränkt auf 160 Zeichen pro Nachricht mutete SMS zunächst nicht wie die radikalste aller Medientechnologien an. Zudem mussten die Versender von SMS-Textnachrichten sich mit den kleinen fummeligen Handytasten und einem winzigen grauen Bildschirm herumschlagen.

Trotz all der offensichtlichen Mängel wurde SMS sehr beliebt und hat eine ganze Generation von „Texterköpfen" hervorgebracht, die ihre eigene Kurzschrift entwarfen, um den begrenzten Zeichenumfang bestmöglich auszunutzen. Selbst unter älteren Mobilfunkteilnehmern erfreut sich die Textübermittlung per SMS großer Beliebtheit, da sie weniger aufdringlich und kostensparender ist als ein direkter Anruf per Handy. Während die Handyunternehmen diese eher bescheidene Technologie anfangs ignorierten, waren sie ausgesprochen euphorisiert, was eine andere Drei-Buchstaben-Abkürzung betraf: WAP.

WAP (Wireless Application Protocol – *drahtloses Anwendungsprotokoll*) wurde als die große globale Technologie ausgelobt, die das mobile Internet möglich macht. Das war sie auch, wenngleich die Ladezeiten enorm lang waren und wiederholte Verbindungszusammenbrüche sowie andere Einschränkungen der Nutzbarkeit den Leuten die Frage aufdrängten, ob das drahtlose Internet tatsächlich eine so tolle Sache war.

1999 war das Jahr, in dem WAP in vielen Ländern erstmals angeboten werden sollte, und nirgends wurde auch nur ein einziges Wort der Kritik laut. Zwei

Jahre später hingegen waren Schlagzeilen wie „Der große WAP-Flop" oder „Ruhe sanft, WAP" in der europäischen Technologiepresse keine Seltenheit mehr.

Eine Umfrage, die im Sommer 2001 in Großbritannien durchgeführt wurde, war besonders aufschlussreich. Die BRMB-Studie ergab, dass von den zwei Dritteln der Bevölkerung, die ein Handy besaßen, 85 Prozent glaubten, es wäre SMS-fähig, aber nur 13 Prozent sagten, sie hätten ein WAP-fähiges Mobiltelefon. Und von dieser geringen Zahl hatten wiederum nur 37 Prozent die WAP-Funktion im Monat vor der Umfrage genutzt. Die meisten von denen also, die sich darüber im Klaren waren, dass sie über eine WAP-Funktion verfügten, hielten es nicht für lohnenswert, von ihr Gebrauch zu machen. Wie Simon Rogers ungefähr zur selben Zeit (im Juli 2001) gegenüber dem *Guardian* sagte, „einen Infodienst via WAP anzuwählen entspricht einfach nicht derselben Qualität wie im Internet und ist eigentlich nichts als eine weitere Stufenverbesserung des Telefons."

Der ohnehin holprige Start von WAP wurde durch den erstaunlichen – und gemeinhin unvorhergesehen – Erfolg der SMS-Nachrichten noch zusätzlich erschwert. WAP rief man als die „Killer-Anwendung" für drahtlose Geräte aus, während die weniger spektakuläre Anwendung SMS kaum Erwähnung fand. Als sich dann plötzlich herausstellte, dass in den meisten Ländern auf zehn SMS-Nutzer gerade mal ein WAP-Nutzer kam und die SMS-Nutzer dazu auch noch weit begeisterter bei der Sache waren als ihre entnervten WAP-Gegenspieler, sorgte das unweigerlich für einige Aufregung.

Die Gerüchte vom Tode WAPs erwiesen sich natürlich als maßlos übertrieben, sobald die WAP-Anwendungen sich verbesserten. Für die meisten Marketingexperten jedoch war WAP zu einer Art Sperrgebiet geworden. *The Financial Times* bezeichnete das WAP-Marketing als „die uninteressanteste drahtlose Marketingmethode."

Der Fairness halber muss erwähnt werden, dass die Probleme mit WAP nicht an der Funktion selbst lagen. Schließlich ist WAP nur ein Zusatznutzen und ein gar nicht mal so schlechter. Trotzdem wurde WAP zu einem Begriff ausgeweitet, der die gesamte mobile Internettechnologie umfasste – und zwar immer mit WAP-fähigen Handys. Na ja, und die diesbezüglichen Verbrauchererfahrungen waren gelinde gesagt durchwachsen.

Wie jeder Markenstratege bestätigen dürfte, hängt der Erfolg eines Produktes oder einer Dienstleistung nicht einfach von ihrem Wert ab, sondern vielmehr von ihrem *wahrgenommenen* Wert. Was immer die WAP-Technologie in

Zukunft also den Handynutzern zu bieten haben mag, sie wird eine ganze Weile brauchen, um ihr Negativimage zu überwinden. Selbst die WAP-Evangelisten erkennen allmählich, dass sie es mit einem gewissen öffentlichen Imageproblem zu tun haben. So gestand sogar die treue Pro-WAP-Internetseite WAP-Insight (www.wapinsight.com) 2002, „alle Zeichen sprechen dafür, dass WAP als Markenname dem Tod geweiht ist." Die Website berichtete von der Schließung der britischen Einzelhandelskette namens The WAPStore, die von MPC Telecom betrieben wurde, und sagte, das „WAP"-Element des Namens hätte bei den Leuten negative Assoziationen geweckt.

Ob WAP letztlich für immer verschwinden wird, muss die Zeit zeigen, und je mehr leistungsfähige Handys auf den Markt kommen, umso viel versprechender scheint die Zukunft des mobilen Internets. Dennoch bedeuten die unglücklichen Konnotationen des WAP-Namens, dass man eventuell über eine neue Abkürzung nachdenken sollte.

Was das Beispiel WAP lehrt

- *Nützlich sein.* WAP litt unter einem klaren Mangel an Inhalten, die für Handynutzer bei einem WAP-basierten drahtlosen Internetzugang nützlich sein könnten. Auch wenn viele Unternehmen mit WAP-Sites experimentierten, blieb das Informations*unter*angebot ein Problem.

- *Einfach sein.* WAP litt ebenfalls unter dem Vergleich mit der gradlinigeren SMS-Funktion. Ungünstige Vergleiche der japanischen I-mode-Technologie streuten noch weiteres Salz in die Wunde.

- *Nicht zu dick auftragen.* Der anfängliche Medienrummel um WAP, der seinen hyperbolischen Höhepunkt 1999–2000 erreichte, war maßlos übertrieben. Ein britisches Unternehmen startete sogar eine Kampagne, in der sie mit einem WAP-fähigen Surfboard warben, und auch viele anderen vermittelten den Verbrauchern den Eindruck eines mobilen „Internet-Surferparadies". Diesem Versprechen konnte WAP natürlich nicht gerecht werden.

- *Benutzerfreundlich sein.* Jakob Nielsen, ehemaliger Sun-Microsystems-Ingenieur und „Guru der Web-Nutzbarkeit", betonte „WAPs miserable Nutzbarkeit". Nielsen empfahl dem Unternehmen 2000, die „gegenwärtige WAP-Generation zu überspringen". Langsamer Verbindungsaufbau und lange

Ladezeiten bei den ersten WAP-Diensten setzten voraus, dass die Handybesitzer, die WAP-Sites herunterladen wollten (insbesondere solche mit Grafiken) eine Menge Zeit zur Verfügung haben mussten.

85. Dells Web-PC

Nicht unbedingt ein Netzgewinn

Im Herbst 1999 brachte der Computerhersteller Dell seinen Web-PC heraus. Der Computer war klein (gerade mal um die 30 Zentimeter hoch) und wurde in fünf verschiedenen Farben angeboten. Ziel des Geräts war, das Surfen im Internet zu vereinfachen, wobei es zugleich gut aussehen sollte. „Die Qualität der Kundenerfahrung wird im Internetzeitalter zum entscheidenden Faktor für Loyalität", erzählte Michael Dell seinerzeit der Presse. „Der Web-PC erobert Neuland für unsere Branche, indem wir unsere Eins-zu-eins-Beziehung zu den Kunden auf eine neue Ebene bringen, wo wir für sie noch hilfreicher sein können."

Ein Schlüsselmerkmal des Produkts war der „E-Hilfe-Knopf", der unmittelbar ein Eigendiagnostikprogramm in Gang setzte. Dieser Knopf stellte auch eine direkte Verbindung zwischen dem Nutzer und Dells preisgekröntem Online-Technikerteam her.

Außerdem verfügte der PC über einen „Schlafmodus", der die Zeit verkürzen sollte, die der Computer brauchte, um hochzufahren. User drückten einfach den Knopf und „weckten" den Computer.

„Viele der Vorteile wurden durch das „unbelastete" Design des Computers möglich", erklärte John Medica, Vizepräsident und General Manager von Dells Web Products Group. „Wir haben jedes Stück Technik handverlesen, das in den Web-PC wanderte, und nichts von der Technologie vorheriger Computer übernommen, was nicht zur reinen Interneterfahrung beiträgt."

Mittels einer Multimedienkampagne, deren Slogan „Born to Web" lautete, wurde das Produkt beworben. Die Verbraucher bekamen eine Internetadresse sowie eine gebührenfreie Telefonnummer genannt, die beide als direkte Verkaufskanäle arbeiteten. Außerdem bot Dell jedem Web-PC-Käufer Gratiszubehör wie einen Digital-Scanner, einen Joystick und eine Digitalkamera.

Die Presse überschüttete das Produkt mit Lob, obwohl die meisten Journalisten es als einen Versuch deuteten, die Apple-iMac-Strategie zu kopieren – setzte es doch ebenfalls auf auffälliges Design und benutzerfreundliche Software. In seiner Kritik für die *Washington Post* schrieb Alan Kay, wenngleich „es hier mehr um Stil als um Computer" ginge, wäre der Web-PC „ein anständiger PC, der fast alles tut, was man von ihm erwartet."

Doch trotz all der Vorzüge, die er zu bieten hatte, fiel der Web-PC bei den Verbrauchern durch. Dell nahm das Gerät im Juni 2002, nur sechs Monate nach der Einführung, wieder vom Markt. Warum? Aus einer Vielzahl von Gründen.

Zunächst einmal war die Betonung des Designs ein Fehler. Natürlich war der iMac ein Erfolg gewesen, aber bei Apple war es schon immer ums Design gegangen, bei Dell jedoch nicht. Dells Kunden wollten soliden Wert und Funktionalität, kein aufregendes Design. Dells Web-PC sah gut aus, nur war das Aussehen letztlich irrelevant. Normalerweise hatte Dell seine eigenen Designer, diesmal allerdings hatte man das Projekt an eine Designfirma in San Francisco vergeben, Pentagram. „Ich habe tolle Sachen designt, die scheiterten", erzählte der Chefdesigner dem *Business 2.0*-Magazin. „Das Produkt passte nicht zu dem, wofür Dell steht."

Die Zeitschrift *Computer User* sah noch ein anderes Problem. „Merkwürdigerweise wendet sich Dell mit seinem Web-PC an Haushalte und Heimbüros, wo die Benutzer im Allgemeinen mit einem erweiter- und verbesserbaren System besser bedient sind", schrieb der Kritiker. Dell stattete traditionell Firmen und Büros aus.

Und dann war da noch der Preis. Zwar wurde der Web-PC als „günstig" bezeichnet, war aber mit 999 Dollar deutlich teurer als viele Konkurrenzprodukte. „Die Verbraucher sehen immer zuerst auf den Preis, dann auf die Aufmachung", bemerkte Stephen Baker, PC-Analyst von der Forschungsfirma PC-Data. „Außer Apple hat es noch keiner nur über den Stil geschafft."

Außerdem verkaufte Dell vollkommen anders als sonst. Indem sie ein komplettes Paket anboten, brachen die weltweit zweitgrößten Computerhersteller mit ihrer üblichen Praxis, bei der die Verbraucher ihre Computerchips und sonstigen Komponenten à la carte mixen konnten, um sich „ihren" PC zusammenzustellen. Wenn die Marke Dell für irgendetwas stand, dann war es die Individualität und Funktionalität, nicht aber Design. Und der Web-PC konnte beides nicht bieten.

Was das Beispiel Dell's Web-PC lehrt

- *Es geht nicht um das Produkt, sondern um die Marke.* Der Web-PC ist kein schlechtes Produkt, wie die Fülle positiver Kritiken bestätigt. Aber er passte nicht besonders gut zur Marke Dell.

- *Ein günstiges Produkt muss auch als solches wahrgenommen werden.* Obwohl der Web-PC nicht überteuert war, da für den Preis ein komplettes Paket geliefert wurde, erschien er den Verbrauchern zu kostspielig.

- *Die Konkurrenz nachzuahmen war ein Fehler.* Als die Computerhersteller sahen, wie erfolgreich der iMac war, wollten sie natürlich auch einen Happen vom Apfel. Für Dell erwies sich diese Strategie jedoch als Flop, da die Marke normalerweise mit „beige und kastig" assoziiert wurde.

86. Intels Pentium-Chip

Problem? Was für ein Problem?

Ein Mathematikprofessor entdeckte 1997 eine Funktionsstörung bei Intels Pentium-Chip. Er fand heraus, dass die mathematischen Funktionen für die komplizierte Rezeptur des Chips nicht durchgängig stimmig waren. Daraufhin beschloss er, einen Artikel über seine Entdeckung an ein kleines akademisches Blatt zu schicken. Die Nachricht sprach sich in Universitätskreisen herum und schließlich wurde der Redakteur eines Handelsblattes auf die Story aufmerksam. Bald stand alles in der Presse und Intel musste reagieren. Sie leugneten, dass es irgendwelche gravierenden Probleme gäbe, und erklärten, der Rechenfehler würde höchstens bei einem „winzigen Prozentsatz" von Nutzern Schwierigkeiten verursachen können. Sie übernahmen weder Verantwortung dafür noch ersetzten sie die Chips.

Im Internet wurde die Sache bald zum Topthema in immer mehr Online-Diskussionsforen, die wiederum die Offline-Medien fütterten. Intels Börsenwert purzelte um über 20 Punkte. Doch erst als IBMs Erklärung, sie würden keine Intel-Chips mehr in ihren Computern verwenden, auf der Titelseite der

New York Times landete, änderte Intel seine Haltung und erklärte sich bereit, die Chips auszutauschen. Bis heute kann man im Internet nachlesen, wie sehr Intels Ruf unter der Gleichgültigkeit gegenüber der Online-Kritik gelitten hat. Die „Intel Secrets"-Website www.x86.org, die öffnete, als Intels ungesunder Chip in die Medien kam, weist immer noch auf Fehler hin, die in verschiedenen Intel-Produkten gefunden wurden.

Was das Beispiel Intel lehrt

- *Schlechte Nachrichten landen meist auf der Titelseite* – gute hingegen erscheinen auf Seite 17 der Sonntagsbeilage; so ist es eben. Wie Lord Northcliffe, der Gründer der *Daily Mail*, einmal sagte: „Nachrichten sind, was irgendwer irgendwo geheim zu halten versucht; der Rest ist Werbung."

- *Online-Kritik ignoriert man nicht.* Neben Intel haben auch McDonald's, Shell, Apple, Netscape und besonders häufig Microsoft erfahren müssen, was dabei herauskommt, wenn man zulässt, dass negative Meldungen sich online so lange steigern, bis die Offline-Medien darauf aufmerksam werden und sie in eine Krise verwandeln.

- *Man muss schnell reagieren.* Das Internet gibt nicht nur Leuten die Möglichkeit, ihrem Ärger über ein Unternehmen Luft zu machen und sich die Unterstützung anderer Leidgeplagter zu sichern, sondern es gibt auch Unternehmen die Chance, schnell und wirksam auf die Verbreitung von Fehlinformationen zu reagieren.

- *Man muss seine Kritiker im Auge behalten.* Ärger baut sich meist über längere Zeit auf, und bis auf wenige Ausnahmen ist allein schlechtes Management Schuld, wenn aus einem Problem eine Krise wird. Auch wenn der Cyberspace Kritikern Gehör verschafft, das sie ohne ihn nicht bekämen, so gibt er Unternehmen zugleich die Chance, negative Publicity beizeiten zu erkennen, zu lokalisieren und auf sie zu reagieren.

87. IBMs Linux-Software und die Graffiti-Guerilla

Eine der besten Methoden, Publicity für eine Marke zu machen, ist die, unkonventionelle Taktiken anzuwenden. Als der Londoner Nachtclub „Ministry of Sound" beispielsweise sein Logo auf die Seitenmauer der Parlamentsgebäudes projizierte, war die Medienresonanz enorm. Der Trick war derart erfolgreich, dass *FHM* ihn einige Jahre später für seine „Die 100 verführerischsten Frauen des Jahres"-Kampagne kopierte und das Bild einer fast nackten Gail Porter (eine der Kandidatinnen) per Lichtprojektion auf die Seite des historischen Gebäudes warf.

Solche ausgefallenen Techniken werden gemeinhin als „Guerilla-Marketing" bezeichnet. Die Logik, die sich dahinter verbirgt, ist einfach: Wenn ein Unternehmen in einzigartiger Weise für sich wirbt, kann es damit nicht nur viel Presseaufmerksamkeit gewinnen, sondern wird sich darüber hinaus den Leuten besser einprägen und somit die Mundpropaganda ankurbeln. Außerdem ist Guerilla-Marketing meist billig. Als Yahoo!, Onlineportal und Suchmaschine, für seinen Yahoo!-Mailservice werben wollte, haben sie sich nicht dafür entschieden, in Hunderte von Werbeanzeigen zu investieren. Nein. Sie bauten Kühe.

Damit nahm das Unternehmen an einer Veranstaltung namens Kuhparade teil, bei der Kühe zu den unterschiedlichsten Themen entsprechend dekoriert sind. Yahoo!s „eutrig muhiges" (wie sie es in ihrer Pressemitteilung nannten) Paar roter Plastikkühe war mit Computerstationen mit Internetanschluss ausgestattet, die es den Teilnehmern der New Yorker Parade erlaubte, sich gegenseitig „Muhmails" zu schicken. Die Taktik war fraglos ausgefallen, hatte aber vor allem deshalb Erfolg, weil sie zum beworbenen Service passte.

Einige Guerilla-Techniken hingegen waren weit weniger erfolgreich. So heuerte IBM eine innovative Werbeagentur an, um die Werbung für ihre Linux-basierte Software zu entwerfen. Im Rahmen der Kampagne wurden Graffiti-Künstler engagiert, die überall in San Francisco und Chicago die Worte „Peace, love and Linux" auf Pflastersteine und Wände malen sollten. Leider zeigte sich, dass die biologisch abbaubare Kreide, die man für die Marketingbotschaften verwandte, doch nicht wirklich biologisch abbaubar war. Infolgedessen wurde IBM wegen Verschandelung städtischen Eigentums angezeigt und zu einer Strafe von 18.000 Dollar verurteilt.

Was das Beispiel IBM lehrt

◉ *Man sollte die rechtlichen Konsequenzen einer Werbekampagne immer mitbedenken.* Marketingleute müssen bei der Planung einer Kampagne vorher abklären, ob sie eventuell ein Nachspiel haben kann. Vor Gericht zitiert zu werden ist jedenfalls selten ein positiver Werbeeffekt für eine Marke.

88. boo.com

Die Party ist zu Ende

Eine Zeitschriftenwerbung, die einen Mann abbildet, der sich in einen Papierkorb übergibt, ist wohl kaum eine konventionelle Taktik, um für Sportmode zu werben, aber boo.com war ja auch kein besonders konventionelles Unternehmen. Mit der Werbekampagne im September 1999, in deren Rahmen dieses Bild erschien, sollte darauf aufmerksam gemacht werden, dass die erste globale Sportbekleidungs-Website da war und die Welt nun im Sturm erobern würde. Natürlich sah die Wirklichkeit ganz anders aus.

Am 18. März 2000, nicht einmal ein Jahr nach der Eröffnung, wurden die Liquidatoren der Wirtschaftsprüfungsfirma KPMG in die Londoner Unternehmenszentrale bestellt. Nachdem boo.com Millionen ausgegeben und damit relativ wenige Kunden gewonnen hatte, wurde das Unternehmen zum „profiliertesten Schadensfall unter europäischen Internethandel-Start-ups", wie es die *Financial Times* formulierte.

Wenngleich boo.com einer der bekanntesten und spektakulärst gescheiterten Marken der dot.com-Ära – falls nicht aller Zeiten – ist, fußte die Gründung auf solider Marketingstrategie. Wie Al und Laura Ries in *The 22 Immutable Laws of Branding* schreiben, „die effizienteste, produktivste und nützlichste Methode der Markengestaltung ist die, eine neue Kategorie zu schaffen." Seit boo.coms schwedische Gründer Ernst Malmsten und Kajsa Leander 1997 Amazon besucht hatten, waren sie fest davon überzeugt, dass dies der Schlüssel zum dot.com-Erfolg war. Wie Malmsten in seinem Bestsellerbuch über das boo-Phänomen, *boo-hoo*, schreibt:

Wenn wir wirklich die globale Wirkung erzeugen wollten, auf die wir damals hofften, mussten wir den Vorteil des „first mover" nutzen. Wer zuerst kommt, gewinnt einen hohen Bekanntheitsgrad, weil er mit dem identifiziert wird, was er verkauft. Man bekommt eine Menge Gratis-Publicity und gewinnt das Vertrauen der Kunden, weil man der Anführer ist. Für diejenigen, die mit der zweiten Welle hereinkommen, ist es schwer, damit zu konkurrieren. Amazon.com war ein schillerndes Beispiel dafür. Da war ein Unternehmen, das vor dem Börsengang praktisch nichts für Werbung ausgab und es trotzdem schaffte, zu einer der bekanntesten Marken der Welt zu werden.

Als boo.com durch einen Artikel in *The Financial Times* im Mai 1999 öffentlich bekannt wurde, kündigte Kasja Leander das Unternehmen mit folgenden Worten an: „Sportbekleidung ist ein internationaler Markt, und es gibt eine Menge Leute in Europa, die in US-Magazinen über Produkte lesen, aber nicht in die Staaten fliegen können, um sie zu kaufen. Dies ist einer der wenigen Sektoren im Internet-Einzelhandel, wo noch niemand im großen Rahmen aktiv geworden ist, und wir wollen, dass boo.com die Marke Nummer eins wird."

Weder Malmsten noch Leander kann man vorwerfen, die Markengestaltung ignoriert zu haben. Die Idee war von Anfang an die gewesen, eine „vollkommen markenorientierte Einkaufsmöglichkeit im Internet" zu schaffen, ein Online-Äquivalent zu Topmodekaufhäusern wie Harvey Nichols in London oder Bloomingdale's in New York, eben nur mit dem Schwerpunkt auf Stadt- und Sportmode von hippen Marken wie Adidas, New Balance und North Face.

Die Marke aber, auf die es eigentlich ankam, war boo selbst. Wie Malmsten erklärte, war das Ziel, „den Namen des Geschäfts ebenso bedeutend zu machen wie alles, was man darin kaufen kann." Auch das zeugt von solidem Markendenken und hob boo deutlich von anderen dot.coms ab, die den Köpfen von Technologen entsprungen waren. Das Problem allerdings war, das das Internet nun einmal Technologie *ist,* was immer es sonst auch repräsentiert.

Will man etwas schaffen, das, wie Malmsten es nannte, „die Pforte zur coolen Welt" öffnet (zitiert in einem Artikel des *Industry Standard* vom Juni 2000), braucht man eine Software, die den Leuten diese Pforte überhaupt erst aufmacht. Mit anderen Worten: Die Website muss funktionieren.

Am ersten Tag, dem 4. November 1999 (zwei Monate nach der vorzeitigen Werbekampagne mit dem Mann, der sich in einen Papierkorb erbricht), wurden die Probleme mit der boo.com-Website schnell offensichtlich. Und als die

Leute dann schließlich auf die Internetseite gelangten, fingen die ernsten Kopfschmerzen, sowohl für boo als auch für ihre Kunden, erst richtig an.

Eine Schmerzursache war die umfangreiche Flash-Software, mit der die Site animiert wurde. Eines der Hauptmerkmale der Website war nämlich die virtuelle Verkäuferin Miss Boo, die einzig durch die Benutzung von Flash zum Leben erweckt werden konnte. Nun hatten jedoch längst nicht alle Internetnutzer einen Web-Browser, der diese Technik unterstützte. Zudem waren die PCs 1999 meist mit einem 56k- oder noch langsameren Modem ausgestattet. Auf der grafikintensiven Website, wo Miss Boo den Kunden sogar anbot, die Artikel auf dem Bild zu drehen, bevor sie sich zum Kauf entschieden, hatte das zur Folge, dass die Sache recht langsam vonstatten ging. Wie langsam? Nun, auf einem durchschnittlichen Computer dauerte die Ladezeit für die Homepage ungefähr drei Minuten, und zwar nachdem man die eher langatmige, animierte Einführung ausgesessen hatte. Ach ja, und wer einen Mac hatte, bekam gar keinen Zugang zur Website.

Also wundert es kaum, dass führende Internet-Nutzbarkeitsexperten wie der hoch angesehene Autor und Web-Ingenieur Jakob Nielsen boo.com bald als das archetypische Beispiel dafür bezeichneten, wie man eine Website nicht aufbauen sollte. Als er die Seite im Dezember 1999 erstmals für sein Alertbox-Rundschreiben besprach, mochte Nielsen kaum glauben, was er sah:

> Statt den Einkauf leicht zu machen, kommt einem die Website dauernd mit ihrer tolpatschigen Schnittstelle in die Quere. Man möchte glauben, bei der Website gehe es eher darum, das Design zu betonen als etwas zu verkaufen. Zudem ist sie schlicht langsam und unerfreulich. Sämtliche Produktinformationen sind in winzige Fenster gequetscht, wobei für die Produktbeschreibung selbst gerade mal drei Quadratzentimeter bleiben. Da die meisten Produkte mehr Text benötigen als auf das kleine Feld passt, verlangt boo dem Nutzer ab, eine ganze Reihe gesonderter Scroll-Funktionen anzuwenden, um den Rest des Texts auf den Bildschirm zu bekommen. Um zum Produkt zu gelangen, muss man sich durch hierarchisch aufgebaute Menüs arbeiten, indem man auf minikleine Zeichen clickt und das Fenster immer wieder horizontal verschiebt. Nicht schön.

Nein, das war überhaupt nicht schön. Nun erreichte Alertbox allerdings nur die Technikfreaks und nicht das höchst modebewusste Verbraucherpublikum, das boo ansprechen wollte. Warum sollte man sich also allzu große Sorgen machen, wenn immerhin schon wohlwollende Artikel in der britischen und amerikanischen *Vogue* sowie anderen Zeitungen und Magazinen erschienen waren?

Ironischerweise wandte sich das unbestrittene Publicity-Talent der Firmengründer gegen sie. Nachdem sie Millionen in die Werbung investiert und sich spaltenweise die redaktionellen Teile der Zeitungen gesichert hatten, waren die Erwartungen des Publikum natürlich hoch. Das Unternehmen hatte es geschafft, sich ein junges, zeitgemäßes Image zu geben (1999 wurde es von *Fortune* zu einem der „coolsten Unternehmen des Jahres" gewählt), sich damit aber zugleich mitten ins grelle Scheinwerferlicht gestellt. Attackierten die Internetmedien sie wegen der Funktionalität – oder besser: dem *Mangel* an Funktionalität –, so stürzte sich die Mainstream-Presse auf die schillernden Parties rund um die Unternehmenszentrale in der Londoner Carnaby Street.

Malmsten hält bis heute dagegen, dass der extravagante Ruf des Unternehmens die „Wahrheit verschleierte", was die unglaubliche Arbeit betraf, die hinter der Bühne geleistet wurde. Ja, er behauptete sogar, ein Engagement wie das seiner Mitarbeiter (oder der „boo crew", wie sie sich nannten) zur Zeit der Eröffnung hätte es seit dem Zweiten Weltkrieg nicht gegeben. „Um dieses Ausmaß an Hingabe begreifen zu können, muss man wohl um 1940 herum in England gewesen sein, als die Autofabriken über Nacht ihre Produktionen auf Flugzeuge und Panzer umstellten", schreibt er in *boo hoo* – und das ohne einen erkennbaren Anflug von Ironie. Wie hart die Leute im Unternehmen im November 1999 auch gearbeitet haben mochten, bis zum darauf folgenden Februar hatte sich die Atmosphäre völlig verändert.

Laut boos Finanzstrategin Heide Fitzpatrick war die Arbeitsmoral am Boden. „Wir gingen jeden Mittag raus, um uns sinnlos zu betrinken. Von Management konnte gar keine Rede sein und alle gingen spätestens um sechs nach Hause, statt rund um die Uhr zu arbeiten." Die Zahlen spiegelten die niedrige Arbeitsmoral wider. Innerhalb von achtzehn Monaten brachte das Unternehmen annähernd 185 Millionen Dollar durch, die von namhaften Investoren wie Benetton, J. P. Morgan, Goldman Sachs, dem französischen Modeimperium LVMH und der libanesischen Hairi-Familie investiert worden waren. Wie viel von diesem Geld für die Finanzierung von Erster-Klasse-Flügen und dem überbordenden Lebensstil, für den boo immer berühmter wurde, verschlungen wurde, lässt sich nicht mehr nachvollziehen.

Eines jedenfalls ist sicher: Es gab nicht genug Kunden. Abgeschreckt von einer Website, die sich mehr auf schickes Design als auf Produktinformationen konzentrierte, waren in den achtzehn Ländern, in denen boo vertreten war, nur wenige Leute bereit, sich online durch die Menüs zu kämpfen. Im ersten Monat nach der Eröffnung konnte boo Waren im Wert von ungefähr 200.000 Dollar verkaufen, wovon dem Unternehmen die Hälfte zustand. Im Internethandel war das kein schlechtes Ergebnis. Andererseits geben auch die wenigsten Internethändler monatlich 20 Millionen Dollar aus (wie boo im November 1999). Die Umsatzzahlen stiegen, jedoch nicht so schnell, wie man das bei boo erwartet hatte. Zwischen Februar und April 2000 beliefen sie sich insgesamt auf 1,1 Millionen Dollar. Da sie von den Investoren kein Geld mehr bekamen, musste boo.com im Mai 2000 die Pforten schließen und Konkurs anmelden.

In ihrer letzten Presseerklärung schildern Malmsten und Leander ihre Sicht der Dinge – eine der berühmtesten Verlautbarungen der dot.com-Ära:

Das Management von boo.com hat während der letzten Wochen alles versucht, weitere Finanzmittel aufzutreiben, um mit einem klaren Plan weiterarbeiten zu können. Zu diesem Plan gehörte eine Restrukturierung des Vertriebs, die Entwicklung eines Internethandels unter Verwendung unserer einzigartigen, zukunftsweisenden Technologie und unserer Internetplattform sowie die Suche nach neuen strategischen Partnern. Es ist für Management wie Mitarbeiter gleichermaßen enttäuschend, dass wir selbst angesichts der stetig wachsenden Umsatzzahlen diesen Plan nicht verwirklichen konnten.

Die Erklärung endete mit dem Satz: „Wir glauben fest daran, mit boo.com ein Konzept für ein erfolgreiches Unternehmen zu haben." Leider stimmten ihnen nur wenige darin zu. Unter den Kritikern befand sich auch Philip Kaplan, ein 24-jähriger New Yorker, der 2000 die FuckedCompany.com-Internetseite eröffnete, mit der er auf die, wie er sagte, „Lächerlichkeit" der vielen dot.coms aufmerksam machen wollte. Binnen kürzester Zeit lockte die Interseite Hunderttausende von Besuchern an, die nachsehen wollten, welche Unternehmen als Nächstes auf dem Schrotthaufen landen sollten. Als boo.com endgültig scheiterte, war Kaplans Kommentar, gelinde gesagt, zynisch. Auf seiner Internetseite begrüßte er die Besucher mit einer rhetorischen Frage. „Können Sie sich einen eloquenteren Beweise dafür vorstellen, dass sich Ihr Kopf einen halben Meter über Ihrem Calvin-Klein-bedeckten Hintern befindet, als den, zehn Millionen Dollar für ein dot.com-Start-up auszugeben, DESSEN WEBSITE NICHT FUNKTIONIERT?!"

Die 100 größten Marken-Flops

Andere Kritiker ließen mehr Milde walten. Im Gegensatz zu ehemaligen Mitarbeitern anderer gescheiterter Unternehmen blieben viele Leute des ursprünglichen boo-Teams loyal und glaubten auch hinterher noch daran, dass das Überleben des Unternehmen gesichert gewesen wäre, wenn die Investoren mehr Geld zur Verfügung gestellt hätten.

Außerdem sollte man die Geschichte in einem größeren Zusammenhang betrachten. Als die Nachricht von boos Untergang in die Schlagzeilen kam, war die europäische dot.com-Gemeinde noch recht zuversichtlich. Man glaubte, bei boo.com handelte es sich um einen isolierten Einzelfall, der ausschließlich mit der Inkompetenz und Extravaganz bei boo zu erklären war. Doch binnen Monaten nach der Schlagzeile in *The Financial Times*, „Boo.com bricht zusammen, weil Investoren Geld verweigern", ereilte viele andere ein ähnliches Schicksal.

Einer der Journalisten, die über boo.coms Missgeschick berichteten, war der BBC-Internetkorrespondent Rory Cellan-Jones. In seinem lebendigen Bericht über das dot.com-Großbritannien, *Dot.bomb*, betrachtet er boo als Teil eines großen Ganzen:

> Als andere weniger schillernde Unternehmen ins Schlingern gerieten, wurde klar, dass boos Problem in erster Linie eines des Timings war. Ihre Vision vom Online-Einzelhandel hatte die Investoren überzeugt, doch waren weder die Kunden noch die Lieferanten so weit, sich in hinreichender Zahl darauf einzulassen. Als die Investoren ihren Glauben an die Vision verloren, waren zahlreiche Unternehmen, die sich eine Revolution versprochen hatten, zum Scheitern verurteilt. Boo war nur deshalb als erstes Unternehmen am Ende, weil sie ihr Geld schneller ausgaben.

Entsprechend wurde das Medium zur eigentlichen Botschaft, und die lautete zunehmend, dass das Scheitern unausweichlich war. Dennoch kann boos Untergang nicht einzig der Desillusionierung der späten Neunziger angelastet werden – einer Haltung zum Internet, die sich erst im Nachhinein korrigieren ließ. Selbst wenn boo ein Offline-Unternehmen gewesen wäre, hätten viele der Fehler sich nicht weniger fatal ausgewirkt. So ist es beispielsweise immer äußerst riskant, zwei Monate vor der Eröffnung Millionen von Dollar für eine Werbekampagne auszugeben.

Ein weiterer Fehler war die Besessenheit des Unternehmens in puncto Markenidentität – auch wenn das ironisch klingen mag. Sie führte dazu, dass die Marketingleute das technische Team wiederholt überstimmten, insbesondere im Hinblick auf wichtige Entscheidungen über den Aufbau der Website. Infolgedessen entstand eine Internetseite, die überwältigend aussah, aber funktional eine Katastrophe war.

Auf den ersten Blick war boo eine großartige Marke. Doch Marken müssen mehr bieten als ein tolles Aussehen. Sie müssen Versprechen einhalten. Und die Versprechen, die boo abgab –, sowohl gegenüber den Investoren als auch gegenüber den Kunden – waren letzlich nicht umzusetzen. Ergo ist boo nicht die globale Marke geworden, die sie zu sein planten. Vielmehr haben sie mit ihrem negativen Beispiel dazu beigetragen, dass wir alle begriffen, was Markengestaltung im Internet bedeutet. Durch ihr Scheitern ist klar geworden, dass die Verbraucher zwar Information und Austausch wollen, beides aber vor allem schnell und mit minimalstem Aufwand.

Boo erkannte nicht, dass Substanz vor Stil kommt, und wahrscheinlich sitzt bis heute noch irgendjemand irgendwo vor seinem oder ihrem Computer und wartet darauf, dass die Homepage sich lädt.

Was das Beispiel boo.com lehrt

- *Man muss die richtigen Leute anheuern.* „Sie haben die falschen Leute engagiert – zu viele junge, noch grüne Berater, zu wenige faltige, alte Einzelhändler, und sie hatten viel zu wenige gegnerische Fraktionen", urteilt Rory Cellan-Jones vom BBC.

- *Timing ist alles.* Eine September-Kampagne für eine Eröffnung im November ist zweifellos herausgeschmissenes Geld.

- *Kosteneffektives Marketing.* Als boo kurz vor dem Ende stand, ging das Unternehmen auf Sparkurs. „Es hat sich herausgestellt, dass das effektivste Werbemittel für unser Konzept weder teure Online-Banner noch Zeitungswerbung mit E-Mails war", sagt boo-Gründer Ernst Malmsten. Diese wenig überraschende Erkenntnis kam allerding zu spät.

- *Die Website muss funktionieren.* Bei jeder Website, insbesondere solchen für den Internethandel, ist es das Sicherste, wenn man auf den kleinsten gemeinsamen Nenner setzt. Mit anderen Worten: Man muss sicher sein, dass sie auf *jedem* Computer funktioniert.

- *Publicity kann positiv wie negativ sein.* Wer seine Marke zu früh ins Medienrampenlicht rückt, muss wissen, dass auch jeder seiner Fehler im Rampenlicht landet. Man sollte immer daran denken, dass Publicity nur nützt, wenn sie gerechtfertigt ist. Kann sie sich nicht auf eine solide Markenperformanz stützen, wird sie sich gegen die Marke wenden.

- *Ein Geschäft plant man nicht mit der Kristallkugel.* Ein Unternehmen zu führen kann teuer sein, doch wenn sich die Umsatzzahlen in den Tausenden bewegen, sollte man keine Millionen in der Hoffnung ausgeben, dass die Umsätze irgendwann steigen. Allzu optimistische und unhaltbare Vorhersagen überlässt man besser den Wahrsagern und konzentriert sich stattdessen auf die Gegenwart.

- *Man sollte nicht zu früh zu groß anfangen.* Eine der zentralen Faktoren, die zu boos raschem Untergang beitrugen, war der Entschluss, in achtzehn verschiedenen Ländern gleichzeitig zu eröffnen. Eine gleichgeschaltete Werbekampagne und identische Websites für jeden nationalen Markt schienen vielleicht eine gute Methode zu sein, eine globale Markenidentität zu schaffen, zugleich war es aber auch eine teure und fehlgeleitete Strategie, mit der das Unternehmen schließlich allen, die ein globales Publikum gewinnen wollen, zum Paradebeispiel für das „Wie man es nicht macht" wurde.

Kapitel 10

Ermüdete Marken

Alle Marken scheitern irgendwann. So etwas wie die ewige Marke gibt es nicht. Einige verschwinden mit einem Knall, andere mit einem bedauernswerten Wimmern, aber alle werden zu irgendeinem Zeitpunkt mit ihrer Sterblichkeit konfrontiert.

Und was ist mit Coca-Cola? Was ist mit McDonald's? Na ja, sie werden wohl kaum morgen oder während der nächsten zehn Jahre untergehen, doch ist es wirklich so unmöglich, sich eine zukünftig gesundheitsbewusstere Gesellschaft vorstellen, die diese Marken zugunsten solcher ablehnt, die dem Zeitgeist eher entsprechen?

Viele der stärksten Marken des letzten Jahrhunderts fangen an, ziemlich müde auszusehen. Und noch viel mehr sind bereits gescheitert. Daher widmet sich dieses Kapitel den ehedem erfolgreichen Marken, die entweder schon gestorben sind oder mit jedem Tag schwächer werden.

89. Oldsmobile

Wie der „King-des-Chrom" auf dem Schrotthaufen landete

Oldsmobile gehört zu den Markenlegenden der amerikanischen Automobilgeschichte. 1897 gegründet, zählte Oldsmobile zu den fünf Kernmarken von General Motors (GM) – die anderen vier waren Chevrolet, Pontiac, Buick und Cadillac – und verhalf dem Unternehmen dazu, bis zur Mitte des letzten Jahrhunderts einen Marktanteil von 57 Prozent auf dem amerikanischen Automarkt zu erreichen.

Über Jahrzehnte war Oldsmobile die Pioniermarke. In den Zwanzigern wurde sie als „King-des-Chrom" bekannt, weil sie das erste Auto mit blanken Chromteilen baute. Zehn Jahre später war Oldsmobile der erste Wagen aus Massenproduktion mit Automatikgetriebe und 1966 der erste mit Vorderradantrieb.

In jüngerer Vergangenheit aber verlor Oldsmobile sein Pioniersimage. GM beschloss, statt die einzigartige Identität jeder ihrer Marken weiter beizubehalten und zu akzentuieren, dass die Umsätze mittels „Uniformität" angekurbelt werden sollten. Infolgedessen wurden die Oldsmobiles den anderen GM-Wagen immer ähnlicher, mit nur kleinen, oberflächlichen Abweichungen.

1983 erschien im *Fortune*-Magazin ein Artikel über die zunehmende Homogenität der GM-Marken, mitsamt einem Foto von einem Oldsmobile neben einem Chevrolet, einem Buick und einem Pontiac. Die Überschrift lautete, „Verdirbt der Erfolg General Motors?", hätte aber ebenso gut heißen können, „Finden Sie die Unterschiede". In dem Artikel wurde GMs hochmoderne neue Fabrik in Orion, Michigan, beschrieben:

> In der 600-Millionen-Dollar-Fabrik schwirrt es vor Robotern, Computerterminals und automatischen Schweißmaschinen, einschließlich zweier massiger 1,5-Millionen-Dollar-Ploogate-Systeme, die die Karrosserieteile zusammenfügen und verschweißen. Unbemannte Gabelstapler, die von im Boden eingelassenen Kabeln gesteuert werden, bringen die Teile direkt von den Ver- und Entladerampen zu den Bändern. In puncto Flexibilität setzt Orion neue Maßstäbe für GM-Fabriken.

Doch während die GM-Technologie vielleicht auf der Höhe der Zeit war, waren es die Werte, die mit der Oldsmobilemarke verbunden wurden, gewiss nicht. In einem Artikel der *Detroit News* von Mai 2002 wird das Problem erläutert, mit dem das in Detroit ansässige Unternehmen in den Achtzigern und Neunzigern konfrontiert war:

> GMs historische Markenstrategie, wie sie erstmals Alfred Sloan in den Zwanzigern vertrat, zählte darauf, dass sich die Verbraucher Stufe für Stufe die Leiter emporarbeiten – vom Chevrolet zum Buick zum Oldsmobile zum

Cadillac. Der Plan ging auf, solange GM in jeder dieser Sparten anständige Autos baute, allerdings nicht mehr, als sie begannen, unterschiedliche Schilder auf Autos zu kleben, die im Wesentlichen dieselben waren. Ein solides, aber gesetztes Oldsmobile spricht keine Kunden an, die sich für schnittige Audilimousinen oder Toyotas Lexus begeistern.

Loyalität, nicht Enthusiasmus, brachte die Kunden in die Autohäuser von GM. Das Durchschnittsalter des Oldsmobile-, Buick- und Cadillacbesitzers bewegte sich auf Mitte sechzig zu.

Gegen Ende der Neunziger verschrieb sich GM einer neuen Markenstrategie, um dem Mangel an Begeisterung zu begegnen. Die Idee war die, eher spezielle Modelle als einzelne Marken in den Vordergrund zu rücken. Unter der Oldsmobile-Marke führten sie die Modelle Alero, Aurora und Intrigue ein, mit denen sie die schnittigeren Konkurrenzwagen einholen wollten. Doch obwohl die Modelle gute Kritiken in der Fachpresse bekamen und ein intensives Marketing einschließlich strategischer Auftritte in *Akte X* gestartet wurde, konnten sie damit nicht den Anteil jüngerer Käufer gewinnen, den sie mit dem Design ansprechen wollten.

Ende 2000 traf GM die gewiss schmerzliche, jedoch unvermeidliche Entscheidung, die Oldsmobile-Marke stufenweise abzuschaffen. Die Oldsmobile-Sammlermodelle markieren das Ende des Produktion. Ab 2004 werden keine Oldsmobiles mehr produziert werden.

Seit die Entscheidung gefällt wurde, haben Marketingexperten diverse Obduktionen an der Marke vorgenommen, um zu sehen, was genau schief gegangen ist. Ein Fehler, auf den wiederholt hingewiesen wird, ist GM's Versuch, die Marke von ihrem altmodischen Touch zu befreien. Das ist naturgemäß schwierig bei einem Wagen, den es schon vor Ford gab und der das Wort „old" im Namen führt.

GM hatte dem Problem Herr werden wollen, indem sie eine Werbekampagne mit dem Slogan „This ist not your father's Oldsmobile" („Das ist nicht der Oldsmobile deines Vaters") veranstalteten. Doch wie auch Coca-Cola mit New Coke lernen musste, ist es nicht einfach, eine Markenidentität umzukrempeln, die sich über ein Jahrhundert aufgebaut hatte. Eine weitere sinnlose Taktik war es, Oldsmobiles ohne das Namensschild am Wagen zu bauen. Ein Artikel in *Brand Week*, der im Februar 2001 nach Bekanntwerdung von GM's Entscheidung erschien, beschäftigte sich mit der Idiotie solcher Marketingübungen:

> Das Problem, mit dem [Oldsmobile] konfrontiert war, war, dass gerade Marken mit einem etablierten Image nicht neu positioniert werden können. Bestenfalls kann man sie behutsam in eine neue Richtung lenken, jedoch nicht in eine, die die Antithese dessen ist, wofür sie immer standen [...] Eine bessere Lösung, und eine ausgefallenere Methode, wäre die gewesen, die Marke als die zu akzeptieren, die sie ist, mit ihrem älteren Profil, und ihren älteren Kunden damit ein Produkt zu bieten, wie sie es sich wünschen, mit einer Botschaft, die ihre Bedürfnisse anspricht. Diese Strategie hätte nicht nur das existierende Profil der Marke zu Geld gemacht, sondern die wachsende Zahl älterer Amerikaner mit höherer Kaufkraft zu ihrem Vorteil genutzt.

Das Oldsmobile hatte allerdings nicht immer als gesetzt und langweilig gegolten. Wohl war es nie der Wagen der Jugend gewesen, genoss aber in seinem Bereich durchaus den Ruf, innovativ zu sein. Der schlimmste Markenschaden entstand daher, als dieser Ruf verblasste, und die Motivation, ein Oldsmobile zu kaufen (anstelle eines anderen GM-Autos), nicht mehr so groß wie einst war.

Doch trotz dieser offensichtlichen Fehler bleibt die Begeisterung der traditionellen Oldsmobile-Kunden nach wie vor lebendig. Es gibt sogar eine Website (www.saveoldsmobile.org), die alles daran setzt, GM zur Revidierung ihrer Entscheidung zu bewegen. Aber ein Besuch auf dieser Website reicht aus, um jedermann daran zu erinnern, dass die Bedeutung der Oldsmobile-Marke der Vergangenheit angehört. Was die meisten Anhänger für das Auto einnimmt, ist schon heute von Nostalgie geprägt. Und hinsichtlich der Aufgabe der Markengestaltung, ein Produkt in den Augen der Verbraucher deutlich von anderen abzuheben, hat die Oldsmobile-Marke bereits vor Jahrzehnten versagt.

Was das Beispiel Oldsmobile lehrt

- *Man muss seine Marke anders machen.* Als GM entschied, auf Uniformität zu setzen, wurde auch die Oldsmobile-Marke zu, nun ja, gewöhnlich.

- *Man darf seine Markenwerte nicht verraten.* „Man kann einige Elemente verändern, vorausgesetzt der Kunde erkennt hinterher immer noch dieselben Markenwerte", sagt Jacques Cherron von der Markenberatung JRC&A. Als man versuchte, Oldsmobile in eine junge, freche Marke zu verwandeln, war das klarer Markenverrat.

90. Pears Seife

Den Zeitgeschmack verfehlen

Pears Seife zählt nicht zu den konventionellen Markenflops, zumindest nicht nach den gängigen Standards. Immerhin war sie eine der langlebigsten Marken der Marketinggeschichte.

Die Seife war nach einem Londoner Friseur benannt, Andrew Pears, der das transparente Design 1789 patentieren ließ. Unter Königin Victoria dann wurde Pears Seife das erste Produkt Großbritanniens, das mittels intensiver Werbung eine in sich stimmige Markenidentität gewann. Ja, der Mann hinter den frühen Werbeanstrengungen, Thomas J. Barratt, wird sogar häufig als der „Vater der modernen Werbung" bezeichnet.

Bei der Markenwerbung setzte man vor allem auf Empfehlungen. So garantierte beispielsweise Sir Erasmus Wilson, Präsident der Königlichen Medizinischen Hochschule, Pears Seife hätte „alle Merkmale eines effizienten und zugleich milden Reinigungsmittels, ohne die kritikwürdigen Eigenschaften normaler Seife."

Barratt verhalf Pears Seife auch auf dem amerikanischen Markt zum Durchbruch, indem er den sehr einflussreichen Religionsverfechter Henry Ward Beecher dazu brachte, Reinlichkeit, insbesondere solche mit Pears Seife erreichte, mit Göttlichkeit gleichzusetzen. Barratt kaufte die Titelseite des *New York Herald*, um dort die sagenhafte Erklärung Beechers abzudrucken.

Die „Bubbles"-Kampagne mit einem Baby, das in Seifenschaum gebadet wurde, war ausgesprochen erfolgreich und etablierte Pears als festen Bestandteil des alltäglichen Lebens beiderseits des Atlantiks. Doch Barratt erkannte die sich stets verändernde Natur des Marketings. „Geschmäcker ändern sich, Moden ändern sich, und der Werber muss sich mit ihnen verändern", gab der Pears-Werbefachmann 1907 in einem Interview zu bedenken. „Eine Idee, die eine Generation zuvor zündete, wird flach, schal und sinnlos, wenn man sie dem heutigen Publikum präsentiert. Nicht dass die Ideen heute immer die besseren gegenüber den gestrigen wären, sie sind einfach anders – und treffen den heutigen Geschmack."

Während der ersten Hälfte des 20. Jahrhunderts blieb Pears die führende Seifenmarke in Großbritannien. Doch zum Ende des Jahrhunderts begann der Markt sich grundlegend zu wandeln.

In einem Artikel, der im Oktober 2001 im *Guardian* erschien, beschrieb Madeleine Bunting die Stationen unserer Liebesaffäre mit Seife:

> Über die letzten hundert Jahre spiegelt Seife die Entwicklung der Verbraucherkultur wider. Einige der frühesten Markennamen fanden sich auf Seifenverpackungen; Seife war eines der ersten massenproduzierten Güter, die Verpackungen bekamen und für die Werbekampagnen veranstaltet wurden. Seifenhersteller waren die Pioniere der Marktforschung; die ersten Fernsehwerbespot waren für Seife; Seifenopern, Geschichten von häuslichen Melodramen bekamen ihren Namen daher, dass sie oft von Seifenfirmen gesponsert wurden. Seife machte Menschen reich – William Hesketh Lever, den 33-Jährigen, der Port Sunlight baute [wo Pears Seife produziert wurde], zum Beispiel – und es ist gewiss kein Zufall, dass zwei der weltweit ältesten und größten multinationalen Konzerne, Unilever und Procter & Gamble, ihre Macht auf Seife aufbauten.

In jüngster Zeit allerdings, fährt Bunting fort, ist ein Wandel eingetreten. Das massenproduzierte Seifenstück wurde von flüssigen Versionen abgelöst – Duschgels, Waschemulsionen und Seifenspendern mit flüssiger Seife. „In unserer Idealvorstellung von Sauberkeit gilt das Seifenstück als unhygienisch", schreibt sie.

Natürlich waren das schlechte Neuigkeiten für die Pears-Seifenmarke, und zum Ende des letzten Jahrhunderts purzelte ihr Marktanteil unter den Seifen auf 3 Prozent. Das Marketing war praktisch gleich null. Und dann kam der tödliche Schlag. Am 22. Februar 2000 erklärte die Muttergesellschaft Unilever, sie würden die Pears-Marke nicht weiterführen. Diese Entscheidung war Teil einer umfassenderen Kostensparstrategie, in deren Rahmen sich Unilever auf seine 400 „mächtigen" Marken begrenzen und die übrigen 1.200 auslaufen lassen wollte. Weitere Marken auf der Abschussliste waren Radion-Waschpulver und Harmony-Haarspray.

Warum hatte Pears seine Macht verloren? Nun, der Wechsel hin zu flüssigen Seifen und Duschgels mag sicher ein entscheidender Faktor gewesen sein. Aber Unilever hielt an Dove, einer anderen Seifenmarke, fest, der es nach wie vor ausgesprochen gut geht. Letztlich lag es daran, dass Pears eine Marke war, die auf Werbung aufbaute, und als diese Werbung entfiel, versank die Markenidentität in Bedeutungslosigkeit. Nach Jahren an der Spitze hatte Pears es nicht geschafft, „den Geschmack der Zeit zu treffen", wie Thomas J. Barratt es formuliert hätte.

Was das Beispiel Pears lehrt

- *Jede Marke hat ihre Zeit.* Pears Seife war ein historischer Erfolg, aber das Produkt war mit den gegenwärtigen Trends und Geschmäckern nicht mehr vereinbar.

- *Werbung kann helfen, eine Marke aufzubauen.* Aber Marken, die auf Werbung aufbauen, brauchen normalerweise ständig mehr und neue Werbung, um am Leben zu bleiben.

91. Ovaltine

Wenn eine Marke im Dornröschenschlaf versinkt

Im Jahre 2002 feierte die Ovaltine-Marke ihren 98. Geburtstag. Im selben Jahr schlossen sie ihre Fabrik in Großbritannien und mussten öffentlich eingestehen, dass sie ihren zentralen Markt endgültig verloren hatten. Die Ovaltine-Marke wurde zum Verkauf angeboten und hat bis zur Drucklegung dieses Buches keine Interessenten gefunden.

1904 wurde das Malzgetränk zunächst von einem Schweizer Lebensmittelhersteller produziert. Mit seinem Vitaminzusatz wurde es schnell zu dem beliebtesten Schlummertrunk der Briten. Doch obwohl die meisten Leute Ovaltine tranken, um besser schlafen zu können, bewarb man ursprünglich genau die gegenteiligen Eigenschaften des Getränks. Ovaltine war offizieller Sponsor der Olympiade 1948 und wurde als „Energy Drink" gehandelt, lange bevor dieser Terminus gebräuchlich war. 1953 trank ihn Sir Edmund Hillary während seiner berühmten Mount-Everest-Expedition und es hieß sogar, dass Getränk helfe gegen Impotenz – Jahrzehnte vor Viagra.

Erstaunlicherweise unternahm die Marke zum Ende des 20. Jahrhunderts eine 180-Grad-Wendung und wurde plötzlich für seine heilende Wirkung bei Schlaflosigkeit gerühmt, also als weder für Athleten noch für Menschen mit anderen als tiefschlafbezogenen Bettproblemen geeignet befunden. Wie Mark Lawson im Juni 2002 im *Guardian* schrieb, bekam Ovaltine außerdem das

Image eines Getränks für alte Menschen, was damit zusammenhing, dass die Werbekampagne klar auf Nostalgie setzte:

> Die singenden Kinder der Radioshow, die in ihren Flanell-Pyjamas sehr einnehmend aussahen, waren eine genaue Reflexion der Kindheit jener Zeit, als sie erstmals erschienen, doch je länger sie die offiziellen Gesichter der Marke blieben, umso mehr vermittelten sie den Verbrauchern den Eindruck, dieses Getränk wäre etwas, das die eigene Großmutter trank. Wie Kakao und Horlicks bekam auch Ovaltine das Image, ein netter Schlummertrunk für Veteranen zu sein. Jeder potenzielle Käufer denkt möglicherweise daran, dass auf der klar der Vergangenheit zugewandten Website Sterling Time – die sich „britischer Nostalgie ... dem Englischsein und dem Patriotismus" verschrieben hat – größere Abschnitte dem Andenken an die Ovaltineys [den Kindern aus der Ovaltine-Kampagne der Dreißiger] gewidmet sind.

Zukünftige Anthropologen dürften sich eventuell für die Tatsache interessieren, dass so viele Leute sich einst von Getränken angesprochen fühlten, die sie für die ganze Nacht in süßen Schlummer versetzten. Einer der Gründe für den Untergang von Ovaltine ist gewiss der, dass jüngere Generationen am Rande der Erschöpfung leben, verursacht durch lange Arbeitszeiten und das Koordinieren von Beruf und Kindererziehung. Außerdem trinken sie abends eher ein Glas Wein als ihre Großeltern, bleiben länger auf und können notfalls die ganze Nacht durch Fernsehen gucken: sämtlichst zuverlässige Schlafmittel. Ein aufreibender Alltag und lange Arbeitswege erledigen heute vieles von dem, wofür ehedem Ovaltine gut war.

Als die Ovaltine-Umsätze rückläufig wurden, entwickelte man Variationen wie Chocolate Ovaltine, Ovaltine Light und Ovaltine Power. Außerdem nahm man heutige Kinder für die Werbung, um sich als „jetzige" Marke neu zu positionieren – im Gegensatz zur „Marke von gestern".

Doch anders als Getränkemarken wie beispielsweise Lucozade, die es dank eines cleveren Marketings vom Medizinstatus zum Sportdrink schafften, konnte Ovaltine sein Image vom schläfrig machenden Nostalgiegetränk nicht abschütteln. Ob ein neuer Besitzer dieses Wunder vollbringen wird, muss die Zeit zeigen.

Was das Beispiel Ovaltine lehrt

- *Man setze nie auf unbeliebte Markenassoziationen.* „Das Problem des traditionellen Schlummertrunks ist, dass er mit zwei unbeliebten Dingen assoziiert wird, Nostalgie und Schläfrigkeit", schrieb Mark Lawson.
- *Nicht in die Nostalgie-Falle tappen!* Nostalgie kann ein starker Kaufanreiz sein, aber sie kann auch dafür sorgen, dass eine Marke im gegenwärtigen Markt uninteressant wird.

92. Kodak

Den Vorsprung verlieren

Kann eine Marke zu erfolgreich werden? Die kurze Antwort lautet natürlich, nein, kann sie nicht. Ist es möglich, dass der Erfolg und die Beliebtheit von Marken wie Coca-Cola oder McDonald's zu einer Schwäche wird? Gewiss nicht. Und dennoch sind es die stärksten Marken, die zugleich am meisten festgelegt sind. Die Verbraucher wissen, was sie von Coca-Cola erwarten (Cola) oder von McDonald's (Fast Food), und sie wollen nichts anderes. Wollte McDonald's ein vegetarisches Edelrestaurant aufziehen, müssten sie ihren Markennamen ändern. Coca-Cola hat diese Lektion gelernt, als sie eine Bekleidungsreihe auf den Markt brachten, deren Umsatz weit hinter den Erwartungen zurückblieb. Die Schwierigkeit war die, dass Coca-Cola zwar eine weltweit bewunderte Marke ist, die Leute sie aber nicht *tragen* wollen, sondern *trinken*.

Also wiederholen wir die Frage: Kann eine Marke zu erfolgreich werden? Nein, vorausgesetzt sie bleibt in derselben Produktkategorie. Assoziiert man eine Marke weltweit mit einer bestimmten Art von Produkt, ist es beinahe unmöglich, an dieser Verbraucherwahrnehmung zu rütteln. Schließlich sind Marken *Namen*. Wenn zwei Menschen exakt denselben Namen haben, ist das verwirrend und das Gleiche gilt für Produkte. Was aber, wenn sich die Produktkategorie ändert, ungeachtet dessen, was die Marke tut? Dieser Situation mussten sich Coca-Cola oder McDonald's vielleicht nie stellen, weil die Nachfrage nach Cola und Fast Food immer da war, aber andere durchaus – ganz besonders Kodak.

Vielleicht verändert sich derzeit kein Markt auf der Welt mit höherer Geschwindigkeit als der der Fotografie. Mehr und mehr Verbraucher tauschen ihre Standardfotoapparate gegen digitale ein. Viele Experten sagen voraus, dass es nur eine Frage der Zeit ist, bis der gesamte Fotoapparatemarkt digitalisiert ist.

Kodak aber ist ein Name, der eng mit der konventionellen Fotografie verwoben ist. Wenn die Leute an Kodak denken, haben die meisten kleine gelbe Filmschachteln im Kopf. Kaum einer denkt dabei an hochmoderne Digitaltechnologie.

Nach Erkenntnissen des Harvard-Business-School-Professors John Kotler stellt die Marktverschiebung hin zur Digitalfotografie eine „schreiende, Furcht erregende Herausforderung" für die Marke dar. „Ein Jahrhundert lang hatte Kodak zu viel Erfolg und einen zu hohen Marktanteil. Sie sind genauso schlimm wie IBM in ihren schlechtesten Zeiten."

Wie begegnete Kodak dieser Herausforderung? Sie begaben sich 1995 mit ihrer Kodak-Digital-Science-Marke in die Digitalarena. Doch im Folgejahr investierte das Unternehmen große Mengen in die konventionelle Fotografie und entwickelte ein „verbessertes Fotosystem" (dem sie den Markennamen Kodak Advantix System gaben). Dieses neue System bot dem Verbraucher diverse Vorteile, einschließlich der freien Auswahl zwischen drei Druckformaten.

Die Entwicklung der Advantix-Kameras und -Filme war für Kodak allerdings sehr kostspielig. Zwischen 1996 und 1998 investierte das Unternehmen 200 Millionen Dollar, um dann festzustellen, dass sie ein Vertriebsproblem hatten. Zu wenige Einzelhändler waren willens, die neuen Kameras und Filme in ihr Angebot aufzunehmen, und es gab nicht genug Labors, die die Filme entwickeln konnten.

Markenbeobachter wie Al Ries und Jack Trout stellten die Logik in Frage, die sich hinter der Entscheidung verbarg, so groß in konventionelle Fotografie zu investieren – wenn auch in *verbesserte* konventionelle Fotografie – zu einer Zeit, in der der Markt sich ganz klar in Richtung digitale Fotografie bewegte. „Hätte man das alte System nicht lieber einen natürlichen Tod sterben lassen und das Geld zum Aufbau einer neuen digitalen Marke nutzen sollen?" fragt Ries – rein rhetorisch – in *The 22 Immutable Laws of Branding*.

Kodak aber blieb bei Advantix und seine Beharrlichkeit zahlte sich aus, zumindest kurzfristig. 1997 machte das Advantix-Sortiment 20 Prozent des Gesamtumsatzes aus. Dennoch ist es eher unwahrscheinlich, dass Advantix die Kunden davon abhalten kann „digital zu werden". Und die Investitionen in das

Advantix-System haben letztlich nur bestätigt, wie sehr Kodak der konventionellen Fotografie verhaftet ist. Bis heute ist vielen Kunden Kodak Digital Science gar nicht geläufig. Wie Des Dearlove und Stuart Crainer in ihrem Buch *The Ultimate Book of Business Brands* erklären, muss das Unternehmen die Wettbewerbsstrategie ändern, soll die Marke langfristig überleben: „Heute konkurriert Kodak nicht nur mit dem Erzrivalen Fuji, sondern mit den hungrigen Raubtieren aus Silicon Valley, die sich sämtlichst ihren Anteil am aufkommenden Digitalmarkt sichern wollen. Die Herausforderung für das Unternehmen besteht darin, sich in ein hochmodernes zu wandeln, das sich neben Marken wie Canon und Microsoft behaupten kann."

Allerdings wird Kodak seit seiner Gründung 1885 mit konventioneller Fotografie gleichgesetzt und dieser Ruf wird sich schwerlich abschütteln lassen. Zudem genießen andere Fotografiefirmen ein moderneres, digital-freundlicheres Image – nicht nur Canon, sondern ebenso Minolta, Sharp, Sony, Casio und andere.

Nicht zu vergessen, dass mit jeder neuen Technologie auch neue Marken Einzug halten. Als der Heimcomputermarkt explodierte, kam Apple. Als die Mobiltelefontechnologie sich durchzusetzen begann, erschien Orange auf der Szene. Kodak selbst war einst eine neue Pioniermarke für eine Pioniertechnologie, für die sie mit dem berühmten Slogan warben, „Sie drücken den Knopf – wir machen den Rest." Nun jedoch verkörpert die Marke seit über hundert Jahren ein Bild, das nicht ins digitale Zeitalter passen will. Die Frage, die Kodak-Manager sich zu stellen verweigern, sich irgendwann jedoch zwangsläufig werden stellen müssen, ist, ob sie nicht den Knopf bei der Marke selbst drücken sollten.

Die Meinungen der Marketingexperten gehen hier auseinander. Dearlove und Crainer glauben, der einstige Erfolg der Marke reiche aus, um sie überleben zu lassen, „die Kodak-Marke wird in der einen oder anderen Form sicher überleben – sie ist zu wertvoll, um zu sterben." Ries hingegen meint, Kodak hätte keine Chance: „Die Kodak-Marke kann außer der konventionellen Fotografie keine Stärken aufweisen."

Will Kodak einigermaßen fit in den Kampf ziehen, braucht es zunächst ein paar harte und potenziell riskante Entscheidungen. Es wird zusehends schwieriger werden, mit einem Fuß bei der konventionellen und mit dem anderen bei der digitalen Fotografie Schritt zu halten. Immerhin funktionieren Marken auf der Basis eines „entweder/oder"-, nicht eines „beides/und"-Prinzips.

Da Markengestaltung ein Differenzierungsprozess ist, muss Kodak seine einzigartige Identität erhalten, um sich von den Konkurrenten abzuheben. Zugleich muss die Marke es schaffen, ihr Image dahingehend zu verändern, dass es ebenso bahnbrechend wirkt als die Technologie, die es vertritt. Das ist keineswegs unmöglich. Solange die Fotografie in irgendeiner Form überlebt, hat Kodak immer noch eine Chance. Die strategische Partnerschaft mit AOL für den „Sie haben Bilder"-Service war zweifellos ein Schritt in die richtige Richtung.

Dennoch bleiben einige harte und schwierige Entscheidungen zu treffen. Darunter fällt auch die wohl schwierigste, die eine Marke je zu treffen hat: Soll sie sich von ihrem Erbe trennen? Doch so schwer sie auch fallen mag, ist es allemal besser, die Marke trifft sie von sich aus, als dass sie später vom Markt dazu gezwungen wird. Ob es möglich sein wird, kann man nur abwarten. Am Ende wird Kodak vielleicht gar nichts anderes übrig bleiben, als eine vollkommen neue Marke zu schaffen.

Was das Beispiel Kodak lehrt

- *Märkte sind nicht statisch.* Märkte befinden sich permanent in einem Zustand der Fluktuation, insbesondere jene, die mit Technologie zu tun haben.

- *Marken haben eine begrenzte Lebensdauer.* Die Kodak-Marke gibt es seit den 1880ern, womit sie zu einer der ältesten noch existierenden Technologiemarken zählt. Es ist gut möglich, dass diese Marke sich nun ihrem Ende nähert. „Es gibt eine Zeit, in der man in eine Marke investiert und es gibt eine Zeit, in der man die Früchte einer Marke erntet", resümiert Ries. „Und irgendwann ist es Zeit, eine Marke einschlafen zu lassen."

- *Erfolg ist ein zweischneidiges Schwert.* Je erfolgreicher eine Marke innerhalb eines Marktes wird, umso schwieriger wird es für sie, sich den Marktveränderungen anzupassen.

93. Polaroid

Mit der Kategorie gefangen ist mit ihr gehangen

Stellt die digitale Fotografie für Kodak eine schwierige Herausforderung dar, so ist sie für Polaroid praktisch nicht zu meistern. Im Oktober 2001, nach Jahren rückläufiger Umsätze und drastischer Kostensparmaßnahmen, meldete das Unternehmen Konkurs an. Obwohl es im Juli 2002 von einem Privatkapitalzweig der Bank One gekauft wurde, ist man vielerorts überzeugt, dass die glorreichen Tage Polaroids der Vergangenheit angehören.

Die Digitalkameras sind allerdings nur ein Faktor, der zum Untergang der Sofortbildmarke beitrug. Um zu begreifen, wie wenig die Marke imstande war, ihren einst so herausragenden Markenwert zu erhalten, muss man wissen, wie sie entstand.

Polaroid wurde 1937 von dem Harvard-Absolventen Edwin Land gegründet, der Jahre darüber geforscht hatte, wie man mit den Lichtreflexionen auf Fotos umgehen könnte. So gehörten zu den frühen Polaroidprodukten spiegelungsarme Tischlampen und Brillen.

In den Jahren nach dem Zweiten Weltkrieg stand der Name Polaroid mehr und mehr für Sofortbilder. Land, der einen Prozess erfunden hatte, bei dem Farben innerhalb einer geschlossenen Einheit vom Negativ auf den Film übertragen wurden, brachte seine erste Kamera 1948 auf den Markt, und bis zu den Siebzigern hatte sich die Marke als fester Begriff etabliert. Als erste und einzige Marke in der Kategorie wurde die Marke zum Namen des Endproduktes selbst. Mit anderen Worten: die Leute sprachen nicht von „einem Polaroid-Foto" oder nur von einem „Foto", sondern sie sagten „ein Polaroid".

Polaroids Image wurde während der Siebziger durch längere Werbekampagnen für ihre One-Step-Kamera gefördert, bei der die Schauspieler James Garner und Mariette Hartley in romantischen Rollen auftraten. Dank der Sofortbildtechnik, bei der die Fotos innerhalb von Sekunden entwickelt wurden, wurde Polaroid zu einer Marke, die für Spaß stand, dafür „den Moment zu leben".

In den Siebzigern erreichte Polaroid beinahe Kultstatus und diverse schillernde Figuren des öffentlichen Lebens wurden zu passionierten Fans der Marke. Vor allem die Kunstwelt begeisterte sich für die Sofortbildtechnik. Das war kein Zufall. Edwin Land wusste schon seit den Fünfzigern, wie gut ihm

Künstler helfen konnten, seine Erfindung zu rechtfertigen. Er hatte erkannt, dass, würde man Polaroid als eine Neuheit ansehen oder als eine Spielerei, die Marke ebenso schnell eingehen würde wie sie entstanden war. Also musste er die Polaroid-Fotografie als eine eigenständige potenzielle Kunstform durchsetzen.

Die Lösung fand sich 1955 in Gestalt von Ansel Adams, einem international anerkannten Landschaftsfotografen, der schon im Museum of Modern Art in New York ausgestellt hatte. Adams wurde in den Yosemite-Nationalpark in Kalifornien geschickt, wo er mit verschiedenen Polaroidfilmen experimentieren sollte. Heraus kamen kunstvolle Fotografien von schneebedeckten Landschaften, die den früheren Arbeiten Adams' ziemlich ähnlich waren. Mit Hilfe eines „ernsten" Photographen wie Adams wurde Polaroid nun zu einer Marke, der man Respekt entgegenbrachte. Der Erfolg war so groß, dass Land jedesmal, wenn er einen neuen Film kreierte, Photographen und Künstler in die Polaroid-Labore einlud, um sie nach ihrer Meinung zu fragen. Es gibt sogar eine offizielle Polaroid-Kunstsammlung, die liebevoll aufgebaut worden war und heute über 20.000 Werke vorweist.

Mitte der Siebziger dann wurden ganz andere moderne Künstler als Ansel Adams zu Polaroid-Verehrern. Schillernde Persönlichkeiten wie Andy Warhol, David Hockney, William Wegman, Chuck Close, Lucas Samaras und Marie Cosindas wurden erklärte Fans der Sofortbildtechnik. Warhol liebte seine Polaroidkamera ganz besonders. Er trug sie ständig bei sich und fotografierte bei seinen lustvollen Abenteuern in und um Manhattan jeden, der ihm vor die Linse kam.

In einem Artikel, der im Oktober 2001 im *Guardian* erschien, erklärt Jonathan Jones die enge Verbindung zwischen der Polaroid-Marke und der Kunstwelt:

Polaroid-Farben sind intensiv, ein bisschen unwirklich und verleihen den Bildern ihren ganz eigenen Glanz. Dieser Effekt sprach die Künstler deshalb an, weil damit die Künstlichkeit der Fotografie betont wurde […] Die Revolution, die Polaroid zu einem universalen Werkzeug für die Künstler und zugleich zu einer echten Methode der Massenfotografie gemacht hatte, kam mit der Einführung der SX-70-Kamera 1972. Es war die erste Kamera mit einem integrierten Polaroidfilm. Man machte ein Foto und sah, wie es im nächsten Moment fertig aus der Kamera kam.

Da der Unternehmensname bereits in den frühen Siebzigern zu einem festen Begriff geworden war, benutzten Künstler Polaroids, um billige, schmierige, schnelle und alltägliche Bilder zu machen, deren Beitrag zum guten Namen Polaroids eher fragwürdig war [...] Die Siebziger waren Polaroids Goldenes Zeitalter, jedoch nicht in der Art, wie Lands künstlerische Ideale es vorgesehen hatten.

Mit anderen Worten: Die Empfehlung durch die Künstler und Fotografen, auf die Land es ursprünglich abgesehen hatte, fiel eher kontraproduktiv für die Marke aus, die die Sofortbildtechnik als ernsthafte Fotografie verstanden wissen wollte. Während also die Beliebtheit Polaroids weiter zunahm, wurde die Glaubwürdigkeit der Marke in vielerlei Hinsicht erschüttert.

Polaroid galt als witzig, frivol und sogar als Wegwerfmarke, die die Verbraucher kaum als Ersatz für eine „normale" Kamera wahrnahmen. Diese Kameras wurden gemeinhin als Luxus- oder Zusatzprodukte angesehen, mit denen man auf Parties seinen Spaß haben kann, die aber für Familienfotos nie so gut sein konnten wie eine Canon.

Das Problem wäre teilweise vielleicht zu lösen gewesen, hätte man beobachtet, wie „konventionelle" Fotografiemarken wie Kodak die Sofortbildtechnik ernst nahmen. Genau genommen tat Kodak genau das auch und plante, mit einem eigenen Sofortbildkamerasortiment Polaroid Konkurrenz zu machen. Polaroid jedoch war nicht willens, den Markt mit jemand anderem zu teilen, und reichte eine Unterlassungsklage gegen Kodak ein. Vor Gericht siegte Polaroid, doch damit stoppten sie zugleich das Wachstum des Sofortbildfotografiemarktes.

Diese absichtliche Isolationsstrategie verursachte in den Achtzigern weitere Probleme, als günstige konventionelle 35-mm-Kameras den amerikanischen Markt überfluteten und die Schnellentwicklerservices zunahmen, bei denen man seine Filme innerhalb einer Stunde entwickeln lassen konnte. Die Kunden bekamen erstklassige Qualitätsbilder, ohne eine Woche darauf warten zu müssen. Das bedeutete für Polaroid, dass ihr eigentlicher Vorteil gegenüber konventioneller Fototechnik deutlich schwächer wurde. Sie hatten zwar lange Zeit nicht mit der Qualität standhalten können, aber immerhin in Sachen Geschwindigkeit alle anderen übertroffen. Diesen Vorsprung hatte man ihnen nun genommen.

Der endgültige Todesstoß aber erfolgte mit dem Masseneinzug der Heimcomputer und der Digitalkameras. Der Wirtschaftsjournalist für BBC-Online-News in Nordamerika fasste die Überlegenheit der digitalen Fotografie treffend zusammen: „Man kann nicht nur Bilder machen, die man sofort ansieht, sondern sie auch mit nur ein oder zwei Mausclicks Hunderte, wenn nicht gar Tausende von Meilen weit versenden."

Polaroid verlor rapide an Handlungsspielraum. Sie hatten bereits versucht, in den Markt der konventionellen 35-mm-Filme zu expandieren, konnten allerdings nicht genug Kodakkunden zum Markenwechsel bewegen. Die Markenassoziation von Polaroid mit Sofortbildern in den Köpfen der Verbraucher war einfach zu stark. Ebenso wenig schafften sie es, sich in eine Digitalbildmarke zu wandeln. Das allerdings überraschte viele Analysten, die Polaroid im Digitalbereich weit größere Chancen eingeräumt hatten als Kodak. „Niemand war in einer besseren Position als Polaroid, was die Umsetzung der digitalen Fotografie anging", sagte Peter Post, CEO von Cossette Post, einer Tochter von Kanadas größter Marketingagentur, Cossette Communications Group. „Was ist ein größerer Nutzen als die Sofortbildtechnik? Polaroid könnte heute eine treibende Kraft in der Digitalfotografie sein, hätte jemand die Entwicklung beobachtet und sich Gedanken darüber gemacht, wo die Marke am besten hineinpasst. Sie haben es einfach nie getan."

Die Ironie bei einer Marke, die mit dem Adjektiv „sofort" assoziiert wurde, war die, dass Polaroid zu langsam auf die Marktveränderungen reagierte. Sie haben nicht rechtzeitig erkannt, wohin die Digitalfotografie steuerte, wie sie schon zehn Jahre zuvor außerstande gewesen waren, effektiv auf die Schnellentwicklungsdienste für Filme zu reagieren.

Die Kreativität, die Edwin Land beim Aufbau seines Unternehmens an den Tag gelegt hatte, war schlicht nicht mehr da. Wie der berühmte Unternehmer David Oreck in seiner Vorlesung „Wer killt Amerikas preisgekrönte Markennamen?" ausführte, gibt es in vielen lang etablierten Unternehmen eine gefährliche Tendenz gegen Kreativität. „Unternehmensmanager scheuen Risiken. An der Wall Street fürchtet man sich vor Risiken; dort will man Vierteljahresergebnisse. Aber der Visionär beweist den größeren Respekt vor der Marke. Wir müssen einen Weg finden, die kreativen Leute nicht länger zu ersticken. Geschäfte sind immer noch mehr Poesie als Wissenschaft."

Ein weiterer Aspekt, dem Polaroids Scheitern angelastet wird, ist die Spezialisierung auf ein Produkt. Sie haben darum gekämpft, der eine und einzige Name im Bereich Sofortbild zu sein, und mussten den Preis dafür zahlen. Trotzdem *können* Marken sich weiterentwickeln. Wären die Leute bei Polaroid clever gewesen, hätten sie digitale Produkte unter ihrer Marke herausbringen können – als logische Fortentwicklung und unvermeidliche Erweiterung ihres Sofortbildangebots.

Andere Experten kamen zu dem Schluss, Polaroid hätte sich weniger auf das spezifische Produkt und mehr auf die besonderen Werte konzentrieren sollen, für die es in den Augen der Verbraucher stand. Sogar John Hegarty, Chef der Werbeagentur von Polaroid, stimmte in die Kritik ein. „Polaroids Problem war, dass sie sich selbst immer als Kamera sahen. Aber der ‚[Marken-]Visionsprozess' hat uns eines gelehrt: Polaroid ist keine Kamera – es ist ein soziales Schmiermittel."

Hätte Polaroid sich auf die einzigartigen „sozialen" Aspekte der Marke konzentriert anstelle der einzigartigen technischen, wären sie weniger angreifbar gewesen, als die Technologie ihre ursprünglichen Produkte überholte. Doch Ende der Neunziger war es zu spät, daran noch etwas zu ändern. Die Schuldenberge wuchsen beständig und die Marke stand nach wie vor für Polaroidkameras. Nach den Terroranschlägen vom 11. September 2001 brach der Reisemarkt zusammen und mit ihm die Nachfrage nach Kameras und Filmen. Diese rauen Marktbedingungen waren der Tropfen, der das Fass zum Überlaufen brachte. Polaroid hatte mittlerweile Schulden von annähernd einer Milliarde Dollar angehäuft und der Aktienwert fiel von einem Hoch von 60 Dollar im Jahre 1997 auf ein Tief von 28 Cents im Oktober 2001. Im selben Monat meldete das Unternehmen Konkurs an.

Was das Beispiel Polaroid lehrt

- *Schnelligkeit entscheidet.* Polaroid erkannte zukünftige Trends wie digitale Fotografie und Schnellentwicklungsdienste zu spät und reagierte zu langsam auf sie.

- *Auch Vorsicht kann übertrieben werden.* Indem sie Kodak zwangen, sich aus dem Sofortbildmarkt herauszuhalten, verteidigte Polaroid die Marke zulasten des Marktes. Nur sehr wenige Marken können eine Produktkategorie langfristig im Alleingang halten. Polaroid verstieß mit seinem Verhalten gegen das „Gebot der Kategorie", wie es Al und Laura Ries formulierten, nämlich „führende Marken sollten eine Kategorie fördern, nicht die Marke."

- *Man muss sich auf Werte konzentrieren, nicht auf Produkte.* Laut Kevin Roberts, dem amerikanischen Leiter von Saatchi and Saatchi, müssen wirklich erfolgreiche Marken sich auf die „Liebe" ihrer Kunden berufen können und nicht auf deren Kaufkraft. Mit anderen Worten: Marken müssen Leidenschaft wecken. Roberts zitiert Coca-Cola, Nike und Harley Davidson als die klassischen Liebhabermarken. Um zu einer solchen Marke zu werden, hätte Polaroid sich auf seinen Wert als „soziales Schmiermittel" konzentrieren müssen (um es mit John Hagertys Worten auszudrücken). Damit wären sie elastischer geworden.

- *Elastisch sein.* Der Markengestaltungsautor Jack Trout bemerkte, dass Unternehmen auf eine Idee pro Marke beschränkt sind. Wenn diese Idee das Produkt selbst ist, anstatt der Werte, die es repräsentiert, werden Marken unflexibel.

- *Man muss es fühlen, nicht dagegen ankämpfen.* Polaroids frühere Markenvision war die gewesen, die Sofortbildtechnik als ernstes, künstlerisches Medium zu etablieren. In den Siebzigern wurde diese Vision von Popart-Künstlern torpediert, die den Spaß und das Frivole der Technik liebten. Polaroid hat sich zu lange gegen dieses Bild gesträubt, genau wie sie sich gegen andere externe Faktoren sträubten, die die Marke beeinflussten.

- *Relevant bleiben.* „Marken, die nicht mit dem Tempo der Zeit mithalten, können schnell verloren gehen", erklärt Peter Post von der kanadischen Marketingfirma Cossette Post in einem brandchannel.com-Artikel von John Kavolefski. „Erst werden sie irrelevant, dann unsichtbar und schließlich sind sie gestorben." Statt die Möglichkeiten auszuschöpfen, die sich mit der Digitalfotografie boten, konzentrierte Polaroid sich darauf, 35-mm-Farbfilme zu entwickeln.

- *Kreativ bleiben.* „Viele der älteren Marken verlieren jegliche Kreativität in ihrem strategischen Denken", sagt Marketingberater Bruce Tait in dem erwähnten brandchannel.com-Artikel. „Die Idee sollte immer sein, Originalität in den strategischen Prozess einzubringen und auf Relevanz und Differenz zu setzen. Es wird zu sehr ans Marketing als wissenschaftlichen Prozess geglaubt. Die Leute haben zu wenige Ideen. Das wiederum führt zur Einförmigkeit der Strategien und darum sterben Marken."

- *Brauchbar sein.* Mit dem Aufkommen der Digitalfotografie war kein *Bedarf* mehr für Polaroids Sofortbildtechnik gegeben. Haben sich beispielsweise Website-Designer früher auf Polaroidtechnik als professionelles Hilfsmittel verlassen, so nehmen sie heute Digitalkameras, um Bilder für die Websites zu machen. Die einzige Ausnahme bildet die Justiz, wo Polaroidbilder nach wie vor die einzigen Fotos sind, die als Beweismittel anerkannt werden, weil man sie nicht nachträglich verändern kann.

94. Rover

Ein Hund bleibt ein Hund bleibt ein Hund

Rover baut seit 1904 Autos und hat seinen Beitrag zum technischen Fortschritt geleistet – wie den Rover-Gas-Turbinenwagen 1950 und den T3 mit Allradantrieb und Glasfaserrahmen 1956.

Die P4-, P5- und P6-Serien waren wegweisend für die britische Automobilindustrie der Sechziger und Siebziger, wobei der P4 liebevoll „Tantchen" Rover genannt wurde. Während der fetten Nachkriegsjahre kauften die Briten so viele Rover, wie die Fabrik herstellen konnte, doch mit den industriellen Problemen der Siebzigern begann der lange Abstieg sich bereits abzuzeichnen.

1994 übernahm BMW den britischen Autobauer und versuchte ihn in eine wettbewerbsfähige Automarke für das 21. Jahrhundert zu verwandeln. Allerdings interessierte BMW sich hauptsächlich für die Land-Rover-Modelle mit Allradantrieb.

Der Rover 75 war das erste neue Auto, dass nach der Übernahme durch BMW gebaut wurde, also hatte man sich alle Mühe gegeben, damit es zu einem technischen und ästhetischen Erfolg würde. Zunächst schien die Mühe sich gelohnt zu haben. In Europa, Japan und dem Mittleren Osten wurde der Rover 75 bei der Markteinführung 1999 von der Fachpresse als exzellentes Auto gerühmt. Ein Fachblatt empfahl es wegen des „eleganten Retrolooks" und beschrieb es als „ausgereift, mit Klasse und Stil". Insgesamt gewann der Wagen zehn internationale Auszeichnungen der Automobilindustrie. Doch trotz der enthusiastischen Fürsprache der Medien waren die Leute nicht bereit, den Wagen zu kaufen. 1999 wurden gerade mal 25.000 Modelle weltweit veräußert, womit der Umsatz weit hinter den Erwartungen zurückblieb.

Das Problem schien nicht so sehr der Wagen selbst zu sein als vielmehr die Marke. Wie Jeremy Clarkson sagte, trägt der Rover-Name ein gewisses Stigma mit sich herum: „Es ist so ziemlich das uncoolste Namensschild der Branche. Rover, der Name, ist ein Hund."

Natürlich kann das auch bloß eine Frage der Einstellung sein. Die Verkaufszahlen sind jedoch Tatsache. „Ein Blick auf die Zahlen bestätigt, dass die Käufer Angebotsjäger sind, die nur dann in die Autohäuser rennen, wenn man sie mit außergewöhnlichen Sonderangeboten lockt", berichtete der BBC. Der schleppende Verkauf des Rover 75 war daher symptomatisch für ein größeres Problem, was den Rover-Namen betraf. Das Unternehmen war, um es mit den Worten eines Journalisten auszudrücken, „ein lebendiges Symbol der untergehenden britischen Automobilindustrie" geworden.

„Der Rover 75 markierte einen Wendepunkt. Er war der Wagen, der die Rover-Renaissance einläuten sollte", sagt Jay Nagley von der Unternehmensberatung Spyder. „Der Rover 75 war ein gutes Auto, doch das Problem war das Rover-Image. Die Leute in diesem Marktsektor waren nicht gerade auf das Rover-Image versessen, egal wie gut der Wagen dahinter sein mochte."

Im März 2000 hatte BMW genug. Rover häufte täglich 2 Millionen Pfund Verluste an und so beschloss BMW, das Unternehmen zu zerschlagen.

Was das Beispiel Rover lehrt

- *Wenn der Name nicht läuft, ändert man ihn.* Kritiker hatten vorgeschlagen, den Rover-Namen aufzugeben und die Marke unter dem Namen „Triumph" neu aufzubauen.

- *Man muss sich auf die Marke, nicht auf die Produkte konzentrieren.* „Das Problem ist eher die Marke als die Autos", sagte Jay Nagler, Unternehmensberater mit Schwerpunkt Automobilindustrie.

95. Moulinex

Eine Marke löst sich in Rauch auf

Moulinex, der Hersteller für Haushaltsgeräte mit Hauptsitz in Frankreich, meldete im September 2001 Konkurs an. Damit brachte sich das Unternehmen zwar in erhebliche Gefahr, aber der Schritt schien unvermeidlich. „Wollten sie gegen den Willen der Aktionäre weitermachen, blieb ihnen gar nichts anderes übrig. Die Alternative wäre Liquidation gewesen", beschreibt der Analyst eines Pariser Börsenmaklerbüros die Situation.

Als das Unternehmen sich dem Niedergang näherte, griffen die 21.000 Moulinex-Mitarbeiter zu ziemlich ungewöhnlichen Methoden, um ihre Arbeitsplätze zu retten. Eine Mikrowellenfabrik in Nordfrankreich wurde von den Arbeitern besetzt und in Brand gesteckt. Am nächsten Tag kamen die Mitarbeiter wieder und drohten damit, selbst gemachte Bomben detonieren zu lassen, um zu zerstören, was von der Fabrik übrig geblieben war. Laut *Business Week* kidnappten Gewerkschaftsführer sogar den von der Regierung geschickten Mediator, um bessere Abfindungen zu erpressen. „Ich werde schon irgendwie festgehalten, aber es ist kein wirkliches Drama", war die Nachricht, die der gekidnappte Vermittler der Presse per Telefon zukommen lassen konnte.

Diese dramatischen Ereignisse bildeten das letzte Kapitel in der Geschichte des langsamen und unaufhörlichen Niedergangs des Unternehmens. Unter dem Management des Firmengründers Jean Mantelet hatte das Unternehmen die wirtschaftliche Verlangsamung während der Achtziger nicht rechtzeitig erkannt, und seit 1985 häuften sie Schulden an. Ein weiteres Problem bezog sich auf die Kernprodukte des Unternehmens – Mikrowellenherde. Asiatische Hersteller überfluteten den Markt mit vergleichbaren Produkten, die zumeist deutlich günstiger waren. Trotzdem gab Moulinex weiter Geld aus und folgte einer Strategie, die in erster Linie auf den Aufkauf anderer Unternehmen baute, wie dem Luxus-Kaffeemaschinenhersteller Krups, den Moulinex 1987 kaufte. Die Schulden wuchsen beständig und 1996 versuchte Moulinex, in die Gewinnzone zurückzukehren, indem sie 2.600 Leute entließen. Diese harte Maßnahme funktionierte – wenigstens kurzfristig.

1997 meldete das Unternehmen zum ersten Mal seit Jahren wieder Gewinne. Aber sie konnten nicht lange gefeiert werden, denn zum einen hatten die Entlassungen dem Unternehmensruf in Frankreich großen Schaden zugefügt, und zum anderen folgte im Jahr darauf der Zusammenbruch der russischen Wirtschaft. Da Russland der zweitgrößte Absatzmarkt für Moulinex-Produkte war, nahmen die Umsatzeinbußen dramatische Ausmaße an, und das Unternehmen schlitterte wieder in die roten Zahlen. Noch schlimmer wurde die Lage, als eine ähnliche Krise Brasilien erschütterte, ein Land, in dem Moulinex diverse Unternehmen aufgekauft hatte.

Im September 2000 fusionierte Moulinex mit dem italienischen Unternehmen Brandt, doch das änderte nichts an den rückläufigen Umsätzen und den wachsenden Schulden. Der Konkurs von 2001 war zwar ein drastischer, aber unausweichlicher Ausweg.

Während Moulinex immer noch nach einem Käufer sucht, sehen die Chancen für Frankreichs berühmteste Marke alles andere als gut aus.

Was das Beispiel Moulinex lehrt

- *Man muss die Konkurrenz im Auge behalten.* Moulinex war auf die Überschwemmung des europäischen Marktes mit asiatischen Mikrowellenherden überhaupt nicht vorbereitet.

- *Man muss die Wirtschaft im Auge behalten.* Geraten Wirtschaftssysteme in Schwierigkeiten, trifft es die Marken ebenfalls. Infolge der Wirtschaftskrise in Russland verlor Moulinex über Nacht einen seiner wichtigsten Märkte.

- *Man bringt die Mitarbeiter nicht gegen sich auf.* Die zahlreichen innerbetrieblichen Auseinandersetzungen haben dem Ruf von Moulinex in Frankreich mehr geschadet als alles andere.

96. Das Nova-Magazin

Schlafende Marken sollte man nicht wecken

In den Sechzigern war *Nova* die britische „Stilbibel" und beeinflusste maßgeblich die Mode der Zeit. Neben den Modeseiten enthielt das Magazin ernste und oft kontroverse Artikel über Themen wie Feminismus, Homosexualität und Rassismus. Damals war die Zeitschrift einzigartig, doch während der Siebziger begannen andere, das *Nova*-Konzept nachzuahmen. Bald darauf wirkte *Nova* müde, die Auflagenzahlen gingen zurück, und 1975, nach 10 Jahren, verschwand sie vom Zeitschriftenmarkt – das ist eine ganz normale Lebensspanne in der Zeitschriftenbranche.

Da *Nova* einen solchen Einfluss auf die damalige Generation gehabt hatte, beschloss IPC Magazines (denen unter anderem *Marie Claire* gehört) im Jahr

2000, den Titel wieder aufleben zu lassen. Nun positionierten sie es als Lifestyle-Magazin, das ebenso kritisch und modebewusst sein sollte wie das Original.

Die erste Ausgabe hielt, was man sich von ihr versprochen hatte. Hier war eine Frauenzeitschrift, die keine Artikel enthielt wie, „10 Tipps, wie Sie Ihre Beziehung verbessern", „Wie Sie sich den perfekten Mann angeln" oder „Stars und ihre Sternzeichen". Laut dem *Guardian* hatte die neue *Nova* „mehr Humor als das gescheiterte *Frank*-Magazin und realistischere Mode als *Vogue*, bietet aber immer noch Kleiderfantasien."

Nur drei Monate später fingen die Herausgeber an, sich Sorgen zu machen, da die Verkaufszahlen niedriger als erwartet waren. Sie ersetzten die Chefredakteurin Deborah Bee durch Jeremy Langmead, der zuvor das *Style*-Magazin der Zeitung *Independent* geleitet hatte. Obwohl einige Kommentatoren es fragwürdig fanden, einen Mann zum Chefredakteur einer Frauenzeitschrift zu machen, war das Geschlecht nicht das eigentliche Problem. Schließlich hatte *Elle* seit Jahren einen männlichen Chefredakteur und dadurch keinerlei Schwierigkeiten.

Tim Brooks, der Geschäftsführer von IPC, erklärte, die ersten drei Ausgaben von *Nova* hätten „zu viel Biss" gehabt. Doch vor allem hatten die Herausgeber die Kunden gegen sich aufgebracht, indem sie die Zeitschrift in einer Zellophanhülle in die Läden brachten. Wer jedoch eine neue, unbekannte Zeitschrift kaufen will, möchte sie vorher wenigstens flüchtig durchblättern, um zu sehen, ob ihn oder sie der Inhalt interessiert.

Der neue Chefredakteur nahm sofort ein paar Änderungen vor. Die Schriftstellerin India Knight bekam eine eigene Kolumne, und bald wurden mehr Mainstream-Beiträge aufgenommen, wie etwa eine Gymnastikseite. Die Zeitschrift konnte sich so zwar einen loyalen Leserkreis sichern, doch der war nicht groß genug.

Im Mai 2001, ein Jahr nach Wiedereinführung, stellte IPC *Nova* ein. „Uns ist die Entscheidung sehr schwer gefallen", bedauerte Tim Brooks damals. „*Nova* war in Sachen Stil und Aufmachung bahnbrechend, hat aber nicht die kommerziellen Zielvorgaben erfüllt. IPC hat eine klare Strategie und ein wichtiger Teil dieser Strategie ist nunmal, entschlossen zu handeln und unrentable Titel einzustellen." IPC gab außerdem bekannt, dass man sich mehr auf die erfolgreichere Zeitschrift *Marie Claire* konzentrieren wolle.

Das Scheitern *Novas* im zweiten Anlauf kam für die meisten Leute wenig überraschend. „Sie war haargenau wie die ganzen anderen Zeitschriften und entsprach einfach nicht den Vorstellungen der britischen Leserinnen", urteilte

Caroline Baker, die Mode-Chefredakteurin von *You* und Journalistin bei der Original-*Nova*. „Sie hätten die alte Zeitschrift in Frieden lassen sollen, statt zu versuchen, sie neu aufzulegen."

Während die erste *Nova* anfangs praktisch konkurrenzlos war, musste sich die zweite in einem übersättigten Markt behaupten. 2000 war ein ganzes Bündel neuer Frauenzeitschriften auf den britischen Markt gekommen, unter anderem das kleinformatige und sehr erfolgreiche Magazin *Glamour* (die Erstausgabe verkaufte sich 500.000-mal). Im Gegensatz zu *Nova* war *Glamour* das Ergebnis aufwändiger Umfragen, die im Vorwege sicherstellten, dass das Magazin auf den Markt abgestimmt war. „Wir sind kreuz und quer durchs Land gereist und haben Tausende junger Frauen befragt, um nicht nur genau den richtigen redaktionellen Teil zu bringen, sondern auch die richtige Aufmachung und die richtige Größe", sagte Simon Kippin, der Herausgeber von *Glamour*.

Der *Guardian* berichtete über den hart umkämpften Markt der Frauenzeitschriften, wo mit zunehmender Geschwindigkeit neue Titel erscheinen und wieder verschwinden:

> Der Zyklus von Neuerscheinungen und Schließungen hat sich vielleicht beschleunigt, aber das hat die Gesellschaft ebenfalls getan. Vierundvierzig Prozent der gegenwärtigen Umsätze werden mit Zeitschriften erzielt, die es vor zehn Jahren noch nicht gab. Die Leute mögen nach wie vor Zeitschriften. Laut Umfragen von Henley Centre sind sogar 84 Prozent immer noch der Meinung, es lohne sich, Geld für Magazine auszugeben. Doch die Magazine, die sie gern kaufen, bleiben garantiert nicht immer dieselben.

Im Hinblick auf die Einstellung von *Nova* und anderen Magazinen sagte Nicholas Coleridge, der Geschäftsführer von Conde Nast Publications, Schließungen wären in der Branche etwas vollkommen Normales. „Es ist weder überraschend noch erschreckend, wenn Magazine auf den Markt kommen und wieder verschwinden. Solche Entwicklungen sind absehbar, weil es seit Hunderten von Jahren so läuft, sonst würden wir heute noch Zeitschriften für Höhlenmenschen lesen."

Nach dieser Logik entspräche das Scheitern der wiederbelebten *Nova* der natürlichen Ordnung auf dem Zeitschriftenmarkt. Dennoch meinten viele, hätte man *Nova* mehr Zeit gegeben, sich eine Nische zu erobern, gäbe es die Zeitschrift heute noch.

Eines jedenfalls scheint sicher: Nachdem sie ihre zweite Chance gehabt hat, wird sie wahrscheinlich keine dritte mehr bekommen. Andererseits ...

Was das Beispiel Nova lehrt

- *Alle Marken haben ihre Zeit.* Nur weil *Nova* in den Sechzigern erfolgreich war, musste dasselbe Konzept nicht notwendig auch im 21. Jahrhundert funktionieren.

- *Man braucht einen Extraposten für gescheiterte Marken.* Zeitschriftenverlage gehen das Scheitern pragmatisch an. Die meisten planen in ihre Budgets sogar einen bestimmten Satz von „Flops" mit ein. „Von sechs neuen Zeitschriften gehen zwei direkt wieder ein", bilanziert Nicholas Coleridge von Conde Nast.

97. Levi's

Jenseits der Wohlfühlzone

Levi's ist zweifellos ein Markenklassiker. Die erste Jeans schneiderte ein bayerischer Immigrant zuzeiten der letzten Schlachten um den amerikanischen Westen und heute ist Levi's weltweit eine Ikone unter den Markenzeichen.

In vielerlei Hinsicht könnte man sogar sagen, Levi's definierte den Begriff „Marke" besser als irgendein anderes Produkt. Wie der Werbejournalist Bob Garfiel einmal schrieb, „kommt sie von allen Marken dem Wort ‚Brand' am nächsten, da die Buchstaben in ein Stück Leder eingebrannt sind, das an den Hosenbund genäht wird."

Im September 2002 rühmte die britische Ausgabe des *Esquire*-Magazins Levi's als die ultimative Bekleidungsmarke, die zur Grundausstattung der Kleiderschränke weltweit gehört:

Das Geheimnis des anhaltenden Zaubers und Erfolgs von Levi's liegt in der Fähigkeit der Marke, sowohl allgegenwärtig als auch einzigartig zu sein.

> Keine andere Marke hat es geschafft, zu einem Teil des Systems zu werden (sogar zu einem Teil der Garderobe des Präsidenten) und zugleich ihr Image von Rebellion, Revolution und Gegenkultur aufrecht zu erhalten. Levi's ist Mode wie Anti-Mode. Versuchen Sie nur einmal, jemanden zu nennen, der nicht mindestens eine besitzt.

Doch trotz ihrer Allgegenwart, an der sich nichts wesentlich geändert hat, durchlebte die Levi's-Marke in jüngster Zeit einige Turbulenzen. Die Umsätze purzelten von 7,9 Milliarden Dollar im Jahr 1996 auf 4,3 Milliarden im Jahr 2001.

Wie bei den meisten Markenkrisen war auch die bei Levi's von mehreren Problemen verursacht. Um sie genau zu verstehen, muss man die Markenstrategie des Unternehmens kennen. Levi's CEO Robert Haas erzählte der *Financial Times* 1998 (ironischerweise in einem der härtesten Jahre für die Marke):

> Wir sind in der Wohlfühlbranche. Damit meine ich nicht bloß körperliches Wohlfühlen. Ich meine, wir sorgen dafür, dass die Leute sich auch psychisch wohlfühlen – die Sicherheit haben, wenn sie in einen Raum voller Fremder oder Arbeitskollegen treten, sie tragen eine akzeptierte Marke. Natürlich variiert das, was sich die Verbraucher unter psychischem Wohlgefühl vorstellen, von Untersegment zu Untersegment.

Der Halbsatz, auf den es hier ankommt, ist „von Untersegment zu Untersegment". Um auf die zahlreichen Geschmacksschwankungen der denimtragenden Bevölkerung einzugehen, hat Levi's die Marke diversifiziert, indem sie ein breites Angebot unterschiedlicher Jeans-Stile schufen. Besonders bezeichnend war die Entscheidung, neben der traditionellen „Red Label"-Marke die neue Untermarke „Silvertab" einzuführen. Darüber hinaus produzierte das Unternehmen auch eine Reihe billigerer Jeans, die orangefarbene Markenzeichen hatten.

Die Werbekampagne, die 2001 für die Silvertab-Jeans lief, zählt zu den meistgehassten der jüngsten Geschichte. Ad Age nannte sie „beleidigend" und meinte, ihr „fehle es an kreativer Markengestaltung". Ähnlich erging es 2002 der Werbung für die Billig-Levi's, die von einigen Kritikern ebenso negativ aufgenommen wurde.

Nicht alle Probleme jedoch sind von Levi's hausgemacht. So konnten sie wenig dagegen ausrichten, dass Designer-Jeans wie die von Calvin Klein, Diesel und Tommy Hilfiger sich mehr und mehr durchsetzten. Angesichts dieser Konkurrenz hatte Levi's nur eine Chance, indem sie versuchten, die Integrität ihrer Marke zu wahren. Doch selbst damit tat sich die Marke schwer.

In Großbritannien ließ Levi's sich zu Beginn des neuen Jahrtausends auf eine sehr öffentlich ausgetragene Schlacht mit der Supermarktkette Tesco's ein. Tesco's behauptete, die Kunden zahlten zu viel Geld für ihre Levi's, weshalb sie diese in ihren Märkten mit einer niedrigeren Gewinnspanne verkaufen wollten. Levi's weigerte sich, seine hochwertigen Jeans wie die 501 im Supermarkt anzubieten, und zog vor Gericht, um den Import aus nicht-europäischen Ländern zu stoppen.

„Unsere Marke ist unser größtes Kapital", erklärte Joe Middleton, Levi's Generaldirektor in Europa. „Sie hat für uns einen höheren Wert als alle Bilanzposten. Sie ist wertvoller als unsere Fabriken, unsere Gebäude, unsere Geschäfte und unser Lagerbestand. Wir müssen das Recht haben, über das Schicksal unserer Marke zu bestimmen."

Sogar die britische Regierung schaltete sich ein und versuchte, die Europäische Gemeinschaft dazu zu bewegen, Supermarktketten wie Tesco's den Import aus allen Ländern der Welt zu ermöglichen. Dennoch bestand Levi's darauf, dass Tesco's nicht verstünde, worum es ging, und die Kosten für die Fertigung der Jeans mit deren Marketing verwechsle. „Der springende Punkt ist", erklärte Middleton, „dass all diese Kosten Investitionen in die Marke sind. Die eigentlichen Kosten für die Herstellung dieser Jeans sind nicht einfach nur die in der Fabrik anfallenden. Sie sind viel mehr als das." Die britische Regierung blieb aufseiten des Supermarkts, weil sie vor allem das Bild vom „entkleideten Großbritannien" ausmerzen wollte, und wie es momentan aussieht, wird Levi's die Schlacht am Ende verlieren.

Ungeachtet all dieser unglücklichen externen Faktoren bleibt die Tatsache, dass die wirkliche Bedrohung der Levi's Marke hausgemacht war. In ihrem endlosen Bestreben, „innovativ" und „jugendlich" zu erscheinen, haben sie immer mehr neue Stile eingeführt und sind infolgedessen im Begriff, dem Gesetz vom abnehmenden Ertragszuwachs anheim zu fallen. Die Marketingausgaben steigen weiter, während der wahre Markenwert verfällt.

Wie die Wirtschaftswelt diese Entwicklung beurteilt, hat Kurt Barnard, Herausgeber des *Retail Trend Report**, 2001 gegenüber der *Financial Times* beschrieben. „Levi's ist vor allem ein Unternehmen, das in Schwierigkeiten steckt.

---

* Trendbericht des Einzelhandels

Obwohl der Name in der amerikanischen Geschichte so etwas wie ein Heiligtum ist, tragen heute nur noch wenige Leute Levi's-Jeans."

In der Interbrand-Markenwertübersicht schafften sie es 2000 nicht einmal mehr unter die 75 Topmarken. Und die Tatsache, dass dort rivalisierende Marken wie Gap und Benetton standen, streute zusätzliches Salz in die Wunde.

Was also wäre die Lösung? Die meisten Markenexperten sind sich einig, dass Levi's seine Marktposition aus den Achtzigern und frühen Neunzigern nur wiedererlangen kann, wenn sie ihr Angebot verschlanken und sich auf ein schmaleres Sortiment konzentrieren. Die Verbraucher wissen nicht mehr, wofür die Levi's-Marke überhaupt steht. Jeans, klar. Aber welche Art Jeans? Gerade geschnitten, weit, knöchellang, kurvig, klassisch, modisch – was immer einem einfällt, Levi's hat's.

Daher sollten sie sich dringend von dem kurieren lassen, was man als „Miller-Syndrom" bezeichnen könnte. So wie Miller beschloss, alle Biere für alle Leute zu sein, will Levi's alle Jeans für alle sein. Natürlich müssen die Levi's-Designer nicht aufhören, neue Stile zu entwerfen, sie sollten es bloß nicht unter dem Levi's-Namen tun. Schließlich hat das Unternehmen einen der größten Erfolge in jüngster Zeit verbuchen können, als sie mit der Dockers-Marke 1986 eine vollkommen neue Identität schufen.

Für die Levi's-Marke selbst ist die Lösung dieselbe wie für so viele Marken, die ins Schlingern geraten – nämlich die ursprünglichen Werte wiederzuentdecken. Und es gibt sogar schon erste Anzeichen, dass sie auf dem Weg dahin sind. 2001 ersteigerte das Unternehmen für 46.532 Dollar die älteste noch existierende Levi's-Jeans, eine „Nevada-Jeans", die bei eBay angeboten wurde. Einige Monate später brachten sie 500 Kopien davon auf den Markt, die sich praktisch in dem Moment verkauften, in dem sie in den speziellen Levi's-Konzeptläden ankamen.

Die Zeit wird zeigen, ob diese Jahrgangskollektion als symbolische Geste für eine neue Richtung gelten kann, die das Unternehmen einschlägt.

Was das Beispiel Levi's lehrt

- *Intensivieren statt multiplizieren.* Statt die ursprünglichen Markenwerte zu akzentuieren, hat Levi's die Verbraucher mit einer schier unbegrenzten Auswahl verschiedener Stile verwirrt. Wie der Markenexperte Al Ries es ausdrückte: „Langfristig schwächt man durch Expansion die Stärke und das Image einer Marke."

- *Man sollte sich auf seine Stärken konzentrieren.* Wenn Levi's für irgendetwas steht, dann ist es „die Original-Jeans". Soll sich die Marke vollständig erholen, muss diese Identität wieder gefestigt und gestärkt werden.

- *Man macht seine eigene Marke nicht schlecht.* Als Levi's die Silvertab-Kollektion einführte, tappte sie damit in dieselbe Falle wie Coca-Cola bei der Einführung von New Coke. Um mit dem Markenexperten Ian Cocoran zu sprechen: „Levi's scheint jetzt ein echtes Problem zu haben, die Kunden zu überzeugen, dass der Besitz des ehedem unerschütterlichen Red Label immer noch angesehen genug ist, um Exklusivität zu transportieren."

98. Kmart

Eine Marke auf der Kippe

Kmart, eine der größten Discountketten der Vereinigten Staaten, meldete am 22. Januar 2002 Konkurs an. Dieser Schritt war angesichts des schlechten Weihnachtsgeschäfts unausweichlich, denn das Unternehmen konnte seine Hauptlieferanten nicht mehr bezahlen.

Die amerikanischen Wirtschaftsmedien sahen den Konkurs als letzte Konsequenz aus einer Reihe von Fehlern, die unter dem Management von Chuck Conaway gemacht worden waren. Conaway war seit Mai 2000 Kmarts CEO und hatte 2 Milliarden Dollar für eine Runderneuerung des Unternehmens ausgegeben, zu der das Herausputzen der schmuddeligen Geschäfte und eine Verbesserung der veralteten Vertriebssysteme gehörten. Die Fehler im Vertrieb hatten dazu geführt, dass die Kunden viele der meistbeworbenen Kmart-Produkte nicht in den Geschäften finden konnten. Im Juni 2000 hatte Martha Stewart beispielsweise bei Einführung ihrer „Keeping"-Linie, die sie exklusiv für Kmart produzierte, den Kunden sagen müssen: „Geben Sie nicht auf, suchen Sie weiter."

Parallel zur Sisyphusarbeit am Verteilersystem ließ Conaway sich auf einen Preiskrieg ein und forderte damit die Konkurrenten Wal-Mart und Target heraus. Die Taktik schlug fehl. Wal-Mart wehrte sich mit noch aggressiverem Marketing, Target klagte und Kmarts Umsätze blieben enttäuschend niedrig.

Conaway wurde außerdem kritisiert, weil er Kmarts Werbebudget drastisch zusammenstrich. Analysten sind der Meinung, er hätte bei den Verbrauchern mit der aufwändigen Reinigungsaktion werben sollen. Kurt Barnard, Herausgeber von Barnards *Retail Trend Report*, sagte:

> Ich war reichlich besorgt, als Chuck das miserabel geführte Kmart erbte. Aber er hat das Richtige getan, Hunderte von Millionen in die Reinigung der Geschäfte zu stecken. Das Problem war nur, dass er vergaß, die 270 Millionen Käufer wissen zu lassen, dass Kmart ein neuer Supermarkt für die amerikanische Familie ist. Unterdes blieben 270 Millionen Amerikaner der Überzeugung, Kmart wäre ein schmutziger Laden mit zu vollen Regalen.

Ob Kmart sich vom Konkurs wieder erholen und es mit seinen Rivalen aufnehmen kann, die stärker sind denn je, wird sich zeigen.

Was das Beispiel Kmart lehrt

- *Mit Preisspielereien gewinnt man keine langfristigen Kunden.* „Das Problem war, dass Wal-Mart und Target schon mit niedrigen Preisen, großen Sortimenten, hippen Produkten und hübschen Läden lockten, während Kmart noch alles auf willkürliche Discountangebote setzte", schrieb *Business Week 2.0*. Kmart musste den Verbrauchern einen besseren Grund liefern, weshalb sie bei ihnen kaufen sollten – und das öfter.

- *Man vernachlässigt die Werbung nicht.* Ein Einzelhändler, der größere Veränderungen vornimmt, sollte die Öffentlichkeit kontinuierlich darüber unterrichten. Stattdessen hat Kmart seine Zeitungswerbung auf ein Minimum reduziert.

- *Besser als die Konkurrenz sein.* Das ist eine wahre Herausforderung. Wal-Mart ist ein Einzelhandelsgigant, während Target in Sam Hills Buch über Markengestaltung, *The Infinite Asset,* als das „höchstwahrscheinlich bestgeführteste Unternehmen der Welt" bezeichnet wurde.

99. Der Nachtclub „Cream"

Das letzte Tanzcafé?

In den 1990ern wuchs der Liverpooler Nachtclub Cream von einem kleinen, intimen Lokal, in dem sich samstags an die 400 Gäste amüsierten, zu einem der ersten britischen „Super Clubs" an, die regelmäßig Tausende von Clubfans aus dem ganzen Land anlocken. Cream machte seinen Erfolg zu Geld mit Merchandising, einem eigenen Plattenlabel in Partnerschaft mit Virgin, nationalen und internationalen Veranstaltungen mit unterschiedlichen Sponsoren und sogar einer Reihe von Tanzmusikfestivals – Creamfields –, bei denen bis zu 40.000 Gäste kamen. Ende der Neunziger gab es regelmäßige Cream-Nächte, die nicht nur im heimischen Liverpool stattfanden, sondern sogar in Buenos Aires und Ibiza.

Dennoch gab der Cream-Mitgründer und Chef James Barton im September 2002 bekannt, dass der Club in Liverpool geschlossen werden sollte. Obwohl er als Grund dafür angab, man wolle sich mehr auf die anderen Unternehmensbereiche konzentrieren, bekannte er gegenüber Radio One: „Brächte der Club heute noch die Zahlen wie vor vier oder fünf Jahren, hätten wir diese Entscheidung bestimmt nicht getroffen." In den Medien wurde allgemein behauptet, mit diesem Entschluss wäre nicht nur der Tod der Cream-Marke besiegelt, sondern der der Club-Kultur überhaupt. Ob Cream es schafft, ohne das Stammhaus zu überleben, wird sich erweisen müssen. Auf jeden Fall deutet die Schließung des Clubs darauf hin, dass das Unternehmen harten Zeiten entgegengeht.

Wie konnte es dazu kommen? Wie konnte ein Club, der für eine ganze Generation zu einem festen Begriff geworden war, plötzlich seinen Reiz verlieren? Wie man sich denken kann, gibt es dafür viele Gründe.

Einer war, dass Cream mit der Expansion stufenweise sein Image von „Coolness" einbüßte. Als James Barton und Darren Hughes den Club 1992 gründeten, galt Cream sogleich als willkommene Alternative zum geschäftsmäßig betriebenen Londoner Club Ministry of Sound.

Der neue Club sprach sich schnell herum und erntete gute Kritiken in Tanzmusikmagazinen wie *Mixmag*, die ihn 1994 sogar zum „Club des Jahres" ernannten. Ungefähr zu dieser Zeit begann der Club zu expandieren, wurde vergrößert und man führte Tanznächte auf Ibiza ein. Mitte der Neunziger war

Cream überall. Clubfans trugen das Cream-Logo als Tätowierung (das einen Design-Preis gewonnen hatte), DJs aus der ganzen Welt standen Schlange, um im Hauptsaal auflegen zu dürfen, und ein Liverpooler Paar ließ sich sogar während einer Cream-Veranstaltung trauen. 1996 war Cream laut einer Universitätsumfrage der dritte der Hauptgründe, weshalb Studenten sich für einen Studienplatz in Liverpool bewarben. Über 60.000 Leute kauften die „Cream Live"-CD innerhalb der ersten Woche nach Erscheinen.

1998 dann zeichneten sich erstmals Schwierigkeiten ab. Darren Hughes verließ das Unternehmen und machte am Londoner Leicester Square seinen eigenen Super-Club, Home, auf. Ein Jahr nach dem ersten Creamfields-Festival begann er seine eigenen „Homelands"-Veranstaltungen. Der früherer Clubdirektor war nun zum Konkurrenten geworden.

Ein weiteres Problem waren die Kosten für die Cream-Veranstaltungen im Liverpooler Club. Ironischerweise wurden für den Club, der den „Superstar DJ"-Kult mitbegründet hatte, die Honorare, die Leute wie Fatboy Slim, Sasha, Paul Oakenfold, die Chemical Brothers und Carl Cox verlangten, zum größten wöchentlichen Kostenfaktor. Doch wenn sie die DJs nicht bezahlten, riskierten sie, den Markt ganz und gar zu verlieren. „Die Künstler sind die, die das richtige Geld verdienen, obwohl sie früher genug Kunden angelockt haben, um es für den Club lohnenswert zu machen", sagt die *Mixmag*-Herausgeberin Viv Craske. „Große Clubs verlassen sich immer noch auf dieselben alten DJs, auch wenn sie damit keine Massen mehr in die Clubs bringen." Da sich die großen DJs zwei Stunden Arbeit mit vier- bis fünfstelligen Honoraren bezahlen ließen, konnten die Kosten für Clubs fatal werden, besonders wenn sie, wie Cream, in der Werbung für ihre Veranstaltungen vor allem auf die großen Namen setzten.

Noch ein Faktor, der sich Creams direkter Kontrolle entzog, war der, dass die ursprünglichen Kunden allmählich zu alt wurden, um jeden Samstag bis drei Uhr nachts über den Tanzboden zu hüpfen. Und für die meisten 18-Jährigen waren „Super-Clubs" und „Superstar-DJs" vollkommen uninteressant. Wie Jacques Peretti im Juli 2002 in einem Artikel des *Guardian* schrieb, vollzog sich der Generationswechsel Ende der Neunziger:

> Diese Teenager interessierten sich mehr dafür, gegen ihre älteren Geschwister zu rebellieren und in einer Band mitzuspielen. Statt in die Clubs zu gehen, wurde es nun cool, amerikanischen Nu-Metal-Bands wie Slipknot und Papa Roach nachzueifern, die in lächerlich düsteren Gewändern Hass und Schmerz predigen, nicht Frieden und Liebe wie vielleicht die alternden

Haus-DJs. [...] Ihrem natürlichen Ursprung gemäß verkörperten die Super-Clubs alles in Großformat, was mit der Club-Kultur schief gegangen war [...] Auf der Höhe dieser Kultur finden sich jetzt nicht Cream oder Ministry of Sound, sondern winzige Clubs, die ihr treues Publikum nur über Hörensagen gewinnen.

Während Cream immer noch kommerzieller wurde, verfehlte der Club seine eigentliche Bestimmung. Was konnte Cream bieten, das nicht ebenso gut von Pub-, Club- oder Restaurantunternehmen für den Massenmarkt wie Luminar oder First Leisure zu haben war (die übrigens die Musikpolitik der Super-Clubs übernahmen, nur die berühmten DJs wegließen)? Cream und die anderen Super-Clubs schienen plötzlich ihren Sinn für Kreativität und Persönlichkeit verloren zu haben. (Es ist vielleicht kein Zufall, dass 2002, in dem Jahr, als Cream den Liverpooler Club schloss, die größte Nachtclubveranstaltung Großbritanniens eine Schul-Disco war – bei welcher der Tanzmusikethos verworfen wurde und die Gäste sich stattdessen in Schuluniformen amüsierten, während sie zu Duran Duran und Dexy's Midnight Runners tanzten.)

Einige Leute haben auch die Kompetenz des Cream-Managementteams in Frage gestellt. Die Besitzer hatten gewiss keine betriebswirtschaftliche Ausbildung, was in der Clubbranche ohnehin eher selten ist. Wie der Oxford-Absolvent, ehemalige Banker, Vorstand und Mitgründer von Ministry of Sound, James Palumbo, einmal feststellte: „Die Welt der Nachtclubs ist so dicht mit inkompetenten Leuten bevölkert, dass man nur ein bisschen besser sein muss, um Erfolg zu haben."

Dieser Vorwurf ist allerdings unberechtigt – zumindest teilweise. Denn in vielerlei Hinsicht war Cream zu „geschäftsmäßig", wenigstens nach außen. In einem Interview mit *Liverpool Echo* wurde James Barton zur Schließung des Clubs befragt und antwortete: „Es ist wirklich schade, aber ich denke, wir müssen auch solche Entscheidungen fällen können. Schließlich sind wir Geschäftsleute." Natürlich sind sie Geschäftsleute, aber das bedeutet nicht, dass sie gerade damit werben müssen. Nicht minder unüberlegt war wohl der Riesenzirkus, den sie zu ihrem zehnjährigen Bestehen veranstalteten.

Cream ist ein Jugendmarke oder sollte es zumindest sein. Und als Jugendmarke sollte sie ganz im Hier und Jetzt sein, nicht in der Vergangenheit. Wie ein anonymer Kommentator im Internet schrieb, „wann hat man das letzte Mal erlebt, dass andere Jugendmarken wie Nike oder Nintendo ihre Geburtstage feierten?" Zweifellos ist es bei einer Zielgruppe von 18- bis 24-Jährigen das

Unklügste, was man machen kann, ihnen zu erzählen, man wäre schon zehn Jahre alt. Es interessiert sie nicht, was man gemacht hat, als sie acht Jahre alt waren.

Der Ruf des Clubs wurde außerdem durch Gerüchte über Drogenmissbrauch beschädigt. Merseyside Police äußerte sich 2000 besorgt über die „Drogenkultur" im Cream, und ein Sprecher sagte, der Club hätte mehr unternehmen sollen, um den Drogenhandel in den eigenen Räumen zu unterbinden. 1999 starb eine 21-Jährige, nachdem sie auf der Tanzfläche zusammengebrochen war.

Obwohl James Barton nach der Schließung des Clubs sagte, die deutsche Marke bliebe an „der vordersten Front der Jugendkultur", mehren sich die Anzeichen für das Gegenteil. Das von ihnen herausgebrachte „Cream Collect"-Album brachte es nicht einmal auf 2.000 Abnehmer.

Die Konkurrenten hatten es eilig, sich nach der Clubschließung von Cream zu distanzieren, indem sie ihnen einen Mangel an Markeninnovation vorhielten. „Die Cream-Schließung ist ein herausragender Moment in der Geschichte der Clubs", sagte der Manager von Ministry of Sound, Mark Rodol, gegenüber der Zeitung *Independent*. „Sie ist allen Club-Besitzern eine Lehre, dass man nicht einfach still dasitzen kann. Ministry of Sounds Musikpolitik wechselt mindestens alle zwölf Monate. Das haben wir immer so gehalten, und unsere Veranstaltungen beweisen, dass nach wie vor Tausende von Clubfans da sind, die gern eine tolle Nacht im Club verbringen."

Wenngleich sich noch nicht sagen lässt, ob die Cream-Marke eingehen oder es wieder an die Spitze schaffen wird, besteht wohl kein Zweifel daran, dass nur eine Radikalüberholung ihr Überleben sichern kann. „Clubs wie Cream haben den Bezug zum Kunden verloren", urteilt Craske von *Mixmag*. „Sie haben das Vertrauen der Kids verloren. Und ist es erst einmal so weit, wird es sehr schwer, sie wiederzugewinnen."

Was das Beispiel Cream lehrt

- *Man widerspricht den eigenen Markenwerten nicht.* Hat man einen Nachtclub, der bis sechs Uhr morgens geöffnet hat, besteht die Zielgruppe aus Leuten unter 24 Jahren. Daher war es ein Fehler, Alter und Langlebigkeit der Cream-Marke gegenüber einer Altersgruppe zu betonen, der solche Werte nichts bedeuten.

- *Anpassen oder sterben.* Bei Jugendmarken ist Veränderung die einzig verlässliche Konstante. Der Cream-Nachtclub hat sich zu lange auf ein und dasselbe Rezept verlassen und teure DJs angeheuert, die ihre Halbwertszeit bereits überschritten hatten.

- *Zu große Präsenz sollte man meiden.* Bis 2000 war Cream so gut wie überall – bei Festivals, in Boutiquen, in Musikläden und in Fernsehspots. Doch je mehr die Marke expandierte, umso verschwommener wurde ihre Identität. Infolgedessen blieben die Kunden aus.

- *Trends behält man im Auge.* Die Tatsache, dass im Monat der Cream-Schließung 200.000 Leute kamen, um Fatboy Slim live am Strand von Brighton zu sehen, beweist, wie stark der Markt für Tanzmusikveranstaltung nach wie vor ist. Sie beweist außerdem, dass der Cream-Nachtclub eventuell die falsche Richtung eingeschlagen hatte.

100. Yardley-Kosmetik

Von Großmüttern zu Handschellen

Wie kann eine einst enorm erfolgreiche Marke auf einmal scheitern? Im Fall Yardley-Kosmetik lautet die Antwort: weil sie es versäumt hat, mit der Zeit zu gehen.

Yardley wurde 1770 von William Yardley gegründet, einem Londoner Händler für Schwerter, Sporen und Schnallen, der die Aristokratie belieferte. Er übernahm das Lavendelseifengeschäft seines Schwiegersohns William Cleaver, der sein Erbe verspielt hatte. Über die nächsten 200 Jahre wurde die Marke mit ihrem Angebot von Seifen, Pudern und traditionellen Parfüms stärker und stärker.

Yardleys Markenidentität war im Wesentlichen durch und durch Englisch und die Königin wie die Königinmutter kauften sie. Dennoch war Yardley in den Sechzigern die coole Marke des „swinging London". „Das English-Rose-Image war eine Abschweifung", erklärte Yardleys früherer CEO Richard Finn. „In den Sechzigern wurde Yardley mit Twiggy, Carnaby Street und Miniröcken assoziiert, nicht mit einem Cottagegarten und grünen Gummistiefeln."

Im darauf folgenden Jahrzehnt näherte die Marke sich wieder ihrem konservativeren Image, da die Durchschnittskunden älter wurden. Anfang der Neunziger wurde das „Großmutterimage" sogar von einigen britischen Journalisten kommentiert. Seit SmithKline Beecham das Unternehmen 1990 für 110 Millionen Pfund gekauft hat, wurden zahlreiche Versuche unternommen, die Markenidentität aufzupolieren.

1997 tauschte das Unternehmen in seiner Werbung die Schauspielerin Helena Bonham Carter gegen das Supermodel Linda Evangelista aus. Eine der Werbeaufnahmen zeigte sie in Ketten und Handschellen – weit entfernt von Großmüttern und grünen Gummistiefeln. Doch die mehrere Millionen Pfund teure Kampagne schlug fehl. Ja, sie hatte einzig den Effekt, dass die loyalsten Kunden der Marke befremdet waren.

Am 26. August 1998 ging das Unternehmen mit an die 120 Millionen Pfund Schulden in die Zwangsverwaltung. Die Marke fand schließlich in dem deutschen Haarpflegeriesen Wella einen Käufer. Nun ist abzuwarten, ob Wella es schafft, die Yardley-Marke zu modernisieren.

Was das Beispiel Yardley lehrt

- *Keine Marke vernachlässigt ungestraft ihre Hauptkunden.* Marken müssen sich von Zeit zu Zeit verändern, doch sollten sie dabei nie ihre traditionellen Kunden vernachlässigen.

- *Historische Marken schleppen historischen Ballast mit sich herum.* Die Yardley-Markenidentität hat sich über mehr als zweihundert Jahre aufgebaut. Sie lässt sich nicht mit einer Werbekampagne auslöschen.

Quellennachweis

Barger, Ralph Sonny, *Hells Angel. Mein Leben.* Rowohlt, Reinbek, 2002

Cassel, J. und Jenkins, H., *From Barbie to Mortal Kombat: Gender and computer games,* MIT Press, Cambridge, MA, 1998

Cassidy, J., *Dot.con: The greatest story ever sold,* HarperCollins, New York, 2002

Cellan-Jones, R., *Dot.bomb: The rise and fall of dot.com Britain,* Aurum Press, London, 2001

Dearlove, D. und Crainer, S., *The Ultimate Book of Business Brands: Insights from the world's 50 greatest brands,* Capstone Publishing Limited, Dover, NH, 1999

Enrico, R., *The Other Guy Blinked: How Pepsi won the cola wars,* Bantam Books, New York, 1986

Garrett, L., *The Coming Plague: Newly emerging diseases in a world out of balance,* Farrar, Straus and Giroux, New York, 1994

Haig, M., *Mobile Marketing: the marketing revolution,* Kogan Page, London, 2002

Hill, S., Lederer, C. und Lane Keller, K., *The Infinite Asset: Managing brands to build new value,* Harvard Business School Press, Boston, MA, 2001

Iacocca, L., *Eine amerikanische Karriere,* Econ Verlag, München, 1995

Janal, D., *Branding the Net,* http://brandingthenet.com

Klein, Naomi, *No Logo,* Riemann Verlag, München, 2002

Lacey, R., *Ford: The men and the machine,* Little, Brown and Company, Boston, MA and Toronto, 1988

Lardner, J., *Fast Forward: Hollywood, the Japanese, and the onslaught of the VCR,* WW Norton & Company, New York, 1987

Malmsten, E., Portanger, E. und Drazin, C., *Boo Hoo: A dot com story*, Random House Business Books, London, 2001

McMath, R., *What Were They Thinking?*, Times Books, New York, 1999

Mello, S., *Customer Centric Product Definition: The key to great product development*, AMACOM, New York, 2001

Murphy, P., Game theory models for organizational/public conflict, *Canadian Journal of Communications*, 16 (2), 1999

Ottman, J., *Green Marketing: Opportunities for innovation in the new marketing age*, Ntc Business Books, Lincolnwood, IL, 1998

Peters, T., *The Circle of Innovation*, Alfred A. Knopf, New York, 1997

Ries, A. und Ries, L., *Die zweiundzwanzig (22) unumstößlichen Gebote des Branding*, Econ, München, 1999

Ries, A. und Trout, J., *Die zweiundzwanzig (22) unumstößlichen Gebote des Marketing*, Econ, München, 2001

Searles, D., Locke, C., Levine, R. und Weinberger, D., *The Cluetrain Manifesto: The end of business as usual*, Perseus Publishing, Cambridge, MA, 2001

Trout, J., *Große Marken in Gefahr*, verlag moderne industrie, Landsberg, 2002

Trout, J., *The New Positioning: The latest on the world's number one business strategy*, McGraw-Hill Trade, New York, 1995

Trout, J., *Differenzieren oder verlieren*, verlag moderne industrie, Landsberg, 2003

Vidal, J., *McLibel: Burger culture on trial*, Mcmillan, London, 1997

Wolf, M.J., *The Entertainment Economy: How mega-media forces are transforming our lives*, Times Books, New York, 1999

Register

7-Up *71*
@Home *193*

A

A Knight's Tale *15, 46*
Adams, Ansel *224*
Adidas *171*
Alero *213*
Allied Domecq *108*
Altec Lansing *191*
Amazon *168, 184, 185, 187*
American Airlines *144*
American Idols *44, 162*
AOL *222*
Apple *199, 221*
Arch Deluxe *37, 38*
Arch-Deluxe-Burger *36*
Ariel *48*
Arthur, Andersen *154*
AT&T *193*
Aurora *213*
Avis *155*

B

Barbie *52, 53*
Barratt, Thomas J. *215*
Ben-Gay *101*
Ben-Gay-Aspirin *101*

Benetton *206*
Betamax *15, 34, 35, 36*
Bic *92, 93*
Bic-Unterwäsche *92, 93*
BMW *229, 230*
boo.com *203, 204, 205, 207, 208, 209*
Boots *132*
Breech, Ernest *26*
Bridgestone *128*
British Airways *181*
British Telecom *173*
BSkyB *175, 176, 177*
BT Cellnet *173, 174, 175*
Budweiser *88, 89*
Buick *212*

C

Cadbury Schweppes *149*
Calvin Klein *171, 236*
Camel *58, 126*
Campbell *11, 69*
Campbell, Naomi *160*
Canon *94, 97, 221*
Capital Radio *101*
Carter, Helena Bonham *246*
Casio *221*
CBS *145, 146, 147*
CBS-Fender *146*

Die 100 größten Marken-Flops

Cellnet 174
Cereal Mates 40, 41, 42, 43
Chevrolet 212
Chevy Nova 142
Chiquita 98, 99, 100
Chrysler 64
Citibank 138
Clairol 67, 144
Close, Chuck 224
Coca-Cola 11, 12, 13, 14, 17, 19, 20, 22, 23,
    24, 25, 32, 50, 51, 63, 71, 72, 90, 91, 113,
    137, 148, 219, 228, 239
Coco Pops 165
Colgate 79, 80, 81, 82, 103, 104
Colgate's Kitchen Entrees 103
Consignia 168, 169
Coors 58, 143
Copperfield, David 160
Corfam 56, 57
Cosby, Bill 21
Cosindas, Marie 224
Cosmopolitan 102
Country Time Lemonade 101
Cow & Gate 132
Crainer, Stuart 111, 221
Cream 241, 242, 243, 244, 245
Crest 79, 80, 81, 82, 83
Crosby, Bing 29
Crystal Pepsi 50

D

Dearlove, Des 221
Dell 198, 199, 200
Deutschland sucht den Superstar 162
Dexy's Midnight Runners 243
Diesel 236
Diet Coke 21, 71, 87, 89

Digifone 174
Disney 34
Domino's 32, 137
Doral 58
Dr. Pepper 25
Dunkin Donuts 108
DuPont 56, 57
Duran Duran 243
DVD 35

E

eBay 184
Eclipse 60, 61, 62
Electrolux 142
Eliot, T. S. 14
Elle 233
Enrico, Roger 24
Enron 152, 153, 154
Evangelista, Linda 246
Excite@Home 192, 193, 194
Exxon 109, 110, 111

F

Farley's 132
Fashion Café 101, 160
Fender 145, 146, 147
Firestone 128, 129, 130, 131
Ford 28, 29, 30, 129, 130, 131, 142, 213
Ford Edsel 25, 26, 27, 28, 29, 30, 31, 32
Ford Explorer 129, 130
Ford Motor Company 25, 31, 128
Frank 233
Frank Perdue 143
Frito Lay 104, 105, 163, 164
Fruitopia 25
Fuji 95

G

Gap 172
Garrett, Laurie 122
General Foods 68
General Motors 17, 142, 166, 211
Gerber 78, 124, 125, 143
Gillette 71, 72
Glamour 234
GM 212, 213, 214
Godzilla 43, 44, 45, 46
Goizueta, Roberto 21
Goldberg, Whoopi 158
Goldman Sachs 206
Google 168
Greenberg, Jack 37
Greenpeace International 112
Gucci 171
Guiltless Gourmet 163, 164

H

Hairi 206
Hallmark 140
Harley Davidson 73, 74, 75, 76, 77, 228
Harmony 216
Hasselhoff, David 160
Head-&-Shoulders 80
Hear'Say 161, 162
Heinz 11, 83, 84, 85, 132
Heloise 83
Hewlett Packard 166
Hillary, Sir Edmund 217
Hindustan Lever Limited 138
Hockney, David 224
Hollow Man 46
Hot-Wheels-Computer 55
Hot-Wheels-PC 54

Hummer Winblad Venture Partners 186

I

IBM 17, 71, 95, 97, 98, 200, 202
Independent 233
Intel 200, 201
Intels Pentium-Chip 200
Intrigue 213
IPC Magazines 232
ITV Digital 177, 178

J

Jackson, Michael 21
J. P. Morgan 206
Jager, Durk I. 82
Joe Camel 126, 127
Johnson & Johnson 116
JVC 33, 35

K

Kellogg's 40, 41, 42, 43, 134, 135, 136, 138, 139
Ken 52, 53, 54
Kentucky Fried Chicken 145
Keough, Donald 21
Klein, Naomi 47, 112, 113, 171
Kmart 239, 240
Knight, India 233
Kodak 15, 94, 219, 221, 222, 223, 225, 226, 227
Kodak Advantix System 220
KPMG 203
Kraft 101
Krups 231

L

La Femme *64, 65, 66*
Lacy, Robert *27*
Land-Rover *229*
Leno, Jay *53*
Letsbuyit.com *168*
Lever Fabergé *103*
Levi's *235, 236, 237, 238, 239*
LifeSavers *104*
London Greenpeace *112*
Lucozade *218*
Lufthansa *137*
LVMH *206*
Lynx *103*

M

MacPherson, Elle *160*
Marie Claire *232*
Marlboro *58, 86*
Mars *165*
Matsushita *35*
Mattel *52, 53, 54*
Maxwell House Coffee *68*
McDonald's *11, 12, 13, 17, 36, 37, 38, 111, 112, 113, 114, 115, 219*
McDonald's Arch Deluxe *36*
McLibel *112, 114, 115*
McMath, Robert *16*
Mello, Sheila *29, 30*
Mercedes-Benz *136*
MicroPro *181, 182*
Microsoft *11, 40, 221*
Microsoft Office *182*
Miller *85, 86, 87, 88, 89, 238*
Ministry of Sound *241, 243, 244*
Minolta *221*

Mitsubishi *96, 142*
Moore, Demi *158*
Moore, Marianne *26*
Morris, Dave *112, 113, 114*
Moulinex *230, 231, 232*
MSN *184*
MTV *54, 103, 137*
Murphy, John *96*
Mustang *30, 31*
My-Kinda-Town-Restaurantkette *101*

N

Nike *11, 112, 171, 228*
Nova *232, 233, 234, 235*

O

O? *174, 175*
Oldsmobile *27, 211, 212, 213, 214*
ONdigital *175, 176*
Orange *173, 174, 221*
Oranjolt *63*
Orwell, George *98*
Ovaltine *217, 218*

P

Pan Am *118*
Parker Pens *144*
Patriot Computers *54, 55*
Payless Drug Store *180*
Pears *215, 216*
Pepsi *21, 22, 24, 50, 51, 52, 63, 68, 90, 91, 141, 148*
Pepsi AM *68*
Pepsi Challenge *21*
Pepsi-Cola *20, 107*
Perrier *116, 117*
Persil *47, 49*

Persil New Generation 48
Persil Power 47, 48
Petco 187
Peters, Tom 88
Pets.com 168, 186, 187, 188, 189, 190
PetsMart 187
Philip Morris 86
Planet Hollywood 101, 158, 159, 161
Polaroid 14, 223, 224, 225, 226, 227, 228
Ponds 104
Pontiac 212
Popstars 44, 161, 162
Post Office 167, 169
Prada 171
Premier 58
Procter & Gamble 47, 48, 49, 79, 80, 81, 82, 122, 123
Puff Daddy 44

Q

Quaker 148, 149, 150
Quaker Oats 11

R

R. J. Reynolds 58, 59, 60, 62, 126
Radion 66, 67, 216
Ralph Lauren 171, 172
Rasna Limited 63
Ratner's 155, 156, 157
Rely 122, 123
Ries, Al 23, 32, 36, 71, 88, 92, 98, 155, 156, 220, 222, 238
Ries, Al und Laura 13, 51, 74, 203, 227
Rite Aid Corporation 180, 181
RJR Nabisco Holding 16, 61
Rolls-Royce 142
Rover 229, 230

Royal Mail 169

S

Saatchi and Saatchi 25
Salem 58
Samaras, Lucas 224
Schiffer, Claudia 160
Schwarzenegger, Arnold 158
Schweppes 142
SClub7 44
Sellafield 179, 180
Sex and the City 102
Sharp 221
Shell 112, 166
Silk Cut 58
Silvertab 236
Sinatra, Frank 29
Smith and Wesson 102
SMS 195, 196
Snapple 148, 149, 150
Snow Brand 119, 120, 121
Sony 34, 35, 36, 43, 44, 45, 46, 95, 221
Sony Betamax 32, 33
Souper Combo 69
Spears, Britney 21
Stallone, Sylvester 158
Star-Wars-Franchise 44
Steel, Helen 112, 113, 114
Style 233

T

Target 239
TBWA 188
Telfort 174
Tesco's 127, 237
The Animal 46
Thirsty Cat! 69

Die 100 größten Marken-Flops

Thirsty Dog! *69*
Thunderbird *28, 30*
Tommy Hilfiger *170, 171, 172, 173, 236*
Toyota *142*
Trout, Jack *25, 71, 77, 82, 83, 87, 88, 96, 97, 155, 156, 220, 228*
Turlington, Christy *160*
Tylenol *116*

U

Unilever *47, 48, 49, 66, 67, 138, 216*

V

Vertical Limit *46*
VHS *33, 34, 35*
VIAG Interkom *174*
Vicks *145*
Virgin *14, 17, 72, 89, 90, 91, 96*
Virgin Atlantic *181*
Virgin Cola *91*
Vodafone *173*
Vogue *233*
VoicePod *191, 192*
Volvo *72*

W

Wal-Mart *239*
Walkers *127*
WAP *195, 196, 197*
Warhol, Andy *224*
Warnock, C. Gayle *26*
Web-PC *198, 199, 200*
Wegman, William *224*
Wella *246*
Whirlpool *137*
Williams, Robbie *21*
Willis, Bruce *158*
Windscale *179, 180*
Winston *58*
WordStar *181, 182*
Wyeth! *132*

X

Xerox *93, 94, 95, 96, 97, 98*
Xerox Data Systems *94*

Y

Yahoo! *168, 184, 202*
Yamaha *95, 96*
Yardley *245, 246*